KB263611

매경이코노미 증권팀장이

종목 찍어달라는 개미들에게 고함

종목 찍어달라는 개미들에게 고함

매경이코노미 증권팀장이

종목 찍어달라는 개미들에게 고함!

명순영 지음

매일경제신문사

고기 잡아달라고?
고기 낚는 법을 알려달라고 해라

10년 넘게 경제기자를 해오며 일반 독자들로부터 무척 많이 받았던 질문이 하나 있다.

"증권업을 취재하세요? 그러면 오를 종목 하나만 찍어주세요!"

지금까지 이 질문을 얼마나 받았을까? 모르긴 몰라도 수백 번은 됐을 것이다. 증권기자이니 증권가의 이런저런 뒷이야기들을 많이 알고 있을 것이고, 알려지지 않은 정보를 토대로 숨겨진 알짜 종목을 찾을 수 있을 것이라는 기대감 때문에 이런 질문을 던졌을 게다.

물론 개인투자자들의 이런 심정을 충분히 이해한다. 주변에서도 한 종목 잘 사서 돈 꽤나 벌었다는 이야기를 얼마나 많이 듣게 되는가!

'카더라, 묻지마, 몰빵, 저가주, 변덕'
기본적인 시장 상황을 알고 질문했으면

최남철 SH투자자문 운용 대표는 국내 대표 펀드매니저로서 개인투자자들을 대상으로 한 강연을 자주 다닌다. 그가 분석한 개인투자자들의 실패 이유는 '카더라, 묻지마, 몰빵, 저가주, 변덕' 다섯 개의 단어로 요약된다.

이는 다음과 같은 의미를 갖는다. 확인되지 않은 정보에 귀를 기울여 투자하고, 정보를 들었을 때 스스로 한 번 더 검토해보지 않고 무조건 투자한다. 투자를 해도 분산 투자가 아니라 가진 돈을 다 던지며, 우량주는 비싸다는 이유로 쳐다보지 않고 싼 종목을 사 비싸게 튀길 궁리만 한다.

마지막으로 한 번 종목을 사둔 뒤 꾸준히 기다리지 못하고 매수와 매도를 단기간에 반복한다. "종목을 찍어달라"고 묻는 이들은 이런 부류가 아닌지 걱정된다.

필자는 "종목을 찍어달라"는 말을 들을 때마다 가슴이 먹먹해졌다. 이렇게 질문을 던지는 이들은 대부분 주식을 잘 모르는 문외한인 경우가 많다. 그러니 어디서부터 어떻게 설명을 해야 옳을지 판단이 안 섰다. 주식에 대해 공부를 좀 했다고 하면 질문은 다음과 같아야 한다.

"언론 보도에서 증권 애널리스트들이 내년 시장이 오를 것이라고 합니다. 한국 기업 IT와 자동차 기업의 경쟁력이 있어 이익이 늘어날 것으로 보기 때문입니다. 그렇다면 IT와 자동차 산업 중 어느 기업이 가장 경쟁력이 있어 보입니까?"

이 정도로 시장 상황을 좀 관찰한 뒤에 소위 전문가라는 이들에게 구체적으로 물어보는 게 맞다.

그러나 현실은 그렇지 않다. 필자는 2009년 가을 김포에서 분당으로 전셋집을 얻어 이사를 왔다. 부동산중개사무소에서 집주인과 만나 통성명을 하고 이런저런 이야기를 나눴다. 필자의 직업이 증권기자라는 사실을 알자마자 10초도 안 돼 집주인의 입에서 나온 말이 농담인지 진담인지 "전셋값 좀 낮춰 줄 테니 좋은 종목 좀 찍어달라"는 것이었다. 대번에 몇 백만 원을 깎아주겠다는데 솔깃하지 않겠는가?

당시 주가가 조금씩 오르던 상황이었기 때문에 부동산시장도 주춤하고 금리도 만족스럽지 못하고 하니 주식시장에 투자해볼까 하던 이들이 많았다. 하지만 필자는 조금 머뭇거리고 말았다. 주식에 대해 제대로 공부해본 적도 없고, 그저 솔깃한 소문에 의존해 짧게 투자하겠다는 문외한 아주머니에게 어떤 종목을 찍어줘야 한다는 말인가?

"증권시장 좀 공부하시고 물어보면 좋겠다"는 말이 입 안을 맴돌았다. 결론적으로 필자는 전셋값 좀 낮춰보겠다는 알량한 생각에 몇 개의 종목을 알려줬다(집주인이 투자를 했는지 안 했는지는 모르겠지만 당시 필자가 추천한 종목은 LG화학이었다. 그때 산 이후 지금까지 갖고 있었더라면 3배 가까이 원금이 불어났을 것이다).

숨겨진 종목 찾겠다는 생각에 정작 좋은 주식 놓쳐

종목을 찍어달라는 이들의 도드라진 특징 중 하나는 잘 알려진 종목이 아닌 뭔가 숨겨진 종목만을 찾는다는 점이다.

2011년 1월 20일, 삼성전자가 주당 100만 원을 찍었다. 삼성전자는 어느 기관이라도 일정부분 투자포트폴리오에 편입하고 있는 명실상부한 '명품주식'이다. 그러나 개미들은 이런 좋은 주식엔 별로 관심이 없다. 이런 종목을 권하면 '뻔한 소리를 한다'는 표정으로 쳐다본다.

그러나 10년 전 20만 원대에 불과했던 삼성전자는 2011년 현재 5배 올랐다. 삼성전자에 투자한 뒤 마음 편하게 생업에 매달린 투자자라면 아무런 조바심과 고민 없이 정말 괜찮은 수익을 맛봤을 것이다. 종목을 찍어달라는 이들에게 기업의 가치가 무엇인지, 가치 있는 기업이 왜 결국 이기는지 말해주고 싶다.

이 책을 쓰면서 공들인 부분이 있다면 각종 숫자를 동원한 투자지표에 관한 이야기를 최대한 배제하려 했다는 점이다. 증권가의 많은 애널리스트들은 정량적으로 주식을 평가하려고 공을 들인다. 이른바 밸류에이션(기업 가치)을 따진다는 게 전부 숫자와 수식으로 얽힌 이야기들이다.

이런 분석이 결코 중요하지 않다는 게 아니다. 그러나 경제신문을 꼼꼼히 살펴도 증권 투자를 이해하는 데 어려움을 느끼는 동네 아주머니나 증권에는 그다지 관심이 없지만 돈은 벌고 싶은 직장인들에게 그다지 매력적인 접근법이 아니라고 생각한다.

특히 차트의 흐름을 꼼꼼히 따지는 이른바 기술적 분석은 쉽게 접근할 영역도 아니다. 필자는 굳이 자세한 숫자를 분석하고 재무제표를 완벽하게 이해하지 않더라도 좋은 종목을 고르는 데는 큰 문제가 없다고 믿는다. 한마디로 숫자를 몰라도 주식부자가 되는 데는 아무런 문제가 없다. 오히려 생활 속의 변화와 작은 뉴스 하나하나에 눈을 크게 뜨면 된다. 주식으로 큰 돈을 벌었다는 사람이 전부 재무·회계 전공자는 아니지 않는가?

투자라는 화두를 대하면서 세계 경제에 관한 다양한 이야기, 심지어 자기계발에 관한 것까지 담아보려고 했다. 그저 종목을 딱 찍어 돈을 벌겠다는 생각보다 세상 돌아가는 흐름을 간파하겠다는 생각으로 책을 읽어줬으면 한다.

저자 명순영

CONTENTS

머리말　04

Part 1 당신의 투자 마인드부터 바꿔라

01. 당신은 긍정적인가, 부정적인가　14

02. 올라요? 떨어져요? 이렇게 묻지 좀 마라　20

03. 도대체 당신이 원하는 투자 수익률이 얼마인가　28

04. 개미투자자들의 수익률이 별 볼 일 없는 이유　36

05. 싼 종목에만 매달리지 말자　48

06. 돈 없이 정보만 요구하는 개인투자자들　52

07. 실행에 실패하는 개인투자자들　59

08. 당신은 공격적인가, 위험회피적인가　66

Part 2 투자정보의 맥을 짚어라

01. 애널리스트 말을 못 믿겠다고?　74

02. 뉴스에 나오면 이미 늦었다?　83

03. 최고의 정보는 공시다　88

04. 투자의 모든 답은 주변에 있다　93

05. 당신이 잘 알고 좋아하는 기업에 투자하라　97

06. 재무제표 분석이 두렵다고?　101

P_{art} 3 증시를 좌우할 흐름을 꿰뚫어라

01. 중국은 꺾이지 않을 화두다   106

02. 중국과 함께 떠오를 신흥국가를 주목하라   116

03. 인구 감소시대를 대비하라   125

04. 오일 쇼크보다 더 무서운 식량 쇼크   132

05. 대형 투자변수인 북한   141

06. 그린 시대는 올 수밖에 없다   149

07. 테러사건이 다시 발생한다면?   157

08. 정부 정책에 맞는 기업은 분명 있다   163

P_{art} 4 좋은 기업을 낚는 눈을 키워라

01. 망할 기업부터 가려내라   170

02. 기업 분석, 사람 분석이 첫째다   175

03. 주식은 미인대회라는 말의 의미   185

04. 이도 저도 모르겠으면 1등 종목을 사라   190

05. 외국인이 몰리는 종목, 이유가 있다   194

06. 기관의 행보를 주목해야 하는 이유   198

07. 삼성전자라는 기업　204

08. 장사 잘하는 기업이 최고다　215

09. 언론에 회자되는 히트상품을 만든 기업에 주목하라　220

10. 투자자들이 SK그룹을 걱정하는 이유　224

11. 글로비스·기아차 주가는 오를 수밖에 없었다　230

12. M&A는 기업의 명운을 가를 화두다　236

13. 새로 상장하는 기업을 항상 눈여겨봐라　243

14. 다른 건 몰라도 PER과 PBR을 챙겨라　249

15. 꿈의 기울기에 투자하라　253

Part 5 향후 5년 투자 포인트를 잡아라

01. 다시 묻는 질문, 주식에 투자하는 게 맞는가　258

02. 증시에서 보석을 캐라　265

03. 2010년 최고의 화제의 상품, 자문형 랩은 어떤가요　276

04. 자문형 랩을 둘러싼 7가지 궁금증　280

05. 증시 상승의 걸림돌도 있다　290

06. 직접 투자 자신 없는 당신은 펀드가 제격　301

07. 인덱스펀드도 좋은 투자 수단이다　306

Part 1

당신의
투자 마인드부터
바꿔라

당신은 긍정적인가, 부정적인가

··· 부정적인 사람은 절대 돈을 벌 수 없다

자신이 투자한 주식이 떨어지면 그 주식을 추천한 전문가에게 먼저 비난의 화살을 돌린다. 밥 먹고 주식 분석만 했다는 사람이 제대로 예측도 못한다면서.

이런 농담이 있다. 기상예보관과 애널리스트 중에 누가 더 예측을 못할까? 답은 애널리스트라고 한다. 기상예보관은 눈이 올지 비가 올지 등 미래 날씨는 잘 몰라도 현재 날씨는 정확히 알고 있다. 하지만 애널리스트는 미래는커녕 현재의 경제상황조차 제대로 파악하지 못하기 일쑤다. 그래서 애널리스트의 존재 이유가 기상예보관을 돋보이게 해주는 것이라고 비아냥거리기까지 한다.

하지만 한 가지 분명히 해두자. 투자의 제1 원칙은 자기 자신이 투자에 대한 모든 책임을 진다는 점이다. 남을 탓하는 것은 투자에서건 일상생활에서건 아무 도움이 안 된다.

투자에 성공하기 위해서는 투자 마인드부터 바꿔야 한다. 첫째 조건은 매우 단순하다. 어떠한 상황에도 긍정적인 사고방식(Positive Thinking)을 갖는 것이다.

잠깐 돈을 번 사람들의 얘기 좀 하겠다. 2000년대 들어 한국에서는 맨손으로 일어선 자수성가형 기업가는 손에 꼽을 만큼 적다. 웅진그룹의 윤석금 회장, STX의 강덕수 회장, 미래에셋그룹의 박현주 회장 정도다.

그런데 이들에게 공통점이 있다. 하나같이 미래에 대해 긍정적인 사고 방식을 갖고 있다는 점이다. 윤석금 회장은 2009년《긍정이 걸작을 만든다》라는 자서전을 냈는데, 다음은 그 머리말의 일부다.

"꿈이라는 것이 참 이상해서 머릿속으로 되뇌고 반복해서 말로 하면 어느새 현실로 이루어진다. 1980년 처음 사업을 시작했을 때 이름도 없는 출판사의 직원 7명은 배달 수금 업무를 하는 사람들이었고, 제대로 된 편집부도 없었다. 하지만 나는 늘 대형출판사처럼 되고 싶다는 꿈을 갖고 그들이 어떻게 하는지를 관심 있게 지켜봤다. 그리고 그들과 차별화할 수 있는 방법이 무엇인지 끊임없이 생각했다. 그랬더니 정말 10년 만에 내가 꿈으로 여기던 대형출판사를 따라잡을 수 있었다."

꿈을 현실로 바꾸는 건 긍정적인 생각

꿈이 현실로 변하는 출발점은 긍정적인 생각이라는 게 윤석금 회장의 강력한 메시지다. 필자 역시 실제로 '나는 부자가 될 것이다'라는 믿음으로 출발해 진짜 부자가 된 사람을 취재현장에서 숱하게 봐왔다.

'부자가 될 수 있다'는 긍정적인 사고방식이 부자가 되기 위한 첫 걸음인 것만은 확실하다.

박현주 회장은 자서전의 제목을 《돈은 아름다운 꽃》이라고 달았다. 돈에 대해 아름답다라는 표현을 사용할 만큼 그는 부의 축적에 대해서도 항상 밝은 마음을 갖고 있다. 박 회장은 펀드시장이 열린다는 확신으로 한국 펀드시장을 개척했고, 중국 등 신흥시장의 미래를 밝게 보고 남보다 먼저 금융의 세계화에 나섰다. 우여곡절이 없지는 않았지만 결국 국내 제일의 자산운용 전문그룹을 일궈냈다.

지인에게서든 방송에서든 강연에서든 우리는 긍정적인 사고방식을 가지면 모든 일이 술술 풀린다는 말을 자주 듣게 된다. 또 그렇게 살겠노라고 자주, 매우 주기적으로 다짐하면서도 확실한 믿음을 갖기가 쉽지 않다. 마음 한 켠에 '부자가 되는 게 어디 쉬운 일인가', '모든 것이 바란다고 되겠는가'라며 의심을 품곤 한다.

이런 이들에게 재미있는 사례를 소개한다. 제갈정웅 대림대 총장이 〈매경이코노미〉(1588호)에 칼럼을 하나 썼는데, 제목은 '또또 감사 말씀의 위력'이었다.

"깨끗한 유리병 두 개를 준비해 병 하나에는 '감사합니다'를 썼고, 다른 병에는 '짜증 나'를 써서 붙였다. 그리고 아내에게 뜨거운 밥을 병에 절반 정도 담아 달라고 했다. 병뚜껑을 단단히 막아서 내 서재 책꽂이에 두고 매일 아침저녁으로 병에다 대고 글씨가 쓰여 있는 대로 한마디씩 해줬다. 한 달 정도 실험해보니, '감사합니다'라고 쓰인 병의 경우는 글씨를 써 붙인 뒤

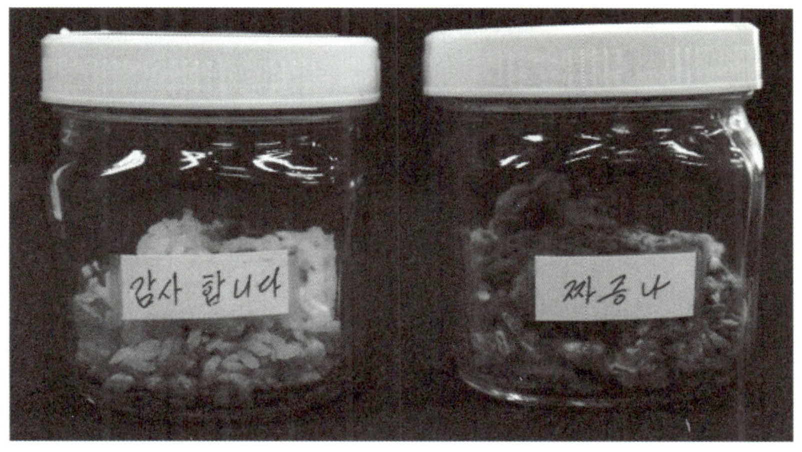

제갈정웅 대림대 총장은 '감사합니다'라는 글귀를 붙여놓은 병과 그렇지 않은 병 안에서 곰팡이가 생기는 정도를 비교해봤다. 글귀가 한글이든 영어이든 상관없이 '감사합니다'라는 글귀가 붙어있는 병 안에서의 곰팡이 발생률이 낮았다.

자료: 〈매경이코노미〉 제1588호

쪽에 곰팡이가 피긴 했지만 대체로 밥이 상하지 않았다. 그러나 '짜증 나'를 써 붙인 병은 까맣게 곰팡이가 피고 밥이 부패해서 보기가 흉했다. 미국에 있는 친구의 실험을 따라 한 것인데 영어로 말을 해도 같은 결과였다."

믿기지 않는 말이지만 사실이다. 이는 과학적으로 입증됐다고 한다. 곰팡이 같은 미생물도 정보에너지의 영향을 받는다는 것이다. 어떤 형태로든 긍정의 사고는 반드시 변화를 이끈다는 것을 잊지 말자.

부자는 거의 대부분 낙관론자다

주가라는 것은 매우 단순한 메커니즘이다. 오르거나 떨어지거나 둘

중 하나다. 잠깐 횡보를 할 수도 있지만 장기적으로는 역시 오르거나 아니면 떨어진다. 이 두 가지 방향을 어떻게 전망하느냐에 따라 증권시장에서는 낙관론자와 비관론자라는 딱지를 붙인다. 국내 증권시장에도 손에 꼽히는 몇몇 비관론자들이 있다.

물론 이렇게 전문가들의 견해를 단순하게 나눌 수는 없다. 실제로 비관론자라고 불리는 전문가들을 인터뷰해보면 비관론자라기보다는 '신중론자'쯤으로 봐야 하는 경우가 많다.

어쨌든 필자가 하고 싶은 말은 비관론자의 견해를 존중하는 것은 매우 중요한 일이지만, 투자자라면 비관론보다는 낙관론에 서라는 주문을 하고 싶다.

비관론의 입장에 서면 투자자는 적극적으로 투자처를 찾기가 어렵다. 곧 주가가 떨어질 것으로 보면 넣어둔 자금이 있다면 언제 빼야 할지를 고민해야 하고, 아직 넣지 않았다면 늘 때를 기다리기만 할 뿐이다. 위험관리는 될지언정 적극적으로 부를 창출하기는 어렵다.

낙관론에 서면 보다 적극적으로 투자처를 물색하려는 태도를 갖게 된다. 대표적인 낙관론자로 꼽히는 이원기 PCA투신운용 사장이 몇 해 전 필자와의 인터뷰에서 한 얘기다.

"주가 그래프에는 인생의 모든 희로애락이 담겨 있다. 주가를 통해 시장을 관찰하는 일이 이렇게 재미있을 수가 없다."

이 정도는 돼야 그래도 주식으로 돈을 벌 자세가 되어있다고 할 수 있지 않을까? 돈을 버는 것뿐만 아니라 인생 전반을 아울러 긍정적인 사고방식만큼 중요한 것도 없다.

다만 낙관론에 서더라도 '눈 뜬 낙관론'에 서야 한다. 기자 생활을 오래한 한상복 씨는 한국의 부자들 100여 명의 특징을 면밀하게 연구해 《한국의 부자들》이라는 베스트셀러를 낸 바 있다.

그의 견해도 다르지 않다. 부자들은 대체로 낙관적인 삶을 고집하고 있다고 하면서, 다만 눈 가린 낙관론은 피해야 한다고 지적했다. 눈 가린 낙관론이란, 머릿속에 그려진 공상만 있고 이를 실현하기 위해 애쓰다가 무리하는 것을 말한다. "자기가 개발한 아이템이 삼성전자를 능가할 것"이라고 말하는 식이다.

눈 뜬 낙관론은 공상을 배제한다. 냉철한 현실을 인식하면서 미래를 밝게 보되 연구를 게을리하지 않는다. 이 같은 낙관론이 필요하다.

마지막으로 팁 하나.

2011년 증시를 긍정적으로 보게 만드는 신호를 하나 알려주겠다. 20세기에 들어선 이후 토끼해에는 9번 중 7번이 주가가 뛰었다. 1987년 코스피지수는 264에서 525로 무려 98.3%가 올랐다. 1999년에도 주가는 연초 587에서 연말 1028로 75%나 뛰었다. 코스피는 세 자리에서 네 자리로 자릿수마저 갈아치웠다. 12년이 지나 다시 돌아온 2011년 토끼해. 이미 2000은 돌파했고, 2200을 넘어 사상 최고치를 기록했다. 또 2300~2400을 돌파할 것이라는 전망이 있다. 긍정적으로 생각할 거리가 없다면 이런 속설 하나 품고 투자에 나서보는 것은 어떨까?

02

올라요? 떨어져요? 이렇게 묻지 좀 마라

· · · 주식을 사는 것은 한 기업 주인이 된다는 것,
좀 더 진지해지자

"올라요? 떨어져요?"

매우 단순한 질문이다. '종목을 찍어달라'는 말과 함께 주식시장을 취재한 이래 필자가 개인투자자들로부터 가장 많이 들은 질문 중 하나다. 이 물음은 지수가 상승할 때건 하락할 때건, 아니면 횡보할 때건 변함없이 나온다. 오르면 주식을 사고, 떨어지면 주식을 팔 테니 '정답'을 내놓으라는 것이다.

참 난감하다. 신(神)만이 안다는, 아니 신도 모른다는 주가를 단 한마디로 어떻게 예견할 수 있겠는가? 그렇게 맞출 능력이 있으면 굳이 증권가에 머무르며 밤낮 기업 분석하며 월급쟁이로 살 필요도 없다. 작은 돈으로 금새 큰 부자가 될 수 있을 테니까 말이다.

증권가 애널리스트들도 똑같은 질문을 많이 받는다. 나름의 논리로 정성껏 답해주겠지만, 지수 향방은 사실 누구도 알 수 없다. 질문자 의

도를 모르는 바는 아니다. 마땅한 투자처를 찾기 어려운 때 조금이라도 수익을 거두고 싶어 하는 마음은 누구라도 갖고 있다.

하지만 이런 질문을 받으면 '종목을 찍어달라'는 말 못지않게 가슴이 먹먹해진다. 주식 투자의 본질적 의미를 깊게 생각해봤을까 하는 마음에서다.

지수 상승과 하락에 맞춰 투자한다면 지수 향방에 따라 수익률이 달라지는 인덱스상품 투자자여야 옳다. 그런데 대체로 그렇지 않다. 우리나라 인덱스펀드 투자 비중은 매우 낮다. 많은 개인투자자들이 개별 종목에 투자한다. 특히 2010년 펀드 수익률이 곤두박질칠 때 간접투자에서 직접투자로 많이 돌아섰다. 그러면서 또 묻는다.

"주식 좀 찍어주세요!"

개별 종목 주가는 물론 전체 시장 흐름의 영향을 받는다. 하지만 그 전에 주식 투자의 본질은 한 기업의 지분을 사는 것임을 상기해야 한다. 지분이 많든 적든 간에 회사의 주인이 된다는 의미다.

투자의 대가 워런 버핏(Warren Buffet)은 처음 주식 투자를 시작하면서 가슴 속에 확고하게 새겨두었던 원칙이 하나 있다고 한다. '주식'이 아닌 '기업'을 사겠다는 것이다. 주식을 산다는 것은 회사를 산다는 것이고 주인이 되는 것이기 때문에 투자한 다음날부터 당장 그 회사의 CEO로 일한다는 생각으로 열심히 살펴야 한다는 것이다.

실제로 워런 버핏은 자신이 투자한 회사를 대놓고 광고한다. 예를 들어 그는 자신이 투자한 코카콜라를 많이 마셔달라며 마치 코카콜라

CEO인 양 이야기하고 다닌다. 또 자신이 투자한 중국의 전기자동차 전지업체인 BYD를 홍보하는 차원에서 자신의 회사 버크셔 헤더웨이 사무실에 전기차를 전시해 두기도 했다. 이 정도 애정은 있어야 그 회사 주식을 샀다고 말할 수 있지 않을까?

강방천 에셋플러스자산운용 회장은 "주식은 기업의 주인이 되는 동반자 티켓"이라는 표현을 썼다. 맞는 말이다 싶다.

10년 뒤 성장할 기업인가를 주인의식 갖고 살펴라

주가는 기업 이익에 비례한다. 이익을 많이 내는 회사가 주주에게 배당을 많이 할 것이고, 기업 가치가 높아진다는 것은 명백하다. 그런데 투자자들은 피땀으로 벌어들인 돈으로 회사를 사면서 단순히 시장 지수만 보고 판단한다. 자신이 선호하거나 관심을 두는 산업이란 것은 없다. 그렇게 투자를 하고는 불만을 내놓는다.

"지수는 오르는데 내가 산 종목은 왜 떨어지는 거야?"

이런 투자자들은 목표수익률이나 기간에 대한 개념이 별로 없다. "얼마간의 기간에, 지수가 얼마나 올라야 오른 것이고, 얼마나 떨어져야 떨어진 것인지 기준이 있느냐"고 되물어보면 제대로 답을 못하는 이들이 많다.

주가는 단기간에 얼마든지 올랐다가 떨어질 수 있다. 물론 반대의 경우도 있다. 그러므로 투자 목표와 기간에 대한 명확한 개념 정의가 필요하다. 잠깐의 여윳돈을 묶어두는 것인지, 아니면 은퇴 뒤를 내다 보는 장기자금인지에 따라 방향이 달라진다. 1년, 3년, 10년, 30년 등 기간 설정이 필요하다는 이야기다.

그렇다면 질문이 달라져야 한다. 예를 들면 이렇다.

"지금 10년 뒤를 내다 보고 장기 투자를 하려고 합니다. 목표수익률은 '○○%'이고요. 저는 이러이러한 산업을 유심히 봅니다. 이 가운데 이익이 늘어나고 지속적으로 성장할 기업이 무엇일까요?"

솔직히 고백하건대, 이런 식으로 물어보는 투자자는 거의 없었다(지금 이 글을 쓰는 이 순간에도 한 지인이 찾아와 또 묻고 있다. 2011년에 살 만한 종목 딱 한 개만 찍어달라고).

코스피 지수가 횡보할 무렵이면, 또 많이 올랐을 때라고 여겨지면 "올라요? 내려요?" 식의 질문을 더 많이 받는다. 주가 조정기일수록 자신의 투자원칙을 점검해볼 필요가 있다. 원칙 없는 투자자는 지수가 오를 때든 떨어질 때든 수익을 내기 어렵다는 것을 기억하자.

주식은 '오를 것 같아 사는 게 아니라 소유하고 싶은 때' 사야 한다.

주식 투자자가 경계해야 할 **20가지 편견**

:: 자신의 생각을 맹신하지 마라 ::

행동재무학에서 두각을 나타내고 있는 마이클 팜피언은 자신의 저서 《투자자가 주의해야 할 20가지 편견》에서 투자자가 가지는 행동 편견 유형을 분석했다. 투자는 심리라는 말도 있다. 심리적인 편견은 투자자의 판단에 결정적인 영향을 끼친다. 이 20가지가 꼭 맞는다고는 할 수 없지만 독자들도 이 같은 편견을 갖고 있는지 한 번쯤 생각해볼 필요가 있다.

- **과신**: 자신의 예측력을 너무 믿는다. 한 번 확인한 사항에 대해 과신해 부정적인 신호를 무시한다. 통계치에 대해 관심을 갖지 않거나 무지하고, 또 분산 투자를 하지 않는다.
- **대표성**: 적은 수의 샘플로 전체 모집단에 대표성을 부여한다. 예를 들어 최근 몇 년 동안 최상위 수익률을 냈던 펀드가 앞으로 계속 이익을 낼 것이라 믿지만 실제로는 이런 펀드는 수익률이 높지 않다.
- **앵커링(Anchoring)**: 어떤 사건이나 수치에 집착해 아무런 행동을 못하는 것이다. 주식 투자에서 매수가격에 집착해 손절매를 못하고 손실을 키운다. 애널리스트나 주식전문가가 제시하는 목표가격에 고

착화되는 경향도 있다.

· **인지 부조화:** 기존 정보와 새롭게 인지한 정보가 조화를 이루지 못할 때 자신이 원하는 것만 받아들이는 경향이다. 이를 벗어나려면 사고의 유연성을 키워야 한다.

· **유용성:** 과거의 경험률에 지나치게 의존해 객관적인 통계치를 무시한다. 예를 들어 '항공기 사고와 상어 습격 중 어느 쪽이 죽을 확률이 높은가'라는 질문에 영화 〈죠스〉를 본 사람들은 상어라고 답한다. 그러나 상어습격은 신문에 대서특필되기 때문에 비행기 추락보다 발생 확률이 낮은데도 그렇게 판단한다.

· **자기귀속:** 잘 되면 내 탓, 안 되면 남 탓이다. 이 경우 실패에서 교훈을 얻지 못한다.

· **통제력 착각:** 자신의 통제력이 뛰어나다고 생각한다.

· **보수성:** 새로운 정보를 거부한다.

· **모호성 회피:** 투자자들은 위험보다 불확실성을 더 싫어한다. 때문에 자기 회사의 주식을 더 선호하거나 자국 주식을 외국 주식보다 더 선호한다.

· **본전 심리:** 자신이 보유한 주식의 가치를 더 높게 평가한다. 성과가 나쁜 주식도 더 보유하려 하기 때문에 손실을 키운다.

· **자기 통제:** 자기 통제가 가능하다는 편견에 사로잡힌 투자자는 자산 배분의 불균형에 처한다.

· **낙관주의:** 사람들은 자신에게 나쁜 일이 발생하지 않을 것이라고 생각한다. 애널리스트들의 예측을 지나치게 낙관적으로 받아들이는 경향이 있다.

· **심적 회계(Mental Accounting):** 같은 돈이라고 하더라도 출처와 용도에 따라 마음속으로 구분하여 서로 다르게 사용하는 성향이다. 매수해서 수익이 발생한 주식이 고점에서 하락할 때 매도를 망설이는 이유는 고점을 자신의 마음속에 있는 회계장부에 기록해 놓기 때문이다.

· **확증:** 자신의 믿음에 반하는 것은 무시한다.

· **사후 예측:** 사전에 예측할 수 없는 것임에도 예측할 수 있었던 것으로 생각하는 경향이다.

· **손실 회피:** 손실을 본 투자는 그대로 두고, 이익을 본 투자는 빨리 투자한다. 투자자는 이익보다 손실에 더욱 과민하게 반응해 손실을 회피하려 한다.

· **최근성:** 사람들은 처음 경험한 것에 대해 매우 강하게 오랜 기간 기억한다. 비슷하게 최근 것에 대해 지나치게 의존하고 가중치를 둔다. 펀드에 가입할 때도 최근 수익률이 좋았던 걸 선호한다.

· **후회 회피:** 실수나 손실을 인정하지 않으려 한다. 객관적인 하락 징후가 보여도 팔고 나서 더 오르면 어쩌나 하는 후회 심리 때문에 매도를 꺼린다. 이 편견은 투자 행위를 보수적으로 만든다.

· **구조화:** 사람들은 질문이 낙관적일 경우 대답도 긍정적으로 하는 경향이 있는데 이를 구조화라고 한다.

· **현상유지:** 변화를 기피한다. 이 경우 투자자들은 자신이 좋아하는 주식만 보유하는 경향을 보이며 투자환경이나 산업의 변화를 적극적으로 수용하지 않는다.

03

도대체 당신이 원하는 투자 수익률이 얼마인가

· · ·   '많이 벌면 좋지'라는 식의
두루뭉술한 목표는 있으나마나다

종목을 찍어달라고 말하는 사람들의 대표적인 특징 하나. 돈을 벌고 싶기는 한데 목표가 없다. 앞서 긍정적인 사고방식의 중요성을 언급했지만, 행동을 할 때는 구체적이고 분명한 목표가 있어야 한다. 목표 없는 행동은 나침반도 없이 등대의 위치도 모른 채 어두운 바다를 항해하는 것과 같다.

투자도 마찬가지다. 투자를 해 놓고 '많이 벌면 벌수록 좋지'라는 식으로 두루뭉술하게 생각해선 곤란하다. 차라리 연 100%, 또는 1,000% 수익률 달성이라는 식의 무모한 목표라도 세우는 게 낫다. 어떠한 목표라도 있어야 구체적인 행동지침이 생긴다. 종목을 찍어달라는 말을 하기 전에, 본인이 투자 수익률 목표가 있는지, 또 얼마인지를 분명히 해야 한다.

투자수익률을 명확히 해야 하는 이유는 분명하다. 투자수익률 목표가 있어야 어떤 종목을 골라야 할지 정해진다. 예를 들어 삼성전자와 같은 대형주라면 대폭락의 위험성이 없다는 점(이 역시 장담할 수 있는 것은 아니지만)에서 안정적이다. 반면 아주 높은 수익률을 기대하기는 어렵다. 투자수익률 목표가 그리 높지 않다면 이런 종목이 투자코드가 맞다.

그러나 위험을 감수하고 높은 수익률을 기대한다면 코스닥 중심의 도전적인 종목을 골라보는 게 낫겠다. 아니면 국외시장에 도전해 볼 수도 있고, 파생상품도 투자 대상군에 넣을 수 있다. 그러니 그저 '투자종목을 찍어달라'고 하기 전에, 자신의 투자 목표부터 챙겨야 한다.

투자 수익률에 관한 목표를 세우는 것은 매수타이밍을 잡는 것뿐만 아니라 매도 타이밍을 잡는 데도 필수 요소다. 증시에서는 매수보다 오히려 매도타이밍을 잡는 게 더 어렵다고 한다. 실제로 투자해본 사람이라면 이 말을 이해할 것이다. 심리적으로도 목표수익률을 정해놓는 것은 매우 중요하다. 한창 오르는 주가를 보고 있는 일은 즐겁지만, 오르던 주식을 팔지 못하고 떨어지는 주식을 보는 것은 더 견딜 수 없는 일이기 때문이다.

15~20% 목표수익률이 적당

개인들이 생각하는 투자수익률은 천차만별이다. 필자가 현장을 취재해 보면 증시라는 위험자산에 투자하는데, "적어도 두 배 이상 벌어야 하지 않겠느냐"고 말하는 이들이 있는 반면 "은행 이자보다 조금만 더 벌어도 좋겠다"는 소박한 꿈을 갖고 있는 이들도 있다.

전문가들에게 물어봐도 수익률에 관해서 다양한 답변이 나온다.

수익률을 산정하는 방식은 재무적으로 좀 어렵게 표현하면 '주식 투자 기대수익률=무위험 수익률+위험 프리미엄'이다. 쉽게 말해 은행예금처럼 전혀 위험 없이 얻을 수 있는 수익(은행도 망할 수 있기 때문에 100% 안전하다고는 할 수 없어도 비교적 무위험으로 볼 만하다)에 위험을 부담할 경우 그 위험을 떠안는 대가로 받는 프리미엄이 더해지는 것이다.

공격적인 성향을 가진 전문가들 중에는 연 50% 이상을 노리라고 하는 이들이 있다. 그러나 대부분은 '은행이자 플러스알파' 정도다. 알파는 대체로 연 10% 정도 수준이다.

우재룡 삼성생명 은퇴연구소 소장은 주식형 펀드를 기준으로 그 기대수익률은 보통 금리와 맞물리는 채권수익률에 주식 투자 리스크 프리미엄을 더해 계산하는 게 합리적이라고 했다. 미국과 유럽에서는 이머징마켓 주식에 일부 투자한다 하더라도 장기 투자에 따른 기대 수익률이 각종 비용과 세금을 제외하고 연 8%를 넘지 않는다고 한다. 그는 국내에선 채권수익률 연 4~5%, 주식 투자 리스크 프리미엄 3~6%를 적용해 연 10% 안팎이면 합리적인 기대수익률이라고 했다.

최상길 제로인 전무는 적정 경제성장률 약 5%와 물가상승률 약 3%, 주식 투자 리스크 프리미엄 3%를 감안해 국내 주식형 펀드의 적정 기대수익률을 연 10~12%로 잡고 있다. 이처럼 많은 전문가들이 연 15~20% 정도를 합리적인 투자목표로 꼽는다.

필자가 생각하는 합리적인 수익률도 15~20% 수준이다. 매년 이렇게만 수익을 낸다면 엄청난 부를 쌓을 수 있다. 1,000만 원의 원금이 연 20% 수익률로 매년 불어난다면 10년 뒤 복리이자까지 포함해 7,200만 원으로 늘어난다. 연 15% 수익률이라고 해도 10년 뒤 만질 수 있는 돈은 4,400만 원에 달한다.

얼마나 놀라운 수치인가? 보수적으로 따져본다면 매년 10%를 넘는 수익을 내도 대단한 성과다.

'72의 법칙'이라는 게 있다. 72를 연수익률로 나누면 투자의 가치가 두 배로 되는 데 걸리는 년수가 나온다. 예를 들어 연 10% 수익이 나는 투자는 원금이 두 배가 되는 데 7.2년이 걸린다. 이것도 괜찮지 않은가?

글로벌 위기 이후 기대 수익 낮아진 건 다행스러운 일

그런데 일반 투자자들의 꿈은 좀 큰 것 같다. 최상길 제로인 전무의 말에 따르면 국내 투자자의 펀드 투자기간은 평균 20개월인데 기대수익률은 연 27%쯤 된다고 한다. 단, 1년 8개월을 투자해서 연 30%에 가까운 수익을 내겠다는 건 정말 어려운 일이다. 2년도 채 되지 않는 짧은 투자기간에 개인투자자가 매수는 물론 매도 타이밍을 잡기가 쉽지 않다는 점도 문제다.

다행이라고 말해야 할지 모르겠지만 개인투자자들의 목표수익률은

2008년 글로벌 금융위기 이후로 조금씩 합리적으로 변하고 있다. 주가 폭락, 펀드수익률 반 토막의 아픔을 겪은 투자자들이 뼈저린 교훈을 얻은 것 같다.

2010년 12월 마케팅·여론조사 전문기관인 나이스R&C가 조사한 결과, 개인투자자들은 직접투자의 적정 수익률을 15% 정도로 생각했다 (20% 이상으로 답한 응답자도 27%에 달했다). 실제 수익률 15%는 도전해볼 만한 수치다.

기대수익률을 낮추면 정신 건강에는 확실히 좋다. 주식 투자로 돈을 번 투자자들 중에서도 그다지 행복하지 않은 이들을 많이 본다. 자신이 설정한 목표수익률에는 도달했지만 남과 비교해 못 벌었다는 생각을 하기 때문이다.

우스갯소리 하나 던지겠다. 친구들끼리 오랜만에 만나 연봉을 공개하기로 했다. 그러면 연봉을 비교한 후 몇 명이나 미소를 지을까? 단, 한 명이다.

수억 원의 연봉을 받고, 제 아무리 대우가 좋아도 자신보다 많이 받는 사람이 단 한 사람이라도 더 있으면 별로 기분이 좋지 않다. 수백 명, 아니 수천 명이 모여도 연봉을 비교해 미소 지을 사람은 그중 가장 많이 받는 단 한 사람뿐인 것이다.

주식도 그렇다. 남과 비교할 필요 없다. 부자라는 큰 목표를 갖는 것은 좋지만, 돈을 벌 때는 소박하게 꾸준히 버는 게 더 낫다. 1년에 50% 넘는 수익을 원한다면 차라리 로또를 사고 기도를 하라.

주식 투자도 **남녀 차이가 있다?**

:: 큰 수익 노리는 쪽은 역시 남자 ::

남녀의 차이가 주식거래를 할 때도 영향을 미칠까? 주식 투자의 기준과 적정 수익률, 증권사 애널리스트들이 제시한 추천종목에 대한 신뢰도 등의 항목에서 남녀 간의 차이는 분명히 있었다. 마케팅·여론조사 전문기관인 나이스R&C가 2010년 8월 전국의 만 20~64세 금융거래 소비자를 대상으로 설문조사한 결과를 보면 알 수 있다.

남성들은 주식 투자를 결정할 때 주로 '각종 자료분석을 통한 자기 판단'과 '인터넷 검색 자료'에 의존한다. 반면 여성들은 남성들에 비해 증권

주식 투자 결정의 주요 정보원

(단위: %)

구분	전체	가입방법	
		남성	여성
(Base)	(주식 투자 이용자: 4,545명)	(2,554명)	(1,991명)
각종 자료분석을 통한 자기 판단	44.0	49.8	36.6
인터넷 검색 자료 (포털, 지식인, 블로그 등)	21.0	22.0	19.8
TV, 신문, 잡지, 라디오 등 언론 매체	14.6	13.3	16.4
가족, 친구, 직장동료 등 주변 지인	10.3	8.3	12.9
증권회사 직원의 설명	7.4	4.7	10.8
기타	2.6	1.9	3.6

자료 : 나이스R&C 조사

사 직원의 설명이나 주변 지인을 통해 얻는 정보에 더 많이 의존한다. 한 마디로 남성들은 객관적인 자료에 의존하는 데 비해, 여성들은 주변인의 말에 많이 의존하는 것이다.

남성들은 '객관적인 자료분석을 통한 자기 판단' 항목에 49.8%가 응답했다. 이어 인터넷 검색자료가 22.0%로 2위를 차지했다. 3위부터는 언론 매체(13.3%), 주변 지인(8.3%), 증권사 직원의 설명(4.7%), 기타(1.9%) 등의 순이었다.

여성들은 '객관적인 자료분석을 통한 자기 판단'에 36.6%가 응답했다. 인터넷 검색자료는 19.8%를 차지해 남성들보다는 자료분석과 검색자료에 상대적으로 덜 의존하는 것으로 조사됐다. 언론 매체는 16.4%를 차지했으며, 주변 지인(12.9%)과 증권사 직원의 설명(10.8%) 등은 남성들보다 더 많이 의존하는 것으로 분석됐다.

주식을 비롯한 직접투자의 적정 수익률에 대해서는 평균 14.3%로 나타났다. 또 '20% 이상'이라는 응답자도 27.4%에 달했다. 남성은 평균 14.9%를 적정 수익률로 본 반면, 여성은 13.5%로 남성보다는 기대수익률이 조금 낮았다. 기대수익률은 남성이 여성보다, 소득이 높을수록, 투자 성향이 공격적일수록 높아지는 경향을 보였다.

증권사 애널리스트의 추천종목에 대해서는 얼마나 신뢰하는지를 조사한 결과, '신뢰하지 않는다'는 응답이 25.5%로 '신뢰한다(15.2%)'는 응답보다 높은 것으로 나타났다. 과반수 이상은 '보통이다'라고 응답했다.

  이번 조사 결과, 남성이 여성보다 애널리스트의 추천종목에 대한 불신도가 높았다. 남성 응답자의 31.0%가 '신뢰하지 않는다'고 응답한 반면, 여성은 18.6%가 '신뢰하지 않는다'고 답변했다. 애널리스트의 추천종목은 대해 투자성향이 공격적일수록 불신도가 높았다.

04

개미투자자들의 수익률이 별 볼 일 없는 이유

· · · 아무리 '찍어줘'도 느긋하게 못 기다린다

바뀔 것 같으면서도 바뀌지 않고 매년 반복되는 거북한 행태들이 있다. 다음과 같은 기사 제목에서 알 수 있다.

'정부 예산 소진한다고 올해도 어김없이 보도블록 교체.'

'○○빌딩 화재는 예고된 인재: 방화시설 점검 제대로 안 해.'

'정치권 국민 안중에 없고 제 밥그릇만 챙겨.'

경제신문 증권 면에 한 해도 빠지지 않고 나오는 기사가 있다.

'올해도 개미 투자수익률은 별 볼 일 없었네.'

'개미 주식 사기에 혹시나 했더니 역시나.'

'외국인만 배 불리고 개미는 상투 잡아.'

개인투자자로서는 별로 기분 좋을 리 없는 소식이다. 그런데 왜 매년

2010년 외국인 순매수 상위 종목

(단위: 십억 원, %)

순위	종목 명	순매수 금액	주가 상승률	순위	종목 명	순매수 금액	주가 상승률
1	삼성전자	3,668	17.1	16	신한지주	463	21.8
2	현대차	2,048	50.8	17	삼성엔지니어링	418	77.8
3	현대모비스	2,034	72.2	18	대우조선해양	370	102.3
4	LG화학	1,712	69.6	19	오리온	367	31.5
5	NHN	1,489	9.4	20	호남석유	347	175.6
6	신세계	830	11.4	21	아모레퍼시픽	345	18.1
7	기아차	820	159.9	22	GS	267	107.1
8	LG전자	789	(6.6)	23	KCC	262	1.6
9	삼성중공업	763	64.9	24	강원랜드	261	87.6
10	SK에너지	741	60.4	25	현대건설	258	(0.7)
11	현대중공업	552	153.6	26	두산중공업	246	3.8
12	KT&G	547	5.6	27	현대백화점	246	19.1
13	현대제철	523	45.7	28	GKL	244	5.3
14	삼성화재	505	4.8	29	SK C&C	242	95.1
15	삼성테크윈	470	10.7	30	현대홈쇼핑	242	12.8

*2010년 1월 4일~12월 23일 기간, 신규종목은 공모가 대비 수익률
자료: 한국거래소, 삼성증권

이런 일이 반복될까?

2010년만 해도 그렇다. 2010년은 글로벌 위기 이후 나락에 빠졌던 증시가 다시 2000 선을 회복하는 기분 좋은 해였다. 그러나 불행한 뉴스는 반복됐다.

한국거래소에 따르면 2010년 12월 22일까지 개인이 가장 많이 사들인 상위 20개 종목(우선주·상장폐지 및 신규상장 주 제외)의 수익률은 평균 2.25%에 불과했다. 2010년 코스피 상승률 21%의 10분의 1 정도다. 개인들은 POSCO, 하이닉스, 한국전력, KB금융, 외환은행 등을 사들였는데

2010년 기관 순매수 상위 종목

(단위: 십억 원, %)

순위	종목 명	순매수 금액	주가 상승률	순위	종목 명	순매수 금액	주가 상승률
1	우리금융	763	8.7	16	효성	191	25.0
2	현대중공업	720	153.6	17	한진중공업	187	74.4
3	OCI	531	46.5	18	금호석유	182	335.8
4	S-Oil	484	66.1	19	LG디스플레이	180	0.6
5	삼성증권	468	32.9	20	우리투자증권	167	40.2
6	하나금융지주	426	30.7	21	대한항공	165	28.4
7	LG	312	18.9	22	삼성중공업	147	64.9
8	대우조선해양	306	102.3	23	한진해운	123	88.2
9	두산인프라코어	289	70.0	24	SKC	118	106.3
10	대림산업	251	37.6	25	현대해상	115	21.1
11	대우증권	235	32.7	26	STX엔진	105	82.2
12	현대제철	234	45.7	27	기업은행	97	33.2
13	삼성물산	223	38.5	28	웅진코웨이	88	8.1
14	GS건설	221	(1.4)	29	GS	88	107.1
15	삼성이미징	196		30	에스원	84	13.8

*2010년 1월 4일~12월 23일 기간, 신규종목은 공모가 대비 수익률
자료: 한국거래소, 삼성증권

시장수익률에 미치지 못하는 종목들이 대거 포함됐고, 총 20개 가운데 11개가 시장수익률은커녕 2009년 대비 손실을 기록한 종목들이었다.

반면 개인투자자들이 팔아 치운 종목을 보면 한숨이 나온다. 2010년 개인들이 순매도한 종목 상위권에는 삼성전자, 현대중공업, 삼성중공업, 현대제철, 대우조선해양 등 이른바 '알짜 종목'이 줄줄이 들어 있다. 개인이 순매도한 상위 20개 종목의 평균 수익률이 60%에 달하니 개인으로서는 배 아파할 만하겠다.

2010년 개인 순매수 상위 종목

(단위: 십억 원, %)

순위	종목 명	순매수 금액	주가 상승률	순위	종목 명	순매수 금액	주가 상승률
1	POSCO	2,074	(19.7)	16	한화	173	(3.7)
2	하이닉스	1,707	0.6	17	한전KPS	144	28.2
3	삼성전기	1,224	16.3	18	우리금융	141	8.7
4	삼성생명	990	(9.5)	19	LG하우시스	120	(29.3)
5	한국전력	924	(9.4)	20	LG유플러스	112	(13.8)
6	KB금융	411	(1.2)	21	LG생명과학	110	(16.0)
7	대한항공	395	28.4	22	고려아연	109	38.0
8	만도	253	61.4	23	호텔신라	105	36.9
9	외환은행	249	(14.1)	24	LS	104	(12.9)
10	제일모직	225	84.1	25	한미홀딩스	103	(71.6)
11	대한생명	214	(7.9)	26	동양종금증권	94	(18.9)
12	삼성SDI	197	12.1	27	대한해운	89	(35.6)
13	대한전선	187	(63.7)	28	웅진에너지	88	113.2
14	쌍용차	176	257.6	29	SBS	86	(38.5)
15	LS산전	174	(8.9)	30	LG이노텍	81	33.7

*2010년 1월 4일~12월 23일 기간, 신규종목은 공모가 대비 수익률
자료: 한국거래소, 삼성증권

그리고 또 반복되는 이야기. 기관과 외국인은 2010년 상승장에서 톡톡히 재미를 봤다. 2010년 기관과 외국인이 순매수한 상위 20개 종목의 수익률은 60%에 달한다. 코스피 상승률보다 2배 이상 높고, 개인투자자들보다는 25배 이상 높은 수치다.

2011년 초반에도 주가상승은 이어졌다. 개인투자자들은 코스피 2100 선을 전후해 과감하게 주식을 사들였다. 본격적으로 매수에 나섰던 2011년 1월 10일부터 열흘간 1조 8,000억 원 넘게 순매수했다. 같

은 기간 코스피지수는 2080에서 2106으로 뛰었다. 그러나 개인들의 수익률은 마이너스였다.

개인투자자들의 촐랑거림이 수익률을 낮춘다

왜 개미들은 항상 피(?)를 볼까? 결론부터 말하면 개인투자자들이 마음이 급하고 원칙 없이 단기 투자를 하기 때문이다. 시장이 강세장일 때는 주도주를 장기간 보유하면서 수익률을 높여야 한다. 그러나 개인들의 매매패턴을 보면 상승종목을 마음 급하게 빨리 팔아 치운다. 황금단 삼성증권 연구위원의 분석을 들어보자.

"2003~2006년 중공업주가 크게 올랐다가 2007년을 고점으로 내렸는데, 이처럼 급등한 종목은 조정을 거쳐 다시 오르기까지 시간이 오래 걸린다. 개인은 주가가 조금 오르자 다 팔아 치웠고, 기관과 외국인은 느긋하게 기다리면서 주가 수익을 누렸다. 개인들의 순매도 상위 종목에 중공업주가 대거 포함된 것은 그런 이유에서다."

원하는 대로 좋은 종목을 찍어줘도 마찬가지다. 개인투자자들은 금세 팔아버린다. 자신의 기대 수익률에 도달했기 때문이라고? 그게 아니다. 그저 조금 오르니 불안한 마음에 그랬을 것이다. 전문가들이 찍어줬다고 해도, 스스로 그 기업에 왜 투자해야 하는지 논리를 세우지 않았으니 추천 종목에 대한 신뢰가 없고 장기 투자를 해야 할 동기도 희미하다.

전문가들이 장기 투자를 외치는 데는 이유가 있다

이 대목에서 한번 짚어봐야 할 게 장기 투자다. 장기 투자가 왜 좋은 것인지에 대해선 귀가 따갑게 들었을 것이다. 스스로 고른 종목이 가치가 있는 기업이라고 판단한다면, 목표수익률을 빠르게 달성해 일찍 매도를 할 수 있을지언정, 적어도 3~4년은 기다릴 각오를 해야 한다.

필자의 주변 사람들을 보면 6개월을 투자해 놓고서 장기 투자라고 하는 사람이 있다. 어떤 이들은 투자기간이 3개월만 넘어서도 불안해한다. 그러나 그건 장기 투자가 아니다. 장기 투자를 한다는 건 단기적으로 흔들릴 수 있어도 장기적으로 무너지지 않는다는, 즉 영원한 '좌절'은 없다는 전제 아래 투자하는 것이다.

우리의 경험은 이러한 믿음을 뒷받침한다. 2008년 글로벌 금융위기의 충격으로 2007년 2000을 맛봤던 코스피지수는 2008년 800대까지 떨어졌다. 이 지수가 다시 2000을 돌파하는 데 1년 반이 걸렸다. 위기를 넘어서는 데 6개월은 장기가 아니다.

조금 오른다고 냉큼 팔지도 말아야 한다. 그런 습관이 반복되면 그저 그런 수익률에 만족해야 한다. 필자도 그랬다. 필자는 과거 NHN 주식이 2006년 8만 원일 때 산 적이 있다. 투자원칙도 별로 없었고, 성미도 급한 터라 8만 원이던 주가가 9만 원쯤 됐을 때 팔아 치웠다. NHN 주식은 2007년 6월 30만 원을 찍었고 2010년 22만 원을 넘었다. 목표수익률을 달성한 건 맞지만 '3년만 보유했더라면' 하는 아쉬움은 사라지지 않았다.

2001년 9·11테러로 전 세계 주가가 급락했다. 국내 증시도 폭락을 피해가지 못했다. 당시 삼성전자 주가는 13만 원까지 떨어졌다. 당시 전문가들은 열이면 열, 삼성전자가 가치에 비해 지나치게 많이 떨어졌다고 주장했다. 위기를 넘기기 위해서 짧게는 6개월, 길어도 3년이면 충분하니 팔지 말라고 외쳤다.

그렇다면 테러 이후 3년 뒤의 주가가 어땠나? 2004년 삼성전자의 주가는 60만 원대까지 올랐다. 삼성전자는 2011년 초 삼성전자는 꿈의 주가라고 하는 주당 100만 원을 돌파했다.

세계적인 경제학자 케인스도 장기 투자의 중요성에 대해 이렇게 언급하기도 했다.

"나는 주식시장이 바닥을 향해 지속적인 하락세를 보일 때 주식을 보유하고 있다는 것에 대해 전혀 부끄러움을 느끼지 않는다. 기관투자가나 개인투자자, 또는 어떤 투자자든 하락하는 증권시장에서 주식을 팔아야 하나 혹은 참아야 하나를 결정하는 것은 결코 중요한 일이 아니다. 자책할 필요도 없다. 오히려 진정한 투자자는 하락장세에서 자신이 보유하고 있는 종목들의 가치가 감소하는 것을 냉정하고 침착하게 지켜볼 수 있는 능력을 지녀야 한다. 즉, 투자자는 기본적으로 장기적인 투자결과를 지향해야만 한다. 일반적인 하락장세에서 주가가 하락한다는 것은 결코 후회나 실망할 일이 아니다."

월가의 대표적인 한국인 펀드매니저로서 '장하성 펀드'로 더 알려진 한국기업지배구조펀드를 운용하고 있는 존 리 씨(한국 명 이정복)도 장기 투자를 강조하는 매니저 중 한 명이다. 장기 투자에 관한 그의 생각은 저서 《왜 주식인가?》를 통해 알아볼 수 있다.

많은 투자자들이 매수한 순간부터 매도 가격을 저울질한다. 그것은 당연하다. 그러나 그의 생각에는 딱 두 가지 경우에만 매도를 해야 한다고 했다.

첫째는 주가가 처음 살 때와 비교해 과도하게 올라 그 회사의 실질가치보다 훨씬 더 비쌀 때다. 둘째는 회사경영이나 영업에 예상치 못한 문제가 생기는 등 여러 가지 이유로 미래가치가 하락할 것으로 판단되는 때다. 그는 이런 때가 아니라면 절대 팔아서는 안 된다고 했다. 주식을 보유하고 있는 회사가 잘 운영되고 있다면 주식을 팔아서 이익을 실현할 이유가 전혀 없다.

그는 한국에서 TV를 보면서 가장 짜증이 나는 프로그램이 '오늘의 투자전략'이란 것이라고 했다. 당장 현금비중을 늘리라는 둥, 관망하다가 저점에서 사라는 둥, 아니면 차트를 보면서 주식 매수 시점이 아니라는 등의 내용인데, 하루나 이틀 사이에 기업의 가치가 달라질 리 없는데 오늘 하루의 전략이 무슨 의미가 있겠냐는 것이 그의 의견이다.

실제로 그는 장기 투자를 하면서도 좋은 실적을 내왔다. 그가 운용한 코리아펀드는 15년 동안 거래량회전율이 10%인데, 회전율이 10%라는 것은 1년 동안 전체 자산 중 주식을 사고 판 금액의 배율이 10%라는 뜻이다. 한 번 매수하면 평균 10년 이상 보유한다는 의미인데, 이렇게 매수·매도를 자주 하지 않았어도 코리아펀드 수익률은 코스피 상승률 대비 평균 10% 이상 초과했다고 했다.

장기 투자를 해야 할 실질적인 이유가 하나 더 있다. 주식을 매매하면 각종 수수료가 붙기 때문이다. "그깟 수수료가 대수냐?"고 말하는 투자자도 있지만 배보다 배꼽이 큰 경우가 생긴다. 매매수수료와 세금을 합쳐 0.5%를 낸다고 가정하자. 이 경우 200번 거래하면 수수료 총액은 0.5×200=100%, 즉 원금만큼 수수료가 나간다. 매매를 자주할수록 수수료는 눈덩이처럼 불어난다.

1년 이상 투자자는 16%에 불과

국내 투자자들은 매우 조급하다. 2009년 금융투자협회가 직접투자 증권계좌를 보유한 만 25세 이상의 개인투자자 1,506명을 대상으로 '주식 1개 종목 평균 보유기간'을 조사했다. 놀랍게도 '1개월 이상, 3개월 미만'이라고 응답한 비중이 32%가 넘었다. 1년 이상 보유 투자자는 16.4%에 불과했다. 그러나 한 번이라도 주식시장이 위기를 맞으면 그것을 회복하지 못하고 손실을 볼 수밖에 없는 것이다.

한 가지 더, 장기 투자라는 의미를 왜곡하지 않았으면 한다. 개인들은 주가가 하락할 때 오래 두고 기다라는 경향이 있다. 개인투자자들은 "한없이 떨어지겠어? 곧 바닥을 치고 오를 거야"라는 생각으로 하락종목을 그저 방치해둔다.

앞서 낙관론자가 되라는 말을 했지만 그건 떨어지는 주가가 오를 것이라고 기도하는 마음으로 믿으라는 게 아니다. 해당 종목의 경쟁력이 상실된 경우라면 손절매에도 냉철해야 한다. 장기 투자는 해당 종목의 경쟁력이 훼손되지 않고 시장도 변하지 않았을 때 유용한 전략이다.

상투 잡는 뒤늦은 투자가 화근

개인들이 돈을 못 버는 이유는 이뿐만이 아니다. 필자의 생각에 개인은 뒤늦게 귀를 쫑긋 세우고, 뒤늦게 투자에 나선다. 한마디로 한 발 늦다. 최근 랩어카운트 열풍이 대표적인 것 같다.

랩어카운트는 2010년 증권가를 달군 단어였다. 자문사들이 랩어카운트에 참여해 직접 종목을 골랐는데 몇몇 종목에 집중 투자하면서 엄청난 수익을 냈다. LG화학, 기아차 등 자문사가 집중 투자한 종목을 놓고 '7공주'니 하는 말들이 돌았다. 그러자 개인투자자들이 달려들기 시작했다. 그러나 이미 투자 대상 종목들은 오를 대로 오른 뒤였다. 오히려 이젠 투자자문사들이 돈을 빼내면서 주가가 폭락하지 않을지 걱정해야 할 처지다.

해당 종목들의 주가를 선뜻 전망은 못하겠지만 뒷북 투자의 또 다른 사례가 되지 않을까 두렵다. 실제로 2011년 뒤늦게 들어간 투자자들은 상당한 손실을 보고 있기도 하다. 이들은 투자한 지도 얼마 안 되어 돈을 빼낼 궁리를 한다.

전설적인 펀드매니저인 피터 린치가 운용한 마젤란펀드는 1977년부터 1990년까지 13년간 연평균 29%라는 놀라운 수익률을 냈다. 단 한 해도 마이너스 수익을 낸 적이 없다. 하지만 이 펀드에 가입한 투자자 중 절반은 손해를 봤다. '주가가 급락할 때 펀드를 깨고, 상투에 접근할 때 가입했던 것'이다. 추격매수의 위험성을 경고하는 사례다. 광풍의 끝자락을 잡는 것만큼 위험한 일도 없다.

한 종목을 40년 이상 보유한 의대 교수 이야기

:: 액면가 500원 유한양행 46년간 300배 뛰어 ::

유승흠 연세대 의대 교수는 말 그대로 '장기 분산 투자자'다. 그의 투자 경험과 투자 철학은 요즘 주식 투자자들의 시선으로 보면 상상을 초월한다. 한 주식을 30~40년씩 들고 있기 때문이다. 한 번 가치 있는 주식을 사면 절대 팔지 않는다. 그가 처음으로 보유한 주식은 유한양행 주식이었다.

그가 1964년 연세대 의대에 입학했을 때 일찍부터 주식 투자에 밝았던 큰아버지가 그에게 유한양행 주식 500주를 선물로 줬다. 당시 액면가 500원이었던 유한양행 주식을 현재도 그는 보유하고 있다. 현재 유한양행 주가가 15만 원대인 것을 감안하면 46년 동안 300배로 뛴 셈이다.

유 교수가 대학을 졸업하던 1960년대 말에는 처음으로 공모주에 투자했다. 당시 청약한 종목은 현재도 남아 있는 기업들이다. 전주제지(현 한솔제지), 럭키화학(현 LG화학), 동아제약, 금성사(현 LG전자), 한국유리공업 등이 그렇다. 이들 종목의 주가는 공모 시 액면가를 기준으로 계산하면 주가가 각각 9·407·231·240·31배가 됐다.

유 교수는 이 주식들을 팔지 않고 여전히 보유하고 있다. 매번 증자가 있을 때마다 참여해 지금은 공모할 때보다 훨씬 많은 주식을 가지고 있다. 유 교수는 "LG화학과 LG전자는 수익률이 좋아 매년 배당을 받을 때마다 고급 양복 한 벌을 사입을 만한 돈이 나온다"고 귀띔한다.

그는 주식을 사고 팔아서 얻는 시세차익보다는 배당을 통한 수익을 좋아하는 전형적인 '가치투자자'다. 유 교수는 "여러 바구니에 자산을 나눠 담는다"는 포트폴리오 투자원칙도 직접 실천하고 있다. 그는 투자 자금을 크게 세 군데에 나눠 담고 있다.

첫째, 생활에 필요한 목돈이다. 이것은 투자신탁에 맡겨서 6개월에서 1년 단위로 단기적으로 운용한다. 언제든지 필요할 때 쓰기 위한 목적이다. 둘째, 생활에 필요한 소규모 돈은 시중은행에 맡겨서 사용한다. 마지막으로 장기 투자와 노후를 위한 자금은 유영근 대표의 템피스투자자문에 맡기고 있다. 주식 투자는 장기 투자를 목적으로 해야 한다는 것이 그의 철학이기 때문이다.

일반적인 고액 자산가와 그가 다른 점은 부동산 투자를 하지 않는다는 것이다. 그가 보유하고 있는 집도 압구정동에 있는 아파트 한 채뿐이다. 그는 흔한 청약통장도 만들지 않았다.

〈매일경제신문〉, 2011년 2월 10일

싼 종목에 매달리지 말자

· · ·　가치 있는 기업은 당연히 값도 비싸다

　　주변에서 '몇 천 원짜리 종목을 사서 몇 만 원이 되었네'라는 등의 이야기를 듣게 된다. 흔히 말하는 대박 스토리다. 물론 실제 이런 경우가 있다. 그러나 장담컨대 많지 않다. 매우 극소수다. 개인투자자들의 로망 중 하나가 정말 싼 주식을 사서 몇 배, 몇 십 배 불리는 것이다. 이런 생각이다 보니 처음부터 매우 싼 종목에 눈을 돌린다. 그러면서 한마디 한다.

　　"삼성전자가 100만 원이나 되는데, 앞으로 올라봐야 얼마나 더 오르겠어? 아무리 올라도 20~30%이지 2~3배는 아니잖아."

　　소위 고가주와 저가주라는 게 있다. 말 그대로 비싼 주식과 싼 주식이다. 고가주와 저가주의 기준은 딱히 없다. 100만 원 이상짜리 정말 비싼 '황제주'를 고가주라 하기도 하고, 반대로 저가주는 1,000원 미만의 매우 싼 주를 말하기도 한다.

또는 대형주나 중형주, 소형주 등으로 분류해볼 수 있다. 이는 자본금에 따른 분류인데 자본금이 750억 원이 넘으면 대형주로 한다. 또는 시가총액 순위 100위 내를 대형주, 101위부터 300위까지를 중형주, 그 이하를 소형주로 분류하기도 한다. 필자가 강조하고 싶은 말은 조금 비싸 보인다고 하더라도 가격 때문에 주저하지는 말라는 이야기다.

2010년은 고가주가 저가주보다 안정적이고 상승폭이 높다고 알려져 있다. 외국인들의 자금이 주로 고가주에 몰리면서 그런 면이 있다. 2010년에는 자문사들이 일부 대형주에만 돈을 쏟아 부은 탓에 주가가 뛰었다. 그러나 통계를 보면 꼭 고가주가 상승폭이 높았다고는 말할 수 없다.

2010년 한 애널리스트의 분석에 따르면, 50만 원 이상의 고가주 중에서 코스피지수 상승률에 미치지 못하는 종목이 70%가 넘었고, 수익률이 마이너스인 종목도 있다. 그러니 개인투자자들은 저가주에만 투자하기 때문에 남들이 돈을 벌 때 수익을 내지 못한다는 비난은 억울할 수도 있겠다.

그러나 일방적으로 저가주에만 매달리는 것은 절대 바람직하지 않다.

시장은 냉정하다. 싼 종목은 기업 가치가 그만큼 낮기 때문에 싼 것일 뿐이다. 물론 진흙 속의 보석과 같은 주식도 있을 수도 있고, 또 그 가치를 시장이 갑자기 알아줘 주식이 급등하는 경우도 있겠지만, 그건 정말 드문 일이다. 그런 대박을 기대하기란 무리다.

투자의 대가 해리 새거먼이 한 말이 있다. '좋은 기업은 시장에서 인정

받기 때문에 비싼 게 당연한 것'이라고. 현재 비싸 보인다 하더라도 성장성이 있다고 판단되면 그때라도 사는 게 옳다고 강력히 외치고 있다.

저가주에 매달리는 태도로는 돈 못 번다

'주마가편(走馬加鞭)'이라는 사자성어에서도 투자의 지혜를 발견하게 된다. 달리는 말에 채찍질을 해 더욱 빨리 달리도록 하라는 뜻인데, 투자의 관점에서 오를 종목이라면 지금의 가격에 주저하지 말고 투자하라는 말로 해석해볼 수도 있다. 그리고 고가주가 '더 오를' 가능성은 충분하다.

LG화학의 주가는 2011년 1월 40만 원에 육박했다. 2008년 11월에는 7만 6,000원까지 떨어진 적이 있었는데 2년 넘게 꾸준히 올랐다. LG화학이 10만 원을 넘어서고, 20만 원을 넘어서고, 또 30만 원을 넘어설 때도 매번 '주식이 너무 비싸서 못하겠다'는 말들이 개인투자자들에게서 터져 나왔다.

그러나 비싸다 비싸다 하면서 주가는 40만 원까지 올랐다. 당시 조금 비싸더라도 LG화학 주식을 샀다면 나머지 상승 폭만큼은 수익으로 누렸을 수 있을 것이다.

주식이 비싸서 사지 못하는 게 아니라 기업 분석을 제대로 하지 못했기 때문에 투자하지 못하는 것이다. 상승하는 종목이라면 투자를 고민하는 지금 이순간이 가장 싼 종목이다.

최근 들어 트렌드는 고가주와 저가주가 동시에 늘어나는 것이라고 한다. 2007년 7월 초 유가증권시장에서 10만 원 이상 고가주는 63개였는데, 2010년 11월 기준으로 이는 80개 수준으로 늘어났다. 5,000원 이하의 저가주는 당시 221개에서 270개가 넘게 늘어났다. 특히 주가가 1,000원 미만인 종목은 23개에서 50개 이상으로 두 배 넘게 늘어났다.

이렇게 고가주와 저가주가 함께 늘어났다는 것은 증시에서 주가의 부익부 빈익빈 현상이 심화됐다는 뜻으로 해석한다(〈조선일보〉, 2010년 11월 8일자). 코스피가 상승한 날 주가가 오른 종목을 따져보니 하락한 종목 수의 1.5배였다는데, 그만큼 적은 종목이 코스피지수 상승을 이끌고 있다는 뜻이다.

이럴 때일수록 정말 좋은 종목을 사야 한다. 《대한민국 20대 재테크에 미쳐라》라는 초대형 베스트셀러를 낸 정철진 전 매일경제신문 기자는 최근 낸 저서 《주식 투자, 이기려면 즐겨라》에서 즐기는 투자를 하려면 일명 '대형주'라 불리고 시가총액만으로 보면 상위 100~130위 이내 종목으로 투자대상을 좁히라고 했다. 이유는 단순하게도 '마음이 편하다'는 것이다. 대형주를 쫓아가면 시장 움직임과 동떨어지지 않고, 벤치마크와 어긋나지 않기 때문이라고 한다. 정말 어설픈 대박을 노리고 엉뚱한 종목에 매달리지 말자.

06

돈 없이 정보만 요구하는 개인투자자들

주변에 이런 사람들 참 많다.

"주식시장이 오를 것 같은데, 내 손에 투자할 돈이 없네."

참 허무한 이야기다. 이런 사람들은 아무리 끝내주는 정보가 있어도 그림의 떡일 수밖에 없다. 주식에 투자하려면 어쨌든 종자돈은 있어야 한다. 부모에게 물려받았건 로또에 당첨됐건 상관없다. 종자돈 마련은 부자가 되기 위한 기본 중의 기본이다.

종자돈을 쌓는 데 비법이란 건 없다. 필자의 생각에는 일정 종자돈을 모을 때까지는 주식을 멀리하는 게 좋다. 종자돈조차 주식 투자로 마련하려는 사람도 있지만, 주식은 투자대상 가운데 확실히 위험성이 높기 때문이다.

종자돈을 모으는 데는 위험을 줄이고 최대한 안전하게 꾸준히 모으는 게 중요하다. 한마디로 종자돈을 모으는 데는 그 어떤 투자전략도 필요치 않다. 그저 끈기 있게 모으는 게 중요하다.

필자는 많은 부자들을 만났다. 부모로부터 물려받은 자산으로 떵떵거리며 사는 사람들도 있지만 무일푼에서 자수성가한 이들도 많다. 그들의 비결은 절약과 저축이었다. 10원의 소중함을 알아야 10억 원의 위대함도 알게 된다.

필자가 20년 전부터 가깝게 알고 지냈던 큰 부자가 있었다. 국내 최고의 제약업체 A사의 공동창업주이기도 했던 그는 제약사는 물론 10여 개의 기업과 상당한 부동산을 지닌 자산가다. 정확하게 추산하기는 어렵지만 재산이 1조 원에 가깝다. 그의 성공담은 매우 따분하게 느껴질 정도였다.

1910년대 태어난 그는 당시에는 누구라도 그랬겠지만 배고픔에 힘들어 했다. 처음 시작한 일은 고물상이었다. 고물상으로 악착같이 돈을 모아 사들인 부동산이 조금씩 올랐고, 주식 투자에도 성공했다. 그는 부자가 된 비결을 한 문장으로 말했다. 악착같이 돈을 모으고, 절약하고, 쓰지 않을 뿐이었다. 그가 필자에게 했던 이야기다.

"10만 원을 벌기는 어렵지만, 10만 원을 아끼는 것은 가능하다. 한 번 일정한 돈이 모이고 난 뒤엔 돈이 돈을 낳았다. 절약하는 습관이 몸에 배이니 돈이 나갈 일이 없고 쌓여만 갔다. 부자가 되는 것은 매우 단순하다."

그는 98세의 나이로 타개했는데 돌아가실 때까지 돈을 허투루 쓰는 법이 없었고, 자식들도 부친의 삶을 본받아 사업을 잘 이끌고 있다.

복리의 마술을 믿어보자

돈을 모으기가 지루하다고? 복리의 힘을 믿어라. 복리 개념에 대해 잘 알고 있는 독자들이 많을 것이다. 은행에 예금하면 처음엔 이자만 붙지만 그 이후엔 이자에 이자가 붙어 돈이 기하급수적으로 불어난다.

예를 들어 1,000만 원을 저축했을 때 연이자가 10%라면 1년 뒤에 1,100만 원을 받는다. 이후에는 이자에 이자가 붙어 10년 뒤엔 원리금이 2,000만 원이 아니라 2,593만 원으로 늘어난다. 매달 100만 원씩 적금을 넣는다면 6% 금리만 계산해도 10년 뒤엔 2억 1,490만 원이다. 10% 금리라면 3억 1,120만 원이다.

극적인 가정을 해보자. 매일 단돈 1,000원씩 절약하고 이 돈을 연 13%의 수익이 나는 상품에 투자했다고 할 때 돈이 얼마나 불어날까? 이 금액은 5년이면 267만 원이 되는데 10년이면 750만 원, 20년이면 3,300만 원이 된다. 60년이 지나면 48억 원이 내 손에 쥐어진다. 말 그대로 돈이 눈덩이처럼 불어난다. 그래서 사람들은 이를 두고 '복리의 마술'이라고 부른다. 그러니 하루 1,000원을 우습게 보지 말고 모을 일이다.

요즘 담배 한 갑에 4,000원짜리도 있다는데 매일 한 갑씩 태우면 한 달에 12만 원을 연기로 날리지만 3년만 세금우대형 상품으로 모으면 450만 원이 넘는 적잖은 돈이 된다.

복리와 장기 투자는 불가분의 관계다. 복리효과를 제대로 누리려면 가능한 한 오래 투자해야 한다. A씨는 1,000만 원을 40년간, B씨는 2,000만 원 29년간 연 5% 이자를 주는 복리상품에 투자했다. 총 이자는 얼마일까? 초기 투자금액이 B씨가 많았다. 하지만 총이자는 각각 6,040만 원과 6,232만 원으로 비슷하다. 종자돈이 작아도 길게 투자하면 만회하고도 남는다.

절약은 다이어트처럼 왕도가 없다

다이어트를 해본 사람은 체중을 줄인다는 게 얼마나 어려운지 안다. 여러 번의 요요를 겪고 결국 체중감량에 성공한 사람들은 그 비결에 대해 "그저 덜 먹고 많이 움직이는 방법밖엔 없다"고 입을 모은다.

절약도 왕도가 없다. 무조건 자린 고비 전략을 써야 한다. 평생을 자린고비로 살 필요는 없다. 그러나 재테크를 시작한 초기에는 분명히 필요하다. 절약을 하는 매우 현실적인 방법은 가계부를 쓰는 일이다. 가계부를 쓰다 보면 꼭 필요한 지출과 불필요한 지출을 알게 된다. 그럼 절약하기도 쉬워진다.

다음은 각종 매체와 인터넷에서 소개된 돈 모으는 법이다. 한 번 참고해 보시라.

• 자신의 통화 스타일에 맞게 요금제를 써라.
• 수수료가 면제되는 은행을 이용하라.
• 가전제품은 가능하면 에너지효율 1등급 제품을 써라.

- 양변기와 샤워기에 절수기를 설치하라.
- 음식은 꼭 먹을 만큼만 산다.
- 가까운 거리는 택시 대신 걷는 것을 습관화한다.
- 값비싼 브랜드 커피는 마시지 않는다.
- 연체료는 절대 물지 않는다.
- 술과 담배를 끊는다.
- 수시로 건강을 체크하여 큰돈이 새는 것을 막는다.

이런 매우 평범해 보이는 조언에도 뜨끔한 독자들은 많을 것이다. 천리 길도 한 걸음부터라고 했다. 부자가 되는 데 절약 습관 만한 것은 없다. 많은 사람들이 월급을 쓰고 보너스를 저축한다고 하는데, 이런 전략은 생활을 일정수준으로 유지하는 데 좋지만 저축은 일정하게 하기 어렵다. 월급전액을 저축하고 보너스로 생활하는 전략은 어떨까?

또 자동차를 멀리하는 게 돈을 낭비하지 않는 첫 걸음이다. 요즘과 같이 스마트폰이 널리 퍼진 때에는 통신비가 만만찮다. 지금 쓰고 있는 통신비 하나하나까지 철저히 따져 아껴야 한다. 세금도 탈세가 아니라면 최대한 아끼는 게 절약의 지혜다.

1,000만 원만 먼저 모아보자

종자돈 마련의 첫 걸음, 딱 1,000만 원만 먼저 모아보자. 월급에서 떼어 1,000만 원을 만들려면 매달 얼마씩 저축해야 할까?

현재 금융권 금리를 감안할 때 1년 안에 1,000만 원을 모을 생각이라면 매달 82만 원씩 내야 한다. 적금 금리가 4%라면 1년 뒤 세금을 떼고 받는 돈은 1,002만 원이다. 금리가 5.5%라면 1년 뒤 받는 돈은 이보다 조금 늘어 1,008만 원 수준이다.

2년에 1,000만 원을 모을 생각이라면 매달 40~41만 원 정도 내야 한다. 금리가 4%인 적금을 든다면 41만 원씩 내야 하는데, 2년 뒤 받는 원리금은 1,018만 원 정도다. 3년에 1,000만 원을 모으는 것은 보다 쉽다. 금리 4%라면 27만 원을 낼 경우 만기 때 세금을 떼고 1,027만 원을 받는다.

종자돈을 주식으로 모으고 싶다면 매우 안정적이라고 자타가 인정하는 종목을 한 주씩 사두고 묵혀두면 된다. 삼성전자나 POSCO, 현대차와 같은 종목이다. 몇 차례 언급했지만 2011년 100만 원을 넘어선 삼성전자 한 주의 값은 불과 10년 전만 해도 20만 원도 안 했다.

이런 방법도 있다. 당장 오늘 저녁 술자리가 있어서 5만 원을 써야 한다면 술 마시기를 포기하고, 술 회사의 주식을 사라. 이렇게 한 주씩 사서 모으면 5년, 10년, 20년 뒤에 큰 돈을 만질 수 있을 것이다.

또 하나, 종자돈을 모았다고 하더라도 꼭 여유자금으로 주식 투자에 나서야 한다. 당장 입주할 아파트 중도금, 자녀들의 학자금을 위해 마련해 놓은 자금 등은 여유자금이 아니다. 있어도 그만, 없어도 그만일 수 있는 돈을 주식에 투자해야 뒤탈이 없다. 앞서 3년이라는 장기 투자의 중요성을 언급했는데, 장기 투자를 하려면 돈에 쪼들리면 안 된다.

그러니 신용거래를 하는 투자자들의 위험성은 더 말할 필요도 없다.

주식 투자에서 매수타이밍을 잡는 것도 중요하지만 매도타이밍을 잡는 건 더 중요하다고 했다. 당장 돈이 궁하면 상승할 것 같은 종목에서 급히 팔아야 하는 사태가 생긴다.

07

실행에 실패하는 개인투자자들

· · · 좋은 조언도 행동하지 않으면 소용없다

기업들은 중요한 경영의 전략적 판단을 앞둔 상황에서 이른바 컨설팅업체에 조언을 의뢰한다. 그런데 그 컨설팅업체에 지불하는 '훈수값'이 어마어마하다. 맥킨지나 베인, BCG 등을 두고 3대 글로벌 전략 컨설팅펌이라고 하는데, 사례별로 다르지만 팀장과 2명 정도의 팀원이 합류해 경영컨설팅에 나설 경우 한 달에 수억 원씩 받는다.

필자는 컨설팅업계를 취재하며 한 유명 컨설턴트에게 "기업들이 이렇게 비싸게 돈을 주고 컨설팅업체의 조언을 들은 뒤 그 방안대로 실천하는 경우가 많으냐"고 물어보았다. 그랬더니 "컨설턴트의 보고서대로 조직을 바꾸거나 전략을 세우는 경우가 절반도 안 되는 것 같다"는 답이 돌아왔다. 이는 절반이 월 수억 원씩의 돈을 주고 산 보고서를 쓰지도 않고 참고만 한 채 버린다는 뜻이다.

물론 경영컨설턴트의 조언을 그대로 가져다가 쓸 필요는 없다. 컨설턴트의 조언이 경영 효율성을 높일 수도 있고 낮출 수도 있기 때문이다. 때로는 전략을 세우려는 목적이 아니라, 경영진이 이미 전략을 세워놓은 뒤 이를 직원들에게 설득하기 위한 도구의 하나로 컨설팅펌을 활용하기도 한다.

예를 들어 인력 구조조정을 해야 하는데 인력삭감의 당위성을 컨설팅펌에 의뢰해 직원 설득의 도구로 삼는 것이다. 그렇다고는 해도 외부 전문가에게 조언을 구했고 그 조언에 대한 논리에 수긍했다면 이를 적극 활용하는 게 맞다고 필자는 생각한다.

증시도 컨설팅업계와 비슷한 것 같다. 증권 전문가들은 투자자들에게 이래라 저래라 조언한다. 그 말이 맞을 수도 틀릴 수도 있다. 어쨌든 필자의 생각에는 증권 전문가의 논리에 수긍했다면 그 조언을 따라야 한다.

그러나 '액션'에 취약한 투자자들이 도처에 널려 있다. 이런 이들은 항상 "그때 샀으면 떼돈을 버는 건데"라는 말을 입에 달고 산다. "조언을 들으니 그 종목이 오를 것 같기는 한데 수중에 돈이 없어 투자를 못하겠다"는 말처럼, 역시나 매우 허무한 이야기다.

필자는 주변에 어떤 종목을 사라는 말을 잘 안 하는 편이다. 이 책에서도 수 차례 언급하고 있지만 "좋은 종목을 찍어달라"며 쉽게 묻는 이들은 자신만의 투자원칙이 없는 경우가 많기 때문이다. 그러니 전문가들의 조언도 면밀히 검토하지 않는다. 평소 기업을 연구하지도 않고,

길게 투자하지도 않고 단기간의 수익률에 일희일비해 매도타이밍을 잘 잡지도 못한다. 필자가 가장 싫어했던 부분은 조언을 그저 흘려 듣는다는 것이었다.

그런데 필자는 몇 해 전 모처럼 지인들에게 종목을 하나 추천했다. 그것은 한 엔터테인먼트 주식이었다. 엔터테인먼트 주식이라는 게 워낙 작전세력도 많고, 소문에 민감해 장기 투자용으로 좋은 종목은 아니라는 게 필자의 생각이었다. 그러나 필자가 추천한 기업은 디지털시대라는 좋은 환경에 지적재산권 보호를 강화하는 분위기가 조성돼 음원 수익을 상당히 낼 수 있을 것으로 판단했다.

2009년 말 무렵 지인들에게 해당 엔터테인먼트 주식을 조금씩 사보라고 권했는데, 주가는 필자의 생각보다 훨씬 빠르게 움직였다. 필자가 사라고 했을 때는 3,000원에서 5,000원대로 올랐을 무렵이었다. 이후 상승곡선을 타더니 2011년은 2만 원을 넘겼다. 필자가 생각했던 디지털 콘텐츠의 강점뿐만 아니라, 한류라는 흐름이 더 가속화될 것이라는 전망에 주가가 급등한 것이었다.

필자는 조언을 받은 이들이 돈 좀 벌었겠거니 생각했다. 그런데 나중에 그들이 필자에게 한 말은 다음과 같았다.

"조언을 듣기는 했지만 그 종목이 정말 오를 줄 몰랐다."

"조언을 듣고 잊고 있었다가 어느 날 주가판을 보니 당신이 추천해준 종목이 폭등해 있었다. 그때 왜 안 샀는지 모르겠다."

한 친구는 "그때 왜 더 강경하게 사라고 이야기하지 않았느냐"며 필자에게 적반하장 큰소리를 쳤다. 수익을 낼 수 있는 종목을 추천했다는 이유로 술 한 잔이라도 얻어먹겠다는 마음은 전혀 없었다. 하지만 이처럼 허무한 일이 또 없었다.

비단 주식 투자뿐이겠는가? 돈을 벌게 해주는 조언도, 성공을 이뤄내는 데 조금이라도 도움이 될 수 있는 정보도 실천하지 않으면 아무 소용없다. '구슬이 서 말이라도 꿰어야 보배'라는 속담이 괜한 이야기가 아니다.

토요다 케이이치가 지은《당신의 치명적인 약점, 실행력》이라는 책에는 실행력을 키울 수 있는 방안으로 "메일은 바로 회신한다, 오늘 해야 할 일을 포스트잇에 적는다, 할 일에 기한을 정한다, 계획다운 계획을 세운다, 집중력을 키워라" 등을 구체적으로 소개하고 있다.

실행력. 훈련을 하든 마음을 다잡든 투자에 있어 가장 중요한 포인트다. 실행력이 비단 투자의 성패만을 좌우하겠는가? 실행력은 인생의 성공 여부도 좌우한다.

주식 투자에 실패하는 **7가지 지름길**

:: 이익을 실현하기 전까지는 내 돈이 아니다 ::

〈조선 비즈〉의 2011년 2월 2일자에서 하진수 기자가 다음과 같은 기사를 써냈다. 2011년 초반의 주식시장이 급상승을 타면서 개인투자자들의 관심이 높아졌다. 그러자 무리수를 쓰는 개인투자자들도 조금씩 생겨나고 있다. 또 오르는 주가그래프를 볼 때는 마냥 주가가 오를 것처럼 느껴져 안이한 투자자세를 갖기도 한다. 이 기사는 개인투자자들에게 좋은 투자 메시지를 주고 있다.

기사에서는 다음의 7가지 형태로 투자에 나선다면 얼마 가지 않아 이른바 '쪽박'을 차게 될 것이라고 경고했다.

첫째, 보유주식은 내 재산이다. 그러나 주식은 매도를 통해 수익을 실현하기까지는 내 돈이 아니다. 비록 장부 상에는 남아있지만 언제든지 변동 가능한 자산이다. 당연한 이야기임에도 이를 명확히 인식하고 있는 투자자는 드물다. 스스로 목표수익률을 정해놓고 이를 달성하면 반드시 수익을 실현하자.

둘째, 내 주식은 적어도 한 번은 오른다. 모든 투자자가 주식을 보유하는 이유는 언젠가 한 번은 오를 것이란 기대감 때문이다. 맞는 말일 수도 있다. 하지만 그 시기를 정확히 파악해 매도하지 못한다면 주식이 상승하는 시기는 오지 않은 것과 마찬가지다.

셋째, 주식은 일종의 머니게임이다. 주식은 도박이 아니다. 주식 투자에 쏟아 부을 수 있는 자금이 많다고 해서 성공할 것이란 생각은 매우 위험하다. 레버리지(Leverage) 극대화를 위해 차입이라도 할 경우 이자비용이 오히려 발목을 잡을 수도 있다. 레버리지 확대를 위해 리스크를 키우는 것은 어리석은 행동이다.

넷째, 호재(好材)와 악재(惡材)는 구분 가능하다. 대부분의 투자자는 주가에 긍정적인 재료는 호재, 부정적인 재료는 악재라고 말한다. 그렇다면 생각을 바꾸어보자. 정확한 매수타이밍을 포착하지 못해 주식 매수 시 주가가 내려간다면 아무리 좋은 재료라도 악재가 될 수 있다. 반대의 경우도 마찬가지다. 즉, 절대적인 호재와 악재는 없다.

다섯째, 스스로 전문가가 되어야 한다. 한 사람이 모든 것을 알 수는 없다. 설령 많은 노력을 통해 특정 분야의 전문가가 됐다고 해도 다른 부분에서는 초보자일 가능성이 크다. 이럴 때는 증권사의 리서치센터나 신문 기사 등으로부터 도움을 받자. 참모들을 제대로 활용하지 못하는 장수는 전쟁에서 패하기 마련이다.

여섯째, 장기 투자는 아마추어나 한다. 많은 투자자가 알면서도 지키지 못하는 게 바로 장기 투자다. 단기 시세차익을 거두는 데 성공했다고 하더라도 주식 투자를 중단할 계획이 아니라면 단기에 손실을 볼 가능성도 그만큼 커진다. 대박이 아닌 소박이나 중박을 노린다면 장기 투자로도 얼마든지 수익 창출이 가능하다.

일곱째, 계란을 한 바구니에 담지 말자. 계란을 한 바구니에 담지 말라는 말은 주식시장의 명언이다. 다만 지나치게 다양한 포트폴리오는 투자자의 판단을 흩트려놓는다. 한 종목에 투자하는 것도 위험하지만, 이곳저곳에 자산을 분산시켜 놓는 것도 못지않게 위험하다.

08

공격적인가, 위험회피적인가

· · · 종목을 고를 때도, 펀드에 가입할 때도
자신과 맞는 궁합이 있다

"지피지기 백전불태(知彼知己百戰不殆)"라는 매우 유명한 고사성어가 있다. 상대를 알고 나를 알면 백 번 싸워도 위태롭지 않다는 의미다. 소크라테스도 "너 자신을 알라"는 길이 남을 명언을 했다.

자기 자신을 잘 알아야 하는 건 투자에서도 마찬가지다. 자신의 성향 파악을 하는 게 투자의 첫 걸음이기도 하다. 그렇다면 자신이 안정형인지 공격형인지, 장기투자자인지 단기투자자인지도 따져야 하고, 현재의 나이와 자산상태도 고려해야 한다.

2008년 글로벌 금융위기는 펀드시장의 하락을 가져왔다고 해도 지나친 말이 아니다. 금융위기와 함께 펀드의 수익률은 급락했다. 그러자 원금손실로 인해 패닉에 빠져 우왕좌왕하던 투자자들은 원칙 없이 불안감에 환매하고 '안전한 게 최고'라며 정기예금으로 자금을 옮겼다. 그러나 이들은 최근의 주식시장 상승세를 맞았을 때 쓰라린 속을 달랠

상품별 위험도 분류 현황

초고위험	파생펀드, 선물·옵션, ELW주식(신용거래, 투자경고·위험종목, 관리종목)
고위험	주식, 원금 비보장형 ELS, 주식형 펀드 등
중위험	원금 부분보장형 ELS, BBB-급 회사채, 혼합형 펀드
저위험	회사채(A- 이상), 원금 보장 ELS, 채권형 펀드
무위험	국고채, 통안채, 지방채, 보증채, MMF

자료: 증권업협회

수밖에 없었다.

당시 투자자들의 문제점이라면 안정추구형 투자자들이 주변의 바람에 휩쓸려 원칙 없이 위험도가 낮지 않은 주식형 펀드에 가입했기 때문이다. 당시 미래에셋 '인사이트펀드'의 경우 순식간에 4조 원이라는 돈이 모일 만큼 바람이 거셌다. 증권사를 찾은 투자 초보자들은 펀드이름도 모른 채 "미래에셋 그거 있잖아요. 그거 가입할 거예요"라며 어디에 투자하는지, 무슨 원칙으로 투자하는지, 수수료는 얼마인지도 모른 채 자신의 소중한 돈을 맡겼다.

만약 자신이 원금 손실이 조금만 나도 잠을 못 이루고, 일상생활을 못할 정도로 긴장하는 유형이라면 상품을 잘 살펴보고 주식형 펀드에는 가입하지 말았어야 했다.

이런 펀드파동을 겪은 이후 금융당국은 펀드 가입을 엄격하게 했다. 2009년부터 표준투자권유준칙을 만들어 투자자의 성향을 파악한 뒤에 투자하도록 강제적으로 만들었다. 일정 설문조사를 통해 성향을 파악하는데, 20점 이하면 안정형, 20점 초과 40점 이하면 안정추구형, 40점 초과 60점 이하면 위험중립형, 60점 초과 80점 이하면 적극투자형, 80점을 초과하면 공격투자형이다. 펀드에 가입하든 하지 않든 이런 조사를 한 번쯤 해볼 필요가 있다.

원금 손실에 잠 못 이루는 투자자는 주식 투자 피해야

펀드를 고를 때건 개별 종목에 투자하건 마찬가지다. 투자가 됐건 일상생활이 됐건 간에 위험을 좋아하지 않는 유형의 사람들이 있다. 차를 운전해도 규정속도를 절대 넘지 않는 그런 사람들이다. 이런 사람이 하루에도 5% 이상 등락을 거듭하는 중소형주에 투자하고 마음 편히 지낼 수 있겠는가?

또 개인투자자들의 기대수익률에도 차이가 크다. 예를 들어 1년 뒤에 10% 이상의 수익을 기대하는 투자자라고 하자. 이런 투자자가 예상 수익이 5%도 안 되는 정기예금에 자금의 100%를 넣어둬서는 안 될 일이다. 은행 이자보다 조금만 더 벌어도 낫겠다 싶은 투자자라면 급등의 가능성도 낮지만 급락의 가능성이 거의 없는, 그런 매우 안정적인 주식에 투자해야 한다.

반면 조금 손해를 보더라도 큰 수익을 얻고 싶은 투자자라면 과감하게 투자해도 좋을 종목을 골라야 한다. 이런 투자자라면 M&A 등의 모멘텀에도 관심을 기울여야 할 것이다.

현재의 나이도 영향을 끼친다. 젊은 사람은 당장 투자해 돈을 좀 잃어도 열심히 일해 자산을 만회할 시간이 있다. 그리고 교육비 등 자녀에 들어가는 돈이 많으니 좀더 수익률을 높이기 위해 공격적인 투자가 필요하다.

그러나 나이가 많은 경우라면 한 번 손해를 보면 이를 만회할 시간이 없다. 은퇴해서 수입원이 마땅찮은 경우라면 더욱 자산관리에서 손해를 봐선 안 된다. 또 자식 교육을 다 끝내고 큰 돈이 들 시기가 아니니 큰 수익도 필요 없다. 이런 경우는 최대한 안정적으로 자산을 운용해야 한다.

강창희 미래에셋투자교육연구소 소장은 100에서 나이를 뺀 만큼의 비중만큼 주식에 투자해도 좋다고 했다. 예를 들어 40세라면 '100-40=60'이니 60%만큼 주식시장에 투자하라는 것이다. 강 소장은 펀드투자의 중요성을 강조했는데, 필자의 생각에는 자신의 투자성향에 따라 60% 자산 중에서 상당 부분을 직접 투자해도 괜찮다고 본다. 단, 누누이 말했듯 스스로의 투자원칙이 있다는 전제 아래서 말이다.

적극투자형이라면 중소형주나 파생상품도 공략 대상

펀드를 가입할 때 나뉘는 투자성향대로 한번 따져보자. 안정형 투자자는 예금과 적금 수준의 수익률을 기대하는 이들이다. 원금 손실을 극도로 싫어한다. 이런 투자자는 직접 투자를 하겠다면 시가총액 상위 10개 종목이나 업종 대표주에 넣어두는 게 바람직하다. 그것도 큰 돈을 운용하기보다는 적은 돈으로 조금씩 사모으는 적립식 투자를 활용하는 게 낫겠다. 펀드에 투자한다면 채권형 펀드나 채권형과 주식형을 혼합한 혼합식 펀드투자가 바람직하다.

안정추구형은 원금을 까먹을 수 있다는 점은 받아들이더라도 가능한 한 손실을 최소화하고 안정적인 이자수익을 목표로 한다. 이런 투자자는 고배당 주식을 투자하는 게 좋다. 주가가 오르든 떨어지든 안정적인 배당을 받을 수 있기 때문이다. 주가연계증권(ELS)이나 채권형 펀드와 같은 중간적 위험과 수익률을 가지고 있는 상품 비중을 높여라.

위험중립형은 꽤 상당한 수익을 기대하면서도 일정 수준의 손실 위험을 감내한다. 이때부터는 정기예금의 이자로는 성에 차지 않는 단계로, 채권보다는 주식에 본격적으로 투자할 수 있는 자세를 갖고 있다고 하겠다. 이러한 시기에는 업종 대표주 위주로 투자하되 자신이 좋아하는 업종의 정보를 파악하고 공격적으로 해볼 수 있다.

적극투자형은 원금 보전에는 크게 관심이 없다. 위험을 감내하더라도 높은 수준의 투자수익을 거두길 원한다. 이때는 다양한 주식에 관심을 둬도 좋다. 아니면 국외시장에 눈을 돌려도 좋겠다. 공모주에도 청약하고, 증권사 스몰캡팀의 기업 분석을 토대로 중소형주도 적극적으로 투자할 수 있다. 중소형주 중에서 알짜 기업을 찾아보면 지속가능성이 있고 고수익을 얻을 수 있는 종목이 꽤 있다. 또 자문형 랩 등을 통해 주식시장에 들어갈 수도 있다.

최고 위험성향인 공격투자형은 위험 관리보다는 고수익에만 초점을 둔다. 채권을 투자하더라도 투기등급 채권(하이일드)에 투자하는 타입이다. 이런 성향이 있다면 주식은 물론 파생상품까지 도전해볼 만하다. 예를 들어 고위험 고수익 상품으로 분류되는 ELW(Equity Linked

Warrant, 주식워런트증권) 같은 것이다. ELW는 연계된 주가가 오르고 내리는 것에 따라 몇 배가 오르기도 하고 떨어지기도 한다. 파생상품이지만 주식시장에 상장된다. 자신들의 투자성향을 파악해야 집중 공략할 투자 대상이 결정된다는 점을 잊지 말자.

부자들의 투자성향은?

돈이 많으면 투자에도 과감해지는 걸까? 단정 지을 수는 없지만 그런 성향이 분명 있는 것 같다.

마케팅과 여론조사 전문기관인 나이스R&C 설문조사 결과다. 나이스R&C가 20~60세 금융소비자 1만 5,000명을 대상으로 2010년 이메일 조사를 해봤더니 자산 규모가 클수록 10%대 이상의 수익을 위해서라면 일정 수준 이상의 원금 손실 위험을 감수할 의향이 있다는 응답비율이 높았다.

자산 1억 원 미만 집단은 10% 이상의 수익을 위해 원금 손실 위험을 감수하겠다는 응답이 36%였다. 자산 10억 원 이상 집단에서는 48%에 달했다. 자산 1억 원 미만 집단은 원금 손실 우려가 있는 투자는 가급적 피하겠다는 안정형이 64%로 나타났다.

금융상품에서도 고자산가는 고위험상품군에 대한 선호도가 높았다. 자산 1억 원 미만 집단은 은행 예금과 적금(53.2%)을 가장 선호했다. 보험이 11.3%로 뒤를 이었고 적립형 상품군 선호도는 3위였다.

반면 10억 원 이상 집단에서는 은행 예금 적금 선호도가 32.8%로 떨어졌고, 부동산과 주식 구입 투자에 대한 선호가 각각 26.2%, 16.4%로 높게 나타났다.

Part 2

투자정보의 맥을 짚어라

01 애널리스트 말을 못 믿겠다고?

· · · 이들은 일주일 100시간 좋은 종목만
찾아 다니는 사람들이다

종목을 찍어달라고 말하는 투자자들은 아이러니하게도 투자 전문가들의 의견을 한 귀로 흘려버리는 경우가 많다. 재야의 고수로 불리는 비제도권 '족집게' 선생의 말을 믿을지언정 제도권 애널리스트들의 견해를 잘 믿지 않는다는 특징도 갖고 있다. 필자와 가까운 애널리스트의 말이다.

"비즈니스상 한 술집에 갔는데 술집 사장도 주식 투자를 하고 있었다. 그 사장은 다양한 손님으로부터 정보를 듣고 투자를 하는데, 필자가 애널리스트인 줄 모르고 가장 신뢰하지 않는 전문가가 증권사 애널리스트라고 하더라. 매우 씁쓸했다."

물론 이렇게 될 만한 이유도 있다. 전문가들의 전망과 추천이라는 것이 그리 믿을 게 못되기 때문이다.

증권가에 전해져 오는 유명한 이야기인데, 〈월스트리트 저널〉은 눈을 가린 원숭이와 전문가들의 수익률 게임을 진행한 적이 있다. 1988년 10월부터 2002년 4월까지 142회에 걸쳐 수익률 게임을 했는데, 승자는 평균 10.2%의 수익을 올린 원숭이었다. 전문가들의 수익률은 3.5%에 불과했다. 경제나 증권 전문가들의 예측은 도박사보다 못하다고 한다.

이러니 전문가들을 믿지 못하는 것도 무리는 아니다. 5년 전쯤인 2006년의 설문조사 결과다. 한국증권업협회가 서강대 르메이에르 금융연구센터와 공동으로 600여 명의 개인투자자를 설문조사했더니, 평소 증권사 애널리스트들의 추천종목을 신뢰하느냐는 질문에 24%만이 그렇다고 답했고, 34.5%는 신뢰하지 않는다고 했다.

최근이라고 달라졌을까? 그런 것 같지 않다. 최근 한 조사기관의 연구결과, 증권사 애널리스트를 신뢰하지 않는다는 응답이 25.5%로 신뢰한다(15.2%)는 답변을 압도했다. 남성 응답자의 경우는 31%가 신뢰하지 않는다고 답했다.

필자도 애널리스트의 추천종목을 100% 믿으라고는 말하지 않겠다. 또 모든 애널리스트가 믿을 만한 것도 아니다. 일부 애널리스트들은 필자가 보기에도 역량이 매우 부족하다.

필자가 근무하는 〈매경이코노미〉에선 1996년부터 매 반기마다 애널리스트를 평가해 순위를 매긴다. 직접 자금을 운용하는 매니저들의 설문조사를 토대로 한 평가 방식인데, 추천 종목이 오르거나 논리적으로

<매경이코노미>는 매년 2차례 베스트 애널리스트를 뽑고 있다(2010년 하반기 평가 시상식 장면).

기업을 분석한 애널리스트에게 매니저들은 높은 점수를 준다. 반대로 형편없이 예측한 애널리스트들은 외면한다.

시장에서는 <매경이코노미>에서 선정한 베스트 애널리스트의 판단을 인정해주고 있다. 애널리스트들도 베스트 애널리스트 등극을 큰 영예로 알고 있고, 실제로 연봉에 반영되고 있다.

그런데 이 베스트 애널리스트도 공격을 받곤 한다. 주된 논리가 '베스트 애널리스트의 추천종목이 떨어졌다'는 것이다. 비유를 하자면 이런 것 같다. 축구 경기를 보다가 응원하는 팀이 잘 안 풀리면 곧잘 이렇게 투덜거린다.

"돈 많이 받고 매일 공만 차는 선수들이 왜 그 모양이냐?"

투자자들은 증권가 애널리스트들에게 비슷하게 이야기한다.

"고액연봉을 받고 밤낮 기업 분석만 하면서 왜 제대로 못 맞추느냐?"

맞는 말이다. 애널리스트 연봉은 꽤 높다. 베스트 애널리스트 명단에 이름이라도 올리면 웬만한 임원 부럽지 않은 월급봉투를 만진다. 적어도 생계 걱정 없이 업(業)에 매달릴 수 있다는 이야기다. 또 일만 한다. 재무제표와 주가판에 눈과 귀를 파묻고 산다. 기업 탐방하느라, 보고서 쓰느라, 설명회 다니느라 밤낮없이 땀 흘린다. 7시에 출근해 10시까지 근무하는 것은 기본이다. 걸핏하면 밤 새기 일쑤다. 오죽하면 주당 100시간 일한다는 말이 나왔을까?

필자는 애널리스트들을 좀 옹호하려고 한다. 돈은 많이 받을지언정 애널리스트들은 정말 열심히 일한다. 컨설턴트나 애널리스트들이 봉급은 많아도 시간당으로 따지면 '맥도날드 시간급 점원' 수준이라는 농담이 그냥 나온 게 아니다.

그러나 이렇게 고생해도 애널리스트는 '동네북'이다. 오르면 오르는 대로 '왜 사라고 강하게 주장 안 했느냐'고 불평을 듣는다. 떨어지면 떨어지는 대로 '왜 팔라고 안 했느냐'고 욕을 먹어야 한다.

기자는 애널리스트에 대해 불만을 털어놓는 이들에게 이렇게 위로하곤 했다.

"적어도 그들만큼 공들여 기업을 구석구석 따져보는 이들도 없지 않습니까?"

장담컨대, 우리나라 1,477명(2009년 금융투자협회 등록 기준)의 애널리스트들만큼 발로 뛰며 좋은 기업을 찾아 다니는 이들은 어디에도 없다. 또 비전문가인 당신이 원숭이보다 못한 애널리스트들을 못 믿겠다며 생업을 포기한 채 직접 기업분석에 나설 것인가? 아니면 그저 눈 감고 뽑기 하듯 종목을 고를 것인가?

애널리스트의 의견을 해석하는 게 더 중요하다

내가 직접 종목을 고를 자신이 없다면 전문가의 예측이 틀릴 수 있다는 전제를 깔고서라도 전문가들의 의견을 신뢰하는 게 맞다. 그래야 방향을 잡는다. 기업들은 매 연말이 되면 이듬해 경제를 전망하고 사업계획을 세운다. 환율변동도 미리 예상한다. 그러나 이 수치가 맞는 법은 거의 없다. 그래도 방향을 잡기 위해선 이 작업을 해야만 한다. 이와 비슷한 이치다.

다만 중요한 것은 전문가의 의견을 해석하는 당신의 능력이다. 그러니 '그저 한 종목 찍어달라'고 물을 게 아니라 직접 좋은 기업을 고르는 눈을 길러야 한다.

투자자들이 알아야 할 점이 있다. 제 아무리 뛰어난 애널리스트들이 '찍어준' 종목이라도 매번 오르라는 법은 없다. 말 그대로 내부 정보를 캐내어 작전을 펼치지 않는 한 말이다.

또 하나, 애널리스트들은 기본적으로 '팔라'고 주장하기 힘들다. 통계를 보면 그렇다. 2001년 237개였던 매도 보고서는 2002년 74건, 2003년 33건으로 급감하더니, 2010년에는 단 한 건의 매도 보고서도 시장에 나오지 않았다.

이유는 분명하다. 당장 자신을 고용한 증권사 영업에 방해가 되기 때문이다. 주요 고객인 기업 심기를 건드렸다는 점부터 그렇다. 또 주가가 오른다고 해야 약정액이 쌓인다. 한 유명 리서치센터장은 몇 년 전 비판적인 전망을 냈다가 주가가 오르자 안팎으로 엄청난 고초를 겪었다. 이런 구조가 개선되지 않는 한 애널리스트에게 왜 매수 보고서만 내느냐고 항의해봐야 별 소용없을 것 같다.

실제 있었던 일이다. 한 중견사 애널리스트는 동국제강과 현대제철에 대해 비중 축소를 제시해 사실상 매도의견을 냈다. 포스코에 대해서도 비관적인 견해를 내보였다. 그는 회사를 옮기면서도 이 같은 의견을 바꾸지 않았다.

그러자 철강업체에서 난리가 났다. 당장 해당 증권사와 거래를 하지 않겠다고 하거나 해당 애널리스트의 탐방을 금지시켜버렸다. 또 포스코 주식을 많이 가지고 있는 대형 자산운용사의 사장이나 투자책임자(CIO)로부터 욕에 가까운 비난까지 들어야 했다.

그러나 그의 의견은 틀리지 않았다. 그가 매도에 준하는 의견을 냈던 때 포스코 주가는 곤두박질쳤다. 정확한 의견을 냈음에도 불구하고 그 애널리스트는 '탐방 정지'라는 불이익을 감수해야 했다. 현재 한국 기업의 관행이 이런 상황이다. 이런 점이 개선되어야 한다는 것은 말할 필요도 없다.

애널리스트 리포트, 행간을 읽어라

필자는 좀더 현실적인 방안을 찾고자 한다. 애널리스트의 의견을 한 번 더 생각해보고 개인투자자가 자신의 철학으로 보고서의 행간을 읽어내는 게 낫다는 생각이다. 중립을 매도로 이해하고, 부정적인 코멘트에 비중을 둬 해석하는 것이다. 애널리스트의 전문적인 지식을 존중하되 개인 철학을 담자는 이야기다. 필자도 지인들에게는 "애널리스트 의견을 70%만 믿고, 30%는 알아서 비판적으로 분석해보라"고 조언한다.

앞서 긍정적인 사고방식을 갖고 투자하자고 말했는데, 이는 비관론자의 의견을 무시하라는 말이 아니다. 국내에서 소수에 불과한 비관론자의 의견에는 단 한마디라도 귀를 기울여야 한다. 국내 대표 비관론자들은 2010년 내내 힘들었다. 지수가 급격한 우상향 곡선을 그렸기 때문이다. 하지만 장삿속이었다면 그들은 매도보다 매수를 외쳤어야 옳다. 그만큼 용기를 갖고 나름의 시각으로 시장을 분석한 것이다.

"애초부터 비관론자가 되고 싶은 사람이 누가 있겠는가? 기업과 경제 변수를 바닥부터 꼼꼼하게 따지다 보니 그렇게 된 것이다. 나는 비관론자가 아니라 펀더멘털리스트다."

대표적인 비관론자로 꼽히는 김학주 우리자산운용 본부장이 삼성증권 리서치센터장 시절에 했던 말이다.

국내 코스피지수는 2011년을 2050으로 기분 좋게 출발했고 1월 중에 2100을 넘었다. 그러나 앞으로는 또 알 수 없다. 낙관론적인 시각을 갖고, 전문가들의 견해를 믿으며, '펀더멘털리스트'의 의견에 귀를 기울이면 좋겠다.

한 가지 에피소드를 전하겠다. 2011년 1월 크레디트스위스의 삭티 시바 신흥시장 리서치대표는 〈아시아에서 가장 싼 10대 주식은〉이라는 보고서를 냈다. 그러고는 삼성전자, 현대차, 현대중공업, 기아차 등을 올려 놓았다.

삭티 시바 대표는 주가순자산비율(PBR)과 자기자본이익률(ROE)을 바탕으로 한 크레디트스위스의 자체 가치분석 모델로 추려낸 것이다. 참고로 순위를 언급하자면 아시아에서 가장 싼 주식은 호주의 통신업체인 텔스라타였고, 기아차와 현대중공업은 2위와 3위였다. 현대차가 5위, 삼성전자는 저평가도 9위였다.

중국도 4개사가 이름을 올렸는데 에너지 업체 시노펙(4위)과 중신은행(6위), 교통은행(8위), 중국은행(10위) 등이었다. 인도 국영 정유회사인 IOCL도 인도기업으로 유일하게 7위에 이름을 올렸다. 삭티 시바 대표는 매수를 주문하지는 않았지만 "그간 선정해 온 '제일 싼 10대 주식'의 평균 주가 상승률이 항상 시장 평균을 웃돌았다"며 이번에도 시장 평균보다 더 높을 가능성이 있다고 했다.

필자는 5년 전쯤 삭티 시바 리서치 대표가 UBS 리서치 대표였던 시절 인터뷰를 한 적이 있다. 인도계 여성 애널리스트였는데 당시 기아차를 여러 차례나 추천종목으로 강조해 인상적이었다. 기아차의 주가는 당시 2만 원대였다. 이후 하락세를 걸었지만 2011년 들어 6만 원까지 찍었고, 계속 순항 중이다. 이번에도 삭티 시바의 분석이 맞을 것이라고 생각한다.

단, 매수와 매도타이밍을 정확하게 짚어달라고 하지는 마시라. 애널리스트가 기업 분석만 제대로 해줬다면 투자수익률과 투자기간 원칙을 갖고 있는 독자가 매수·매도타이밍을 잡는 책임을 지는 것이니까.

02

뉴스에 나오면 이미 늦었다?

· · · 천만에 말씀! 뉴스에 답이 모두 있다

'소문에 사고 뉴스에 팔라!'

주식시장에서 진리처럼 여겨지는 조언이다. 아마 "좋은 종목이 없냐"고 묻는 투자자들만큼은 이 격언을 잘 알고 있다고 본다. 그러니 도움이 될 만한 소문과 정보를 챙기기 위해 전문가들에게 한마디 듣기 원하는 것이 아닐까?

이 말은 어느 정도 사실이다. 어느 기업이 어닝서프라이즈(전문가들의 예상보다 실적이 좋아 시장을 놀라게 하는 경우를 말함)가 예상되면, 실제 발표일 전에 종목이 슬금슬금 오르는 사례가 많다. 실적이 좋다는 소문이 이미 나버렸기 때문에 시장이 반응하는 것이다. 그러다 막상 실적이 공식적으로 발표되면 주가가 다시 하락한다.

최근 진단기 기업 나노엔텍이 그랬다. 5,000원에도 못 미쳤던 주가가 뚜렷한 이유가 드러나지 않은 채 한 달 새 7,000원을 넘어섰다. 그러나 SK텔레콤이 250억 원을 투자했다는 뉴스가 떴다. 그러자 주가는 다시 급락했다.

정보를 일찌감치 입수한 투자자들은 먼저 주식을 사서 들고 있다가 뉴스에 소식이 나오면 팔아서 차익을 챙긴다. 이 경우 소문에 민감하지 않으면 뒷북 치고 손실을 보기 쉽다. 루머는 주가를 요동치게 만드는 경우도 허다하다.

필자도 루머 때문에 한 번 곤혹을 치른 적이 있다. 2010년 5월 28일이었다. 오전에 쌍용차 주가가 갑자기 상한가를 치기 시작했다. 당시 인터넷에 뜬 기사들을 보니 '르노삼성차가 쌍용차를 인수한다'는 소문이 돌고 있다는 것이다. 그 날은 쌍용차의 인수의향서를 제출하는 마지막 날이었다.

그런데 필자는 바로 전날인 5월 27일 장 마리 위르띠제 르노삼성자동차 사장을 인터뷰했다. 그 자리에서 "르노삼성차가 쌍용차를 인수하면 어떻겠느냐"고 물었더니 그는 크게 웃으며 "쌍용차 인수에 쓸 현금이 있다면 신차개발에 투자하겠다"고 했다. 10년 이상 기자생활을 한 감으로 판단하건대, 장 마리 위르띠제 사장이 거짓말을 한 것 같지 않았다. 정말 쌍용차에 투자할 의향이 없는 것으로 느껴졌다.

이런 와중에 '르노삼성차의 쌍용차 인수설' 루머가 도는 것을 보고 필자는 안 되겠다 싶어 인터넷 속보로 '르노삼성차 쌍용차 인수의향 없다'라는 기사를 내보냈다. 이 속보 뉴스가 뜨고 몇 분 뒤 주가는 곤두박질쳤다. 투자자들이 다시 매도로 돌아선 것이었다.

결론적으로 르노삼성차는 쌍용차를 인수했을까? 그날 2시, 장 마리 위르띠제 사장이 필자에게 했던 말과는 달리 르노삼성차는 쌍용차 인수의향서를 냈다. 이후 막판 주가가 다시 상승세를 탔다. 그러자 일부 투자자들은 필자에게 전화를 걸어 "어떻게 그런 거짓말을 해 손해를 보게 하느냐"며 항의해왔다. 사장의 말을 그대로 전했던 필자로서는 난감할 수밖에. 사람들은 이토록 소문에 민감하다.

유가 상승, 반도체 경기 하락 등의 뉴스는 기업실적과 직결

그렇다면 '소문에 사서 뉴스에 팔라'는 말대로 투자하면 어떨까?

단기적으로 소문에 의한 투자가 좀더 수익을 내는 데 도움을 줄 수는 있다. 문제는 소문의 진위여부를 확인하기도 어렵다는 것이다. 실제로 소문을 따라도 수익을 내기는 쉽지 않을 것 같다. 작전세력은 주가를 올리기 전에 미리 매집해 놓고 루머를 흘리는데, 그 다음 들어가봐야 손실을 보기 쉽다. 루머를 만들어내는 작전세력보다 주식을 빨리 사기도 어렵다. 세력들이 초단위로 매매를 하는 상황에서 소문으로 '단타'를 쳐 이익을 내기란 어렵다. 그러니 소문에 좌우될 필요가 없다고 필자는 생각한다.

반면 뉴스에는 정말 많은 정보가 있다. 실제로 많은 부자들이 뉴스로 세상 흐름을 읽어가고 있다.

예를 들어 D램 공급이 부족하다는 기사가 떴다고 하자. 이런 기사는 독자들의 눈길을 크게 끄는 기사가 아닌 터라 크게 실리지도 않는다.

그러나 여기서도 투자 실마리를 찾을 수 있다. D램 공급이 부족하다면 수요공급의 원칙에 따라 가격이 오를 것이고, 세계 1위 공급업체인 삼성전자 주식을 산 후 기다리면 때가 올 것이다.

물론, 뉴스를 해석하는 힘을 기를 필요는 있다. 어떤 뉴스가 시장에 영향을 주는 것인지를 살피는 것부터 시작해, 뉴스가 주는 여파가 단기적일지 장기적일지도 생각해봐야 한다.

예를 들어 국제 유가의 흐름이다. 2010년 8월 유가는 배럴당 75달러까지 떨어졌다는 뉴스가 나왔다. 배럴당 80달러가 넘었을 때 주가는 확 떨어졌다.

전문가들은 여름철 미국의 에너지 소비기간에 유가가 올랐고, BP의 멕시코만 원유누출 사고로 채굴 비용이 올라 유가가 오른 것이지 중·장기적으로는 세계 경기 둔화 때문에 수요가 받쳐주지 못해 유가가 떨어질 것이라고 말했다. 그러나 유가는 2010년 하반기 들면서 다시 90달러로 넘어섰다. 2011년 초 배럴당 100달러 시대가 다시 오는가가 화두로 떠올랐다. 리비아사태가 터지면서 유가는 급등했다.

이처럼 뉴스를 해석하기가 쉽지 않다. 향후 유가가 떨어질지 오를지 참 가늠하기 어렵다. 전문가들의 전망도 다 들어맞는 건 아니다. 그렇기 때문에 투자자는 자신만의 철학을 세워 결론을 내야 한다. 유가가 오른다는 판단이 서면 원자재펀드나 석유 정제업 쪽에 투자해도 괜찮을 것이다. 반대로 운송업체나 수출기업은 유가 상승이 최대의 적이다. 뉴스를 잘 해석하고 스스로 판단해서 좋은 종목을 골라야 한다.

이런 경우에는 단순히 유가의 등락에만 초점을 맞추지 말고, 유가를 좌우하는 변수가 무엇인지 뉴스를 한 단계 더 파고 들어야 한다. 예를 들어 중동 발 불안이 얼마나 이어질지 심각하게 고민해봐야 한다. 또는 중국의 금리인상 여부와 유가의 등락이 관계가 깊다면 중국의 금리인상 뉴스를 살펴야 하는 것이다. 투자자는 뉴스와 트렌드의 변화를 냉철한 시각으로 바라봐야 한다.

뉴스에 모든 답이 있다. 다만 해석을 잘 하는 훈련은 투자자의 몫이다.

앞서 르노삼성차가 쌍용차 인수의향서를 냈다고 했다. 하지만 르노삼성차는 본 입찰에 참여하지 않았다. 필자의 생각인데 하루 전날만 해도 르노삼성 측에서는 딱히 강력한 인수의향이 없었고, 막판에 '간'만 보겠다는 차원에서 인수의향서를 냈던 것 같다.

결과적으로 필자의 기사가 맞았다고도 할 수 있지만, 주가는 루머에 따라 이리저리 요동쳤고, 선의의 피해자가 나왔을 수도 있다. 소문에 부화뇌동(附和雷同)할 필요가 없다.

03

최고의 정보는 공시다

· · · 공시만 꼼꼼히 챙겨도
기업 미래 보인다

경제기자 초기에는 누구라도 한 번쯤 선배에게 야단을 맞으며 듣는 이야기가 있다.

"너는 공시도 제대로 안 보고 어떻게 기업을 취재하겠다는 거야?"

어떤 기자라도 기업을 취재할 때 두 가지 정도는 꼭 본다. 주가와 공시(Disclosure)다. 주가의 흐름은 시장 평가의 반영이다. 독자들 역시 투자를 해야 할지, 말아야 할지를 결정하기 위해 주가그래프를 잘 본다. 그러니 경제기자들도 이러한 독자의 요구에 맞춰 주가 흐름을 중시한다. 그리고 공시 또한 놓쳐서는 안 된다. 공시는 매우 중요한 투자자 정보다. 공시는 '우리 회사가 이렇다'라고 시장에 말하는 공개적이고 공식적인 보고다.

수습기자 시절부터 이렇게 교육받기 때문에 증권기자라면 누구라도 기업들의 공시는 빠지지 않고 챙겨본다. 개인투자자들도 공시를 보는

건 어렵지 않다. 증권사들의 홈트레이딩시스템(HTS)을 보면 실시간으로 업데이트되어 뜬다. 공시를 면밀하게 보고 싶다면 금융감독원 전자공시시스템(http://dart.fss.or.kr)에 들어가면 된다.

공시에 대해 좀 더 알아보자.

공시에는 사업내용이나 재무상황, 영업실적 등 기업내용을 투자자 등 이해관계자에게 알리는 제도로, 주식시장에서 가격과 거래에 영향을 줄 수 있는 중요사항에 관한 정보를 알려 공정한 가격을 형성하도록 한다. 특히 경영과 관련해 주가에 영향을 미칠 수 있는 주요 내용은 신속 정확하게 알려야 한다. 사업내용이나 재무사항, 영업실적 등은 기본이고 경영진의 교체나 자본의 변동, 신기술 개발, 신사업 진출 등도 전부 공시 의무사항이다.

상장법인이 공시의무를 성실히 이행하지 않으면 '불공정 공시'로 제재를 받게 되는데, 공시불이행(공시를 신고기한까지 이행하지 않는 것), 공시번복(이미 공시한 내용을 전면 취소하거나 부인하는 것), 공시변동(기존 공시 내용을 일정 비율 이상 변경하는 것) 등이 있다. 이런 불공정 공시가 반복되는 기업은 뭔가 기업 본질에 문제가 있을 수 있다고 봐야 한다.

최대주주의 지분변동, 사업목적 변경 등 살펴야

그렇다면 투자자의 입장에서 주의 깊게 살펴봐야 할 공시는 무엇일까?

금융감독원 전자공시시템 화면(http://dart.fcs.or.kr).

무엇보다 분기 단위 사업보고서를 꼼꼼히 봐야 한다. 여기에는 실적이 고스란히 담겨 있기 때문에 실적 추이를 살펴볼 수 있다. 또 감사보고서를 꼼꼼하게 읽어보면서 이 회사가 계속 살아남을 수 있는 기업인지, 성장하는 기업인지 점쳐 볼 수도 있다. 이의 주식 등의 대량보유상황 보고서를 살펴야 한다.

5% 이상의 주식을 보유한 주주들은 공시를 통해 지분변동상황을 보고할 의무가 있다. 최대주주나 주요주주의 움직임이나 인수·합병(M&A)의 조짐도 5% 룰을 보고 파악할 수 있다. 경영진이나 M&A 이슈가 있다는 건 주가에 중대한 영향을 미칠 요인이라는 점은 말할 필요도 없다.

특히 신규 보고자가 보유 목적에 '경영참여'라고 선언했을 경우 적대적

M&A 이슈에 휘말릴 수 있다. 최대주주가 지분을 늘렸다는 소식은 책임 경영 차원에서 주가를 올리기도 한다. 물론 그 반대의 경우도 많다.

사업목적이 변경됐는지 또는 추가됐는지도 살펴야 한다. 기업들은 신규사업 진출 목적으로 사업목적을 곧잘 변경한다. 반대로 성과가 좋지 않았던 사업 분야에서 철수하기도 한다.

미래성장동력을 찾지 못했던 기업이라면 신규사업이 호재가 되기도 한다. 예를 들어 신재생에너지 붐이 일었을 때는 풍력·원자력 사업이 인기를 끈다. 원자재 가격이 폭등하면 자원개발을 사업목적에 추가하는 경우가 허다하다. 실제로 최근 몇 년 새 태양광을 사업목적에 추가한 회사가 부쩍 늘었다.

그러나 사업목적에 추가했다고 주가를 끌어올릴 만큼 기업의 본질적 가치가 좋아졌다는 의미는 아니기 때문에 잘 살펴야 한다.

자사주 취득은 대체로 호재에 해당한다. 이 경우 대부분의 목적은 회사가 직접 수급조절에 나서면서 주주 가치를 높이거나 주가를 안정시키는 데 있다. 자사주를 취득하면 6개월 동안 처분할 수 없고 최대주주가 보유지분을 팔 수 없어 단기 주식매매로 인한 위험성도 사라진다.

감자 등의 공시도 살펴야 한다. 감자란 주식 수를 감소시켜 자본을 줄이는 것이다. 10 대 1로 감자한 경우 주주들의 보유 주식 수는 10%로 줄어든다. 주가는 감자 전 종가의 10배가 되기 때문에 엄밀히 말하면 주주의 자산가치에 영향은 없다. 그러나 감자를 하는 기업의 대부분이 재무구조가 악화된 기업이고 법정관리 등 어려운 상황에 있는 기업이 많기 때문에 감자 후 재상장 시 주가가 비싸 보여 하락하는 경우가 많다. 때문에 감자 뒤 액면분할이 이어지곤 하는데 공시를 통해서 모두 파악할 수 있는 정보들이다.

투자의 모든 답은 주변에 있다

· · · 명동에 늘어나는 중국인에 투자 묘안 찾아라

최근 명동 거리를 지나본 적이 있는가? 한 때는 10명 중 3명은 일본인 관광객이라고 했다. 지금은 10명 중 3명 이상이 중국인인 것 같다. 명동 거리를 걷다 보면 일본어는 물론이고 중국어를 정말 흔히 듣게 된다. 때로는 여기가 한국인지, 일본인지, 아니 중국인지 구분이 안 될 정도다. 그만큼 중국인들이 늘어났다는 것이다.

이런 현상을 보고서도 '중국 관광객이 늘었나 보다'라고 단순하게 생각하고 슬쩍 지나쳐버릴 수도 있다. 그러나 돈을 벌고 싶다면 주변에서 당신이 느끼는 바를 그냥 느낌으로 끝내서는 안 된다. 투자의 묘안을 찾는 기회로 삼고 행동으로 옮겨야 한다.

필자가 가깝게 지내는 증권인 가운데 한 명이 강방천 에셋플러스자산운용 회장이다. 그는 명동을 장악하고 있는 중국인을 보고 중국 내수 소비재 산업과 관광산업의 성장을 확신했다고 한다.

최근 명동 거리에는 일본인은 물론 중국인이 부쩍 늘었다.

중국인들이 돈이 많아지고 중산층으로 성장하면 외모에 관심이 많아지고 화장품 매출이 늘어난다. 또 여행에 대한 욕구도 생겨나 관광산업이 늘어난다. 또 명품 매출도 늘어날 것이다. 이는 정말 쉽게 예상 가능한 미래현상이다. 그런데 많은 사람들은 주변에 일어나고 있는 현상을 그저 흘려 버린다.

'맥도날드 할머니'라는 유명한 말이 있다. 미국 할머니들이 맥도날드에서 주문하려고 늘어선 긴 행렬을 보고 맥도날드와 코카콜라 주식에 투자해 '대박'이 났다는 일화를 두고 하는 이야기다.

최근 방송에서는 걸그룹들의 전성시대라고 한다. 그중에서도 '소녀시대'의 인기는 하늘을 찌른다. 소녀시대는 한국뿐만 아니라 일본 등 아시아권에서도 맹활약하고 있다. 이런 현상은 누구라도 안다. 이를 투자와 연결하고 싶다면 소녀시대의 소속사의 주가를 살펴보는 것이 필요하다.

자전거 인구 늘어나는 것 보고 삼천리 투자해 대박

세상에는 주식 관련 이론, 자료, 서적 등이 참 많다. 하지만 이를 꿰뚫는다고 투자에 성공하는 것은 아니다. 골프에 관한 수많은 서적을 모조리 읽었다고 당장 싱글 골퍼가 되는 것이 아니고, 요리책을 모두 외웠다고 근사한 쉐프가 되는 것도 아니다. 위인전을 섭렵했다고 자신이 당장 위인이 되는 것은 더더욱 아니다.

결국은 체험을 얼마나 자기 지식으로 발전시키느냐가 중요하다. 시행착오를 동반한 생활 속 체험을 토대로 유망 종목을 고를 수 있다. 중요한 것은 주변의 현상을 아무 일 없었다는 듯이 쉽게 스쳐 지나가서는 안 된다는 것이다.

재야의 투자고수로 유명한 김정환 밸류25 대표 이야기다. 그는 7,000만 원으로 140억 원을 번 가치투자의 귀재로 꼽힌다. 김 대표를 스타로 만들어준 건 바로 삼천리자전거였다.

김 대표는 2008년 1월 삼천리자전거 주식을 5.27% 샀고, 같은 해 5월 8만 주를 추가로 매입해 지분을 6.60%로 늘렸다. 투입된 총 금액은 15억 원쯤이었는데 6개월 뒤에 주당 6,000원에 매도해 11억 원의 매각 차입을 올렸다. 2007년에도 2,200원대에 삼천리자전거를 매입한 뒤 2

배가 넘는 5,000원에 처분한 적이 있다. 김 대표는 2006년부터 삼천리 자전거를 주목했다고 하는데, 그 이유가 단순했다.

"어느 날 한강 둔치에 갔다가 자전거를 타는 사람이 굉장히 늘었다는 걸 알았다. 그래서 선진국 사례를 찾아봤더니 선진국은 자전거 보급률이 40%가 넘는데 우리나라는 4%에 불과했다. 자동차 보급률이 멈춘 다음에는 자전거가 발전한다는 것도 배웠다. 마침 서울시의 공용 자전거 사업, 자동차 전용도로 건설 이슈가 있었다. 때문에 시장점유율 55%로 독점기업이나 다름 없는 삼천리자전거가 빛을 보리라 확신했다."

한강변을 한 번이라도 나가본 사람이라면 최근의 자전거 열풍을 왜 모르겠는가? 다만 이를 활용하느냐, 안 하느냐의 차이가 있을 뿐이다. 김정환 대표는 삼천리자전거 매매를 통해서면 30억 원 가까이 벌어들였다.

강방천 에셋플러스자산운용 회장은 홈쇼핑이 인기를 끄는 것을 보고 택배회사의 주식을 먼저 사 100억 원이 넘는 수익을 냈다.

주변 상황을 보고 투자의 방향을 잡는다는 것은 말처럼 쉬운 일이 아니다. 생각을 많이 해야 한다. 예를 들어 경부고속도로 주변의 물류창고가 늘어났다고 하자. 이럴 때 사고의 흐름은 국내 제조기업의 '중국 진출 증가 → 물동량 증가 → 해운운임 상승 → 조선사 선박 수주 증가 → 조선업 활황 → 항만투자 증가 → 인프라 관련 기업 수혜'로 이어져야 한다. 쉽지 않지만 훈련을 통해 이런 감각을 갖도록 노력해야 한다.

주변에서 보고 느낀 바가 있다면 흘리지 말라. 당신이 눈으로 본 것을 믿어라. 다만 해석하는 힘을 길러라.

05

당신이 잘 알고 좋아하는 기업에 투자하라

· · · 귀동냥 종목 모아봤자
'잡주' 인덱스펀드밖에 안 된다

머리 좋은 사람은 열심히 하는 사람을 못 이기고, 열심히 하는 사람은 좋아하는 일을 하는 사람을 못 이긴다는 말이 있다. 결국 좋아하는 일을 하는 사람이 가장 뛰어난 역량을 발휘한다.

주식 투자도 비슷한 것 같다. 머리 좋은 사람은 감각적으로 기업을 분석한다. 열심히 하는 사람은 밤을 새어가면서 기업을 연구한다. 반면 한 기업을 좋아하는 사람은 생활 속에서 그 기업의 행태를 보고 애정을 갖고 연구한다. 책상에 앉아 공부하듯 종목을 탐구해 봐야 10시간을 넘기기 어렵지만, 좋아하는 종목은 일상생활에서 24시간 관찰하게 된다.

자녀에게 경제교육을 시키는 가장 좋은 방법이 뭘까?

많은 사람들이 말하기를 자녀가 좋아하는 초콜릿 회사나 완구 회사 등의 주식을 사주는 일이라고 한다. 늘 접하는 물건이니 자녀들은 그

회사를 친숙하게 여기고 더욱더 관찰한다. 또 초콜릿 맛이 이상해졌거나 시들해졌을 때 그 기업에 문제가 있음을 발견한다. 인기를 끄는 완구가 사라져가는 것을 가장 먼저 아는 것도 자녀들이다.

주식의 대가로 소문 난 박영용 스마트인컴 사장도 같은 말을 했다. 그는 미국에서 금융위기가 한창이던 지난 2007년, 세 아이에게 1,600만 원에서 2,500만 원까지 증여해 주식을 사줬다. 물론 세금도 냈다. 4년여가 지난 지금 세 아이는 모두 2억 원대 자산가가 됐다. 박 사장이 자녀에게 주식을 사준 배경은 이렇다.

"미국에서 공부하던 큰 아이가 경제가 위기라며 걱정했다. 좋은 기업에 투자하면 자산이 늘어나니 그런 걱정할 필요가 없다는 것을 보여주고 싶어했다. 그런데 자산도 늘어났지만 부수적인 효과가 컸다. 아이들은 비행기를 탈 때 자기가 주식을 들고 있는 항공사를 이용하려고 했다. 슈퍼마켓에 가면 자기 회사 물건을 사려고 했고 식당에 가더라도 자기가 주식을 들고 있는 회사에서 운영하는 곳이면 뿌듯해 했다. 초등학교에 다니는 막내는 대동공업 트랙터를 보면 '내 회사 트랙터'라며 좋아했다."

박 사장의 아이들은 주가가 변하고 자산가치가 늘어나는 것을 보면서 숫자와도 쉽게 친해졌다. 큰 아이는 경제관념이 생겨 급우들과 포트폴리오를 짤 때 리더가 됐고 학년 회장까지 맡았다고 한다. 박 사장은 이런 경험을 토대로 《애야, 너는 기업의 주인이다》라는 책도 펴냈다.

좋아하는 종목에 투자하라는 말은 결국 기업을 자세히 들여다보라는 말과 같다. 기업을 자세히 들여다보기 위해서 필수적인 게 하나 있다. 너무 많은 종목에 투자해서는 안 된다. 종목을 찍어달라는 사람들은 찍어준 종목만 투자하지 않는다. 주변 사람에게 늘 찍어달라고 하니 이것저것 잡다한 종목만 쌓인다.

필자의 지인 중 한 명은 귀동냥으로 들은 종목을 전부 하나둘씩 사 모았다고 했다. 그랬더니 무려 30개가 넘는 종목을 사게 됐는데, 1년간 투자수익률은 지수를 쫓아가는 인덱스펀드만도 못했다. "주변에서 찍어준 종목으로 포트폴리오를 구성했더니 결국은 잡주 펀드가 되어버리더라"는 그의 푸념이 예사롭게 들리지 않는다.

개인투자자들은 5~10개 종목에 투자하는 게 적당하다고 전문가들은 말한다. 심지어 애널리스트들조차 10개 이상은 꼼꼼하게 분석하지 못한다. 두 자릿수 기업을 예의 주시하기에는 개인투자자들은 돈도 시간의 여유도 없다.

잘 아는 10개 미만의 종목을 사고 관찰하라

보통 증권가에서는 집중 투자를 할 것이냐, 분산 투자를 해야 하느냐를 놓고 말들이 많다. '계란을 한 바구니에 담지 말라'는 증권가의 오랜 격언이 말해주듯 대세는 '분산 투자'다.

분산 투자의 장점은 많다. 분산 투자는 위기 관리에 강하다. 투자의 대가인 벤자민 그레이엄은 "어떤 종목이 먼저 오를지, 어떤 종목이 먼저 내릴지는 아무도 모르기 때문에 분산 투자를 통해 리스크를 줄여야 한다"고 했다.

하지만 누구에게나 분산 투자를 하라고 단정 지을 건 아닌 듯싶다. 나이가 젊고 자신의 성향이 공격적이라면, 굳이 자신의 투자패턴을 거슬러 가며 분산 투자를 할 필요가 있나 하는 생각도 든다.

증권이나 부동산 등 전혀 성격이 다른 자산에 배분하는 것은 필요하다고 생각하지만, 큰 돈이 아닌 다음에야 몇몇 종목에 집중 투자하는 방식도 나쁘지 않다고 본다. 1,000만 원 이하의 돈을 주식에 묻어두면서(액수에 대해선 개인 차이가 있겠다) 10여 개 이상의 종목에 투자하는 건 너무나도 보수적인 투자다. 차라리 자신이 확신을 갖고 있는 1~2개 종목에 넣어둔 뒤 오래 투자하는 편이 낫다고 본다.

최근 랩어카운트의 수익률이 좋았던 것도 집중 투자의 힘이었다. 투자자문사들은 10개 미만의 종목에 수천억 원에 달하는 돈을 넣었다. 그 돈의 힘이 주가를 끌어올린 면이 컸다. 투자자의 입장에서 보면 10여 개의 종목에 집중투자해 수익률을 극대화했다고도 볼 수 있을 것이다.

가치투자자들도 많은 종목을 고르라고 하지 않는다. 김정환 밸류25 대표는 선택과 집중이 중요하다고 했다. 기업을 정확하게 분석하기 위해선 투자 종목 수를 적게 가져가야 하고 아무리 많아도 5개를 넘지 말라고 했다. 잘 알고 성장을 확신하는 몇 개의 종목에 투자하라.

06

재무제표 분석이 두렵다고?

· · · 회계를 몰라도 좋은 기업을
고르는 방법은 많다

많은 전문가들이 말한다. 숫자를 모르고는 부자가 될 수 없으며, 또 기업경영도 할 수 없다고 말이다.

각종 수치들은 기업분석에 매우 중요하다. 숫자로 나타내는 회계와 재무정보에는 많은 기업 가치를 담고 있다. 회계사들은 숫자만으로 기업의 건강상태를 한눈에 읽을 수 있을 정도다. 증권사 애널리스트들도 매출, 영업이익을 비롯해, 각종 수치를 통한 분석을 좋아한다. 수치로 기업을 분석하면 보다 객관적이라고 판단되기 때문에 논리를 세우기가 쉽다. 예측한 주가가 틀리더라도 '데이터에 근거했기 때문'이라는 핑계 아닌 핑계를 댈 수도 있다.

그런데 또 많은 일반 투자자들은 숫자를 두려워한다. 경제지를 읽는 독자들도 모든 숫자가 의미하는 바를 다 알고 있지는 않다. 숫자, 특히 증권 분야의 다양한 지표들은 읽는 사람의 마음을 무겁게 한다. 숫자를 곁들인 너무 어려운 용어들 때문에 투자자들은 지레 겁을 먹고 종목 연구를 포기하는 경우까지 있다.

기술적 분석에 매이지 말라

기술적 분석이라는 게 있다. 차트를 보면서 주가의 흐름을 예상하는 것이다. 필자는 좀 심하게 표현해 개인투자자의 경우 기술적 분석을 볼 필요가 없다고 말하고 싶다.

기술적 분석이란 과거의 주가 흐름과 패턴을 통계화해 미래의 주가를 예측하는 데 활용하는 것으로 주로 차트에 많이 의존한다. 실제로 주변에는 '차트'에 의존해 단타 매매를 하는 경우가 많다. 예를 들어 거래량이 몰려드는 종목군 중에서 상승흐름인지 하락흐름인지를 판단해 매수와 매도타이밍을 잡는 것이다. 실제로 이런 방식으로 수익을 내는 이들도 꽤 있다.

그러나 분명한 것은 차트는 과거에 일어난 일일뿐이라는 것이다. 미래를 절대 담보해주지 못한다. 그저 '과거에 이렇게 움직여 왔구나'를 배우는 보조적인 자료로 사용하면 된다.

중요한 것은 기업의 미래가치다. 기업의 미래가치에는 분명히 숫자가 활용된다. 기업의 매출과 영업이익이 늘어나는지, 시장에서 볼 때 기업이 저평가됐는지 등은 숫자로 나타낼 수 있다. 이런 기본적인 숫자를 챙겨야 한다는 점은 부인하지 않겠다.

경영자 자질, 미래성장산업의 가능성 등 숫자 몰라도 파악 가능

증권기자로서 취재를 하면 할수록 기업을 분석할 때 숫자가 말해주지 못하는 많은 부분이 있다는 걸 깨닫게 된다. 특히 기업이 한순간에 경쟁에서 뒤처지는 경우가 있는데, 대부분은 재무상황이 아니라, 경영자에게 문제가 있다는 점을 발견한다.

2010년 말, 한국 내 IT 대기업의 CEO가 전격 교체됐다. 스마트폰의 흐름을 잘 꿰뚫어보지 못했기 때문이었다. 한때 다양한 휴대전화 모델로 시장을 선도하기도 했지만 스마트폰이 새로운 통신 화두로 떠오를지 예상하지 못했다.

그 CEO는 스마트폰을 개발하기에도 부족한 인력을 헬스 등 다른 분야로 이동시켰다. 산업 흐름을 읽지 못한 대가는 컸다. 경쟁사들이 스마트폰시장에서 치열하게 경쟁할 동안 이 회사는 거의 존재감을 잃었다 싶을 정도로 뒤처졌다. 이런 건 굳이 숫자를 몰라도 파악할 수 있는 경쟁력이다. 주변의 동향을 보고, 그 기업의 대처법을 읽었다면 알 수 있을 만한 내용인 것이다.

태양광시장에 뛰어든 선도 기업들은 지금 주가상승의 수혜를 한껏 누리고 있다. 어떤 미래성장산업이 각광받을지를 보는 눈이 있다면 기업가치를 정교하게 따지지 않아도 그 회사의 미래를 볼 수 있다.

필자는 좋은 종목을 찾고 여기에 투자하려는 이들은 결코 투자에 관한 지식만 쌓아서는 안 된다고 생각한다. 경영의 전반적인 흐름을 이해해야 한다. 예를 들어 경영학에는 재무와 회계 등 숫자로 회사를 표현할 수 있는 방안이 있는 반면, 인사, 조직, 마케팅, 전략, 생산관리 등 기업을 평가할 수 있는 다양한 방법들이 있다. 기업을 분석하는 시각을 좀 더 다채롭게 가져갈 필요가 있다.

Part 3

증시를 좌우할 흐름을 꿰뚫어라

중국은 꺾이지 않을 화두다

· · · 중국 없인 세계 경제의 부활도 없다

"미국과 영국은 과거의 나라다. 우리가 미래의 나라다."

어느 나라가 이렇게 호기롭게 단정 지어 말할 수 있을까? 그렇다. 중국밖에는 없다. 2011년 연초에 미국 버락 오바마 미국 대통령과 후진타오 중국 국가주석이 만났다. 이른바 G2, 세계 양대 강국의 만남이었다. 과거 미국과 소련으로 규정 지어지던 시대가 끝나고 미국과 중국의 시대가 왔다는 점은 부인할 수 없다. 그리고 미국은 과거의 나라이고 자신들이 미래의 나라라고 중국은 강조한다.

이러한 주장에 많은 석학과 언론들이 동의한다. 영국의 시사주간지 〈이코노미스트〉는 2008년 '팍스 시니카(Pax Sinica)'가 왔다고 했다. '팍스 아메리카' 시대가 저물고 중국 중심으로 세계질서가 재편된다는 것이다.

중국의 성장세는 이어진다. 중국의 성장을 활용하는 게 우리의 과제다.

필자는 2000년 이후로 거의 매년 중국에 간다. 취재 기회가 아니라면 개인 돈을 들여서라도 최소 1박 2일 상하이 정도를 둘러본다. 심지어 당일 치기로 다녀온 적도 있다. 어떤 방식으로든 중국의 공기를 느끼는 것이 필요하다고 생각했기 때문이다. 필자가 하와이대에서 중국 중심 MBA(China Focused MBA)를 밟고 4개월 정도 상하이에서 머문 것도 중국을 좀 더 알기 위해서였다.

2001년 당시 필자가 소속된 부서의 국장은 "적어도 6개월에 한 번씩은 중국을 보고 오라"고 엄명을 내렸다. 동료 선후배들이 이를 따랐을지 모르겠지만 적어도 필자만큼은 이 원칙을 지키려 했다. 이유는 분명하다. 중국은 성장하는, 그것도 세계에서 가장 빠르고 깊게 성장하는 대국이었기 때문이다. 성장하는 현장에 서있다는 것은 매우 중요하다. 성장하는 곳에 있는 사람들의 눈빛은 살아있다. 돈이 모여들고 생동감이 넘친다. 건물은 올라가고 새로운 비즈니스가 창출된다. 그러니 그 현장에 직접 서서 변화를 보는 것만으로도 스스로 활력을 찾게 되고, 새로운 아이디어를 얻게 된다.

한국의 내수시장은 5,000만 명이 아닌 13억 5,000만 명이다

투자의 관점에서도 중국은 절대 놓치지 말아야 할 화두다. 2010년 말 연평도 포격사건 등 북한의 일련의 도발을 두둔하는 중국을 보면 좋은 감정이 생기지 않는 건 사실이다. 또 한국인들은 중국이라는 나라를 얕잡아 보는 경향이 있다고 한다.

중국에 맞서도 이길 수 있다는 자신감의 표현이라면 좋지만 중국이라는 나라는 결코 우습게 볼 나라가 아니다. 중국이 전 세계를 호령하지 않았던 때는 공산주의 국가가 된 이후의 최근 몇 십 년뿐이었다. 그리고 그 시절은 이미 지났다. 이젠 미국과 함께 G2(Global 2)로 불리는 강국이다. 이런 이야기도 있다.

"지금 한국인들이 중국에서 싼 값에 발마사지를 받고 있다. 그러나 한국인들이 중국인들의 발마사지를 할 날이 머지않았을지도 모른다."

그다지 유쾌하게 들리는 이야기가 아닌지는 모르겠지만 중국의 경제가 더 커지면서 중국인들의 구매력이 한국을 앞지를 수 있다는 뜻으로 한 말이다. 장담하건대 지금 지구에서 살고 있는 누구라도 중국을 연구하지 않고는 큰 돈을 벌 수 없다.

개인투자자들은 '중국'이라는 단어를 들었을 때 '삼성전자에 투자하라'라는 말을 듣는 것처럼 식상하게 여기는 것 같다. 그러나 중국은 분명 세계의 경제성장 엔진이라는 점을 잊지 말자. 지금도 세계에서 가장 많이 쓰는 언어가 중국어라고 하는데, 앞으로 영어보다 중국어를 구사하는 능력이 더 각광받는 시대가 올지도 모른다.

중국 경제가 얼마나 대단하냐고? 몇몇 사례만 보자.

중국의 양대 증시인 상하이와 선전 증권거래소는 1991년 개설돼 이제 20년을 맞게 되는데 양대 증시의 시가총액은 25조 원대로 미국에 이어 2위다. 전 세계 기업은 중국 증시를 돈줄로 여기고 기업 상장을 이어가고 있다. 중국 경제 당국이 상하이와 선전을 세계 자본시장으로 키우겠다고 한 이후 IPO가 활발하다.

2009년 중국 기업들은 IPO를 통해 무려 504억 달러를 조달했는데 이는 전 세계 IPO 실적의 45%에 해당하는 수치로 미국의 240억 달러와 유럽의 71억 달러를 합친 것보다 많다.

이제 자원 확보가 중요한 경제이슈가 된 지 오래다. 자원에 관해서라면 중국은 둘째가라면 서러워할 강국이다. 한마디로 전 세계 자원의 블랙홀이다. 세계에서 최고로 많은 원유를 뽑아 올리는 회사는 사우디아라비아의 아람코다. 아람코의 CEO인 칼리드 A. 알 팔리 총재는 2010년 1월 다보스 포럼에 참석해 이런 말을 했다.

"우리의 최대 고객은 더 이상 미국이 아니다. 새 최대 고객은 중국이다. 우리는 하루 100만 배럴 이상을 중국에 보내고 있다."

중동 전체로 따졌을 때 하루 400만 배럴 가까이 중국으로 들어간다. 일본보다도 많다. 이렇게 자원을 가져간다는 것은 중국이 엄청나게 발전하고 있다는 뜻이다.

또 중국은 스스로 자원확보에 나서고 있다. 유전은 물론, 다양한 광물도 확보한다. 일본과 중국이 센카쿠열도(중국 명 댜오위다오)를 놓고 영토분쟁을 했을 때 중국은 일본에 희토류 광물의 수출을 중단시켜버렸다. 희토류가 없으면 전자제품을 생산하기 어렵다. 그러자 일본은 바로 꼬리를 내렸다. 중국의 힘은 이런 데 있다.

중국에 관해 많은 서적이 출간됐는데 필자는 베이징 특파원 18명이 쓴《베이징 특파원, 중국 경제를 말하다》라는 책을 읽어보길 권한다.

중국 내수시장을 뚫은 기업에 주목

중국이 힘이 세다고 주눅 들 필요도 없다. 사고만 바꾸면 된다. 중국이라는 나라를 위험이 아닌 기회로 바라보는 것이다. 외국계 금융 경영 컨설팅사의 대표인 제임스 루니 사장은 중국을 거대한 코끼리에 비유하며 한국은 서커스 코끼리의 등 위에서 유연하게 춤을 추는 발레리나가 되어야 한다고 했다. 국내에서 손꼽히는 중국전문가인 조용준 신영증권 리서치센터장도 비슷한 말을 했다.

"중국이 우리의 옆에 있다는 것은 기회다. 내수시장이 작은 우리는 중국을 우리의 내수시장이라고 생각하고 접근하면 된다."

중국 정부가 '세계의 공장이 되겠다'에서 '세계의 시장이 되겠다'는 쪽으로 경제 정책을 선회했다는 점에 주목하자. 이제 중국의 저렴한 인건비와 수출외자기업에 대한 다양한 혜택을 노리고 중국으로 생산기지를 이전하겠다는 식의 패러다임은 더 이상 통하지 않는다. 중국이라는 거대 소비시장에 초점을 맞춰야 한다.

투자의 방식도 마찬가지다. 중국에 생산시설을 만들어 원가를 낮췄다는 뉴스는 주식시장에 화제가 아니다. 시장이 주목하는 기업은 중국을 단순한 수출기지로 활용한 기업들이 아닌 중국 내수시장을 판매처로 보고 적극적으로 공략한 기업들이다.

필자는 2010년 여름 '중국 내수시장을 뚫은 기업'이라는 화두로 식품업체 오리온, 홈쇼핑업체 CJ오쇼핑, 화장품업체 코스맥스 생활용품업체 락앤락, 현대·기아차 등을 취재했는데, 이들은 국내에서 포화상태에 빠진 시장에 안주하지 않고 신시장을 열었다는 점에서 주목했다. 중국의 까다로운 소비자의 마음을 얻는다는 것은 쉽지 않은 일이다. 그러나 중국에 성공적으로 안착한 효과는 대단했고, 주가는 화답했다.

한 가지 사례를 들어보자. 7년 전 중국에 들어간 코스맥스 상하이 법인의 최경 총경리는 중국 여자들이 '화장을 잘 하지 않는다'는 사실을 보고 희망을 가졌다고 했다. 회장을 잘 하지 않으니깐 화장품이 팔리지 않는 게 아니라, 이들이 화장을 하기 시작하면 그 수요가 엄청날 것이라는 판단에서다(이 대목에서 긍정적인 사고가 얼마나 중요한 것인가 또 한 번 느끼게 된다). 그는 가격으로는 승부를 하기 어렵다고 보고 품질에만 공을 들였다. 처음에는 잘 알지도 못하는 브랜드가 콧대만 높다고 외면당했지만, 그러기를 몇 년이 지나자 품질에 대해 입소문이 나서 바이어들이 먼저 찾아왔다.

2007년 750만 개였던 생산량은 2009년 2,200만 개로 늘었고, 매출도 150억 원대로 늘어 투자금액을 전액 회수했다고 한다. 2010년 중국법인 매출은 전년보다 50% 이상 성장한 250억 원이다. 2011년에도 30% 이상 성장할 것으로 예상되는데 5년 이내 중국법인 매출이 한국 본사를 앞지를 것이라는 게 이경수 코스맥스 회장의 장담이다.

2010년 현대차의 주가 상승이 화제였다. 2010년 3월 10만 3,000원이던 주가는 2011년 1월 20만 원을 돌파했다. 이런 주가상승의 배경에는 중국법인의 성장세가 깔려있다. 중국 정부는 자동차 하향이라는 이름으로 자동차를 구매하는 소비자들에게 많은 인센티브를 줬다. 이를 활용한 현대차는 중국 내 자동차 판매대수가 국내 판매대수를 넘어설 정도였다.

중국은 '바링허우(八零後, 80후)세대'들, 즉 1980년대 이후 출생한 이들이 소비시장의 핵심세력으로 떠올랐다. 20~30대인 이들은 부모의 세대와 달리 자기 주장이 강하고 소비성향도 뛰어나다. 이들의 마음을 얻는 기업이 돈을 번다. 중국이 바로 옆에 있다는 지리적인 이점은 한국의 내수시장이 5,000만 명이 아닌 13억 5,000만 명이라는 점을 의미한다는 것을 기억하고, 이를 활용한 기업에 눈길을 주자.

중국의 성장 수혜를 누릴 기업을 찾아라

중국인들의 한국에서 소비도 놓쳐서 안 될 포인트다. 앞서 언급했지만 명동의 중국인 행태를 그냥 지나쳐선 곤란하다. 중국인들이 한국에 와서 무엇을 사고, 어디에 돈을 쓰는지를 봐야 한다.

삼성경제연구소에서 나온 SERI 경영노트 '5,000만 신소비자, 중국인관광객'(2011년 1월 6일)에 따르면 2010년 1월부터 11월까지 방한한 중국인 관광객은 176만 명으로 전년 동기 대비 46%나 늘었다. 중국인의 해외 관광객은 5,000만 명을 넘었다고 하는데 중국인 관광객 1억 명 시대가 도래했을 때 그중 5%만 유치해도 500만 명이 되고, 10%면 1,000만 명이 된다. 그 특수를 누리는 기업이 어디일지를 생각해봐야 한다.

당장이라도 떠올릴 수 있는 기업은 항공사나 백화점일 것이다. 실제로 2010년 8월 중국인 관광객 비자 발급조건이 완화된 뒤 대한항공과 아시아나항공 중국 노선의 월 평균 탑승률은 사상 처음으로 80%를 돌파했다. 제주의 경우 관광객이 2009년 대비 60%나 늘어나 주요 호텔 예약률이 90%를 상회했다.

유통도 중국 특수다. 2010년 국경절(10월 1~3일) 연휴에 중국인 관광객 매출은 롯데백화점의 경우 전년 동기대비 318%, 신세계백화점은 269%나 늘었다. 이런 매출 증가는 모두 주가에 반영된다. 길게 보고 돈을 벌고 싶다면, 중국이라는 단어만 들어도 귀를 쫑긋 세우고 고개를

아모레 퍼시픽 주가

(단위: 원)

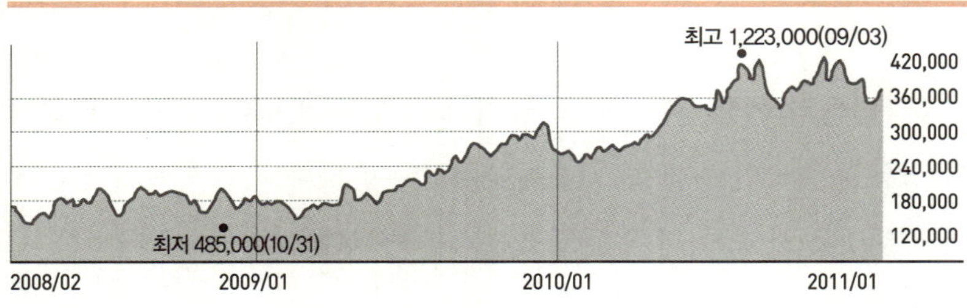

오리온 주가

(단위: 원)

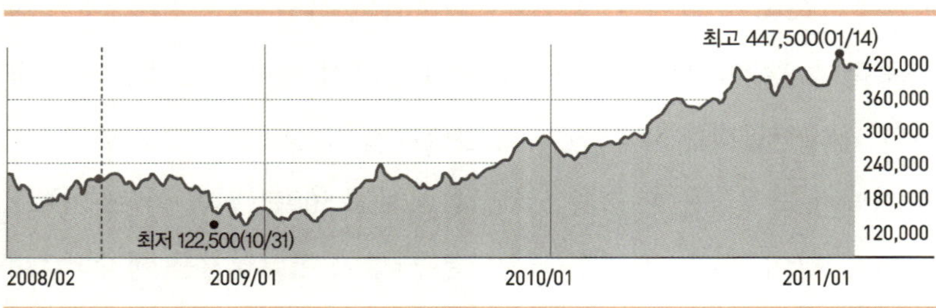

2011년 중국 내수성장 수혜종목 10선(2010년 추정치)

(단위: %, 배)

종목 명	중국 매출 성장률	PER	PBR	ROE	EPS 증감률
네오위즈게임즈	124.7	11.7	3.5	32.9	88.8
에이블씨엔씨	100	7.9	2.1	28.7	15
CJ오쇼핑	67.7	29	4	14.5	9.8
오스템임플란트	64.3	30	2.4	8.6	116.4
코스맥스	59.5	11.3	2.2	20.5	28
새론오토모티브	35.3	8.6	1	12.2	36.9
오리온	32.8	11.6	3.5	35.3	441.1
한국타이어	30	11.4	2	18.6	16.5
에스엘	27	6.8	1.4	22.6	2.9
락앤락	9.8	42	8.7	23.5	-22.4

자료: 신영증권 리서치센터

돌려야 한다.

　다만 판단해야 할 것은 투자 당시의 중국 증시가 과열인지 여부다. 이것조차 장기 투자를 한다면 굳이 매수타이밍을 잡을 필요도 없다. 그저 투자해놓고 성장세를 즐기면 된다.

중국과 함께 떠오를 신흥국가를 주목하라

· · · 우리가 잘 모르던 브라질·인도네시아가
쑥쑥 크고 있다

어느 기러기 아빠의 이야기다. 그는 아내와 함께 5살 난 딸을 미국으로 유학을 보냈다. 딸이 7살 때 한국에 들어와 이렇게 말했다고 한다.

"아빠, 여기 있는 사람들은 왜 다 머리가 까맣지?"

미국에서 다양한 인종을 보고 온 딸에게 모두 검은 머리인 한국인들만 모여 있다는 사실 자체가 어색했던 모양이다.

뜬금없이 이 이야기를 하는 이유가 있다. 한국은 의외로 다른 나라를 배우는 데 인색하다는 생각을 하곤 한다. 2박 3일 해외여행을 다녀도 꼭 한인타운 한국식당에 들러 된장찌개·김치찌개를 먹어야 직성이 풀린다. 유학생들도 한국인들끼리 똘똘 뭉쳐 그들만의 리그를 형성한다.

한국에 들어온 외국인들과도 그다지 친밀하게 지내지 못하는 것 같다. 최근 결혼, 취업 등의 이유로 한국에 사는 외국인이 많이 늘었지만, 한국은 여전히 다문화에 익숙하지 않다. 또 수출로 돈을 번 나라지만 세계를 배우는 데 의외로 적극적이지 않다. 미국이나 일본 등 선진국의 기술을 배우는 데는 능해도 새로 성장하는 신흥국에 대해선 뒤처지고 있다는 생각이다.

투자의 관점에서 보면 우리가 꼭 눈여겨봐야 할 국가들이 많다. 특히 새롭게 떠오르는 국가에 관심을 기울여야 한다. 글로벌 투자회사들은 많은 신조어들을 만들어낸다. 브릭스(BRICs)가 대표적일 것이다. 잘 알려진 대로, 브라질·러시아·인도·중국을 일컫는 말로 짐 오닐 골드만삭스 회장이 향후 세계 경제를 이끌 나라로 꼽으며 화제가 됐다. 이 가운데서 우리가 잘 아는 나라라고 해봐야 중국이나 인도 정도다. 러시아는 그렇다 치고 브라질에 대해선 참 무지하다.

브라질 리오데자네이로 거리.

월드컵, 올림픽 잇달아 개최하는 브라질에 관심을

브라질은 한국과 아주 멀다. 브라질에 가려면 직항이 없어 로스앤젤레스를 경유해서 가야 하는데, 정말 만 하루가 꼬박 걸릴 정도로 멀리 있지만 우리가 간과해선 안 될 나라다. 브라질은 세계 경제의 핵으로 부상하고 있다.

브라질도 힘겨운 시기를 여러 번 겪었다. 1997~1999년 신흥시장 위기 때 러시아와 함께 모라토리엄(채무불이행)을 선언한 적도 있고, 2000~2001년 주가폭락 사태 때도 휘청거렸다.

그러나 현재 상황만 보면 정치는 안정적이고 경제는 성장하고 있다. 2003년 노동운동가 출신인 룰라 다 실바 대통령이 집권한 이후 12%가 넘는 물가상승률은 4%대로 떨어졌고, 경제성장률은 최근 5년간 연평균 4.5%를 기록하면서 경제의 체질이 바꼈다(미래에셋자산운용, 〈2010 BRICs Infopack〉 참고).

좌파성향을 버리고 친기업 정책을 써 초기에 반발도 있었지만 국가의 부를 늘리고 국민을 행복하게 하는 대통령을 싫어하는 국민은 점점 줄었다. 룰라 대통령의 지지도는 90%에 육박한다. 룰라 대통령은 퇴임 이후 딜라 호우세피 여성 대통령에게로의 평화로운 정권이양에 성공했고 브라질을 대표하는 대통령으로 자리매김했다.

브라질은 대표적인 자원부국이다. 각종 원자재는 물론이고 심해유전개발로 세계 5대 산유국으로 부상할 가능성도 높아졌다(현재는 15

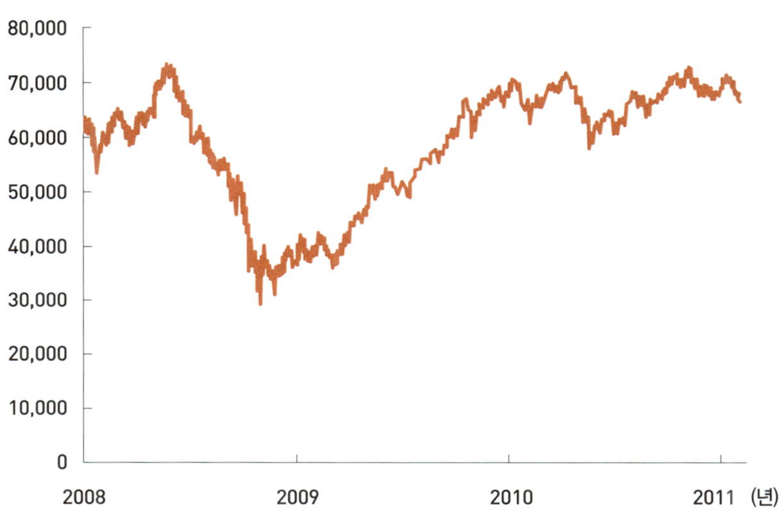

위의 산유국이다). 자원이 부족해진다는 뉴스가 터질 때마다 브라질은 주목받을 수밖에 없다. 이 자원을 토대로 브라질은 경제의 체질 개선에 나서고 있다.

브라질은 지금 브라질판 뉴딜정책을 쓰고 있는데, 5,000억 달러가 넘는 자금을 쏟아 부어 도로·건설·항만·에너지개발사업 등에 나서고 있다.

이슈는 또 있다. 2014년 브라질 리오에서는 월드컵을 개최하고, 2016년에는 하계 올림픽이 열릴 예정이다. 우리나라가 1986년 아시안게임과 1988년 서울 올림픽을 계기로 급성장했다는 점을 생각해보라. 브라

질 정부는 성공적인 개최를 위해 상파울로와 리오 간 고속철도를 건설
하는 등 대대적인 투자를 계획하고 있다. 이렇게 경제가 번성하는 나라
는 주가도 오른다. 그러니 브라질의 동태를 살피면서 투자에 나서는 건
당연한 일이다. 직접 투자가 아니라면 펀드를 통해서라도 말이다.

인구 4위 인도네시아는 동남아시아의 핵

브라질뿐만 아니라 주목해야 할 나라들이 꽤 많다. 요즘엔 믹트
(MIKT)나 마빈스(MAVINS), 비스타(VISTA) 등의 단어가 나온다. 믹
트는 멕시코·인도네시아·한국·터키를 뜻한다. 글로벌 위기 이후 새로
운 경제성장국가로 주목해야 할 만한 국가로 브릭스 용어를 처음 내놓
았던 짐 오닐 골드만삭스자산운용 사장이 꼽은 국가다.

마빈스는 멕시코·호주·베트남·인도네시아·나이지리아·남아프리카
공화국이다. 이들 나라들은 풍부한 자원과 넓은 영토, 높은 인구증가율
로 잠재력이 뛰어난 나라다. 비스타는 베트남·인도네시아·남아프리카
공화국·터키·아르헨티나다.

예를 들어 이 세 가지 용어에 모두 포함되는 인도네시아라는 국가를
보자. 독자들은 인도네시아라는 단어를 들었을 때 무슨 이미지가 먼저
떠오르는가? 아마 '발리'처럼 유명 관광지가 먼저 떠오를 것 같다. 실제
로 인도네시아는 1만 7,500개의 섬으로 이뤄져 볼거리가 매우 풍부하다.

그러나 투자자의 관점에서 돌아서면 인도네시아는 마치 '턴어라운드
주'와 같다. 1990년대 말 아시아 금융위기 때 가장 큰 타격을 받았고 경

제규모가 20%나 줄었다. 그러나 최근엔 연 6~7%의 안정적인 성장을 유지하고 있는데 인구와 자원이 결정적인 힘이다. 잘 알려지지 않았지만 인도네시아는 인구 2억 4,000만 명으로 세계 4위다. 또 세계 1~2위의 석탄 및 천연가스 생산국이고 동남아 최대 산유국이다. 구리, 니켈, 금, 주석 등도 세계에서 손꼽히는 생산국이다.

게다가 아직은 작다고 평가되는 내수시장이 살아나고 있다. 2010년 기준으로 주요 가전제품과 자동차 보급률은 태국과 말레이시아 등 주변국의 절반 수준인데 그만큼 잠재성장률이 크다고 하겠다. 송기홍 딜로이트컨설팅 대표는 컨설턴트의 관점에서 현지화와 다양성을 차별화한 전략을 써 국내 기업들이 진출해야 한다고 강조한다('송기홍의 세계경영', 〈중앙선데이〉 2011년 1월 23일). 투자자의 입장에서 보면 이들 국가에서 선전하는 기업의 주식을 사면 된다. 아니면 아예 인도네시아에 투자하는 펀드에 가입해도 된다.

결론적으로 필자가 하고 싶은 말은 눈을 한 번 성장국가로 돌려보라는 것이다. 1970~1980년대 한국이 고도 성장하면서 많은 과실이 있었다. 이젠 브라질이나 인도네시아와 같은 국가들이 성장하면서 많은 부를 창출하려 한다. 우리는 그 과실을 따먹기만 하면 된다. 그것이 주식투자의 매력이다.

금융의 글로벌화를 선도하고 있는 최현만 미래에셋증권 부회장이 〈조선일보〉와의 인터뷰에서 한 이야기다(2011년 1월 8일).

"2015년경 이머징 국가에서 1인당 GDP가 2만 달러 이상이 되는 중산층을 약 8억 5,000만 명으로 추산한다. GDP 2만 달러면 한국의 경제 수준과 유사하다. 우리 인구가 5,000만 명쯤이니까 한국과 같은 시장이 17개가 더 생기는 것이다. 이런 소비시장을 선점하는 기업에 투자해야 한다.”

한 가지 뉴스 더. 일본의 연금자금운용기금도 신흥시장 주식 투자 같은 고수익 투자 비중을 늘릴 참이다.

일본 정부연금투자펀드(GPIFP)는 보수적인 투자방식을 선호하기로 유명하다. 2010년 6월 기준 11조 엔의 자산을 갖고 있는데 자산의 대부분인 70%를 일본 국채와 자산 등에 투자해왔고 해외 주식 투자비율은 9%에 그쳤다. 그러나 2005~2009년까지의 연평균 수익률이 1.63%에 불과하자 신흥국으로 눈을 돌린다고 한다. 브릭스 국가는 물론, 앞서 언급한 멕시코나 남아프리카공화국에도 투자한다. 이들 신흥국가에 관심을 둬야 하는 또 하나의 이유가 생긴 것이다.

덧붙여 잘 알려졌지만 역시 개인투자자들에게는 다소 와 닿지 않는 인도도 주목할 필요가 있다. 전직 매일경제신문 기자로 하와이대에서 경제학 박사 학위를 받고 현재 인도경제연구소장을 맡고 있는 오화석 소장이 꼽은 인도의 강점은 다섯 가지다.

첫째, 인구다. 12억 명으로 중국(14억 명)에 이어 세계 2위다. 2020년에는 인도 인구는 중국을 추월할 가능성이 높다. 둘째, 인도는 전체 인구의 10~20%가 영어를 쓴다. 셋째, 인도 경제의 핵심 추진동력이 지식산업인 정보기술(IT)이다. 인도의 IT산업은 인도 경제의 불쏘시개가 돼 생명공학, 의학, 금융, 에너지 등으로 퍼질 것이라는 게 오 소장의 의견이다. 넷째, 낙후한 인도 제조업도 고속경제성장을 이끄는 주된 동력으로 성장했다. 2011년 현재 세계 9위의 제조업 규모는 5년 내 중국을 따라 잡을 수 있다는 분석이다(〈딜로이트 2010년 보고서〉). 마지막으로 인도는 불완전하긴 하지만 중국보다 지적재산권이 보호된다.

필자는 2006년 인도 뭄바이 금융가를 취재한 적이 있었다. 당시 금융의 글로벌화에 앞장섰던 미래에셋도 진출하지 않은 상황이었는데, 인도는 새로운 투자처로 각광받고 있었다. 필자도 그 기운을 느끼며 다양한 금융인들을 인터뷰했는데, 그중 지금까지도 기억에 남는 말이 하나 있다.

"인구가 11억 명이 있다는 점이 경쟁력이기도 하지만, 젊은 인재가 많다는 게 더욱 인도를 강하게 만들 것이다. 24세 이하의 인구가 인도 전체 인구의 55%를 차지한다. 중국처럼 노령화를 걱정할 필요도 없다. 노동력은 풍부하고 소비시장도 크다."

인구, 그중에서도 젊은 인구가 많다는 건 국가의 미래가 밝다고 봐도 된다.

인도에 대한 또 하나의 기억. 필자가 2006년 미국 하와이대에서 MBA 과정을 밟았을 때 급우 중 인도인이 두 명 있었다. 한 친구는 미국 석·박사 과정을 밟기 위해선 필수적으로 치러야 하는 시험 지맷(GMAT)에서 만점을 받은 영재였다. 그는 하버드대를 가도 괜찮을 실력이었지만 '다양성을 배우고 싶다'며 장학생 프로그램으로 하와이대를 왔다. 그는 숫자 감각이 얼마나 뛰어난지 복잡한 재무 과제도 척척 해내는 친구였다.

또 한 명은 인도 출신으로 미국에서 대학을 나와 컴퓨터회사에서 일하다가 MBA를 했는데 무려 7가지의 언어를 했다. 필자의 MBA 과정이 중국 중심(China Focused)으로 이뤄져서 중국어도 함께 했는데 그 친구는 처음 시작한 중국어도 술술 배워나갔다. 필자는 곁에서 직접 2명의 인도인을 보면서 인도 인재의 힘이 무엇인가 생각해 보게 됐다. 이런 나라라면 그 성장과정을 한번 지켜봐야 하지 않겠는가?

03

인구 감소시대를 대비하라

· · · 당장 믿기지 않겠지만 인구는 줄고
고령화는 온다

'400년 뒤 한민족이 사라질 수 있다?'

허무맹랑한 소리라고 할지 모르겠다. 그러나 지금처럼 아이를 안 낳으면 '그럴 수도' 있다.

'설마' 하던 일이 현실이 된 사례는 많다. 과거에 전 국민이 자신만의 전화를 들고 다니는 시대가 올지 반신반의했다. 지금 국내 휴대폰 보급률은 인구 대비 100%를 넘어섰다. 요긴하게 사용됐던 공중전화는 무용지물이 된 지 오래다. 불과 20년 전만 해도 상상 못할 일이었다.

시력이 안 좋은 이들에게 안경을 벗는 건 꿈 중의 꿈이었다. 지금 단 10분의 수술로 그 소망이 이뤄진다. 원고지에 기사를 쓰던 일이나 필름 카메라로 세상을 담던 시절, 모두 지나간 추억이다. 이런 사회상의 변화는 어쩌면 소소한 수준이라고 말해야 할 것 같다. 당장 와 닿지 않지만 서서히, 그러나 분명하게 현실로 닥칠 중대한 사건이 인구 감소

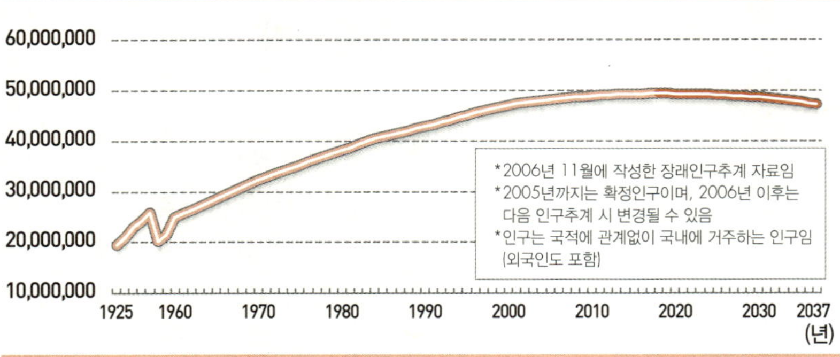

자료: 통계청 사회통계국 인구동향과

다. 투자를 하겠다는 사람이 이러한 메가 트렌드를 놓쳐서는 말이 안 된다.

2010년 현재 대한민국 인구는 4,887만 명이다. 삼성경제연구소의 분석에 따르면, 2100년 이 인구는 현재의 절반 수준인 2,468만 명으로 줄어든다. 2500년엔 지금 인구의 0.7%인 33만 명으로 축소돼 바하마 제도 인구인 35만 명 수준으로 적어진다. 이렇게 되면 민족도 소멸하고 한국어도 사라진다는 게 강성원 삼성경제연구소 수석연구원의 우울한 전망이다.

400년이 흐르는 동안 인구 추세가 어떻게 변할지, 외국 이민자들이 밀려올지, 어떤 대책이 나올지 알 수 없다. 그러나 현재 상황만 놓고 보면 우리나라 인구 감소는 매우 걱정스러운 수준이다. 전재희 전 보건복지부 장관이 저출산을 두고 '국가적 준비상사태'라고 이야기한 것은 결코 과장이 아니다.

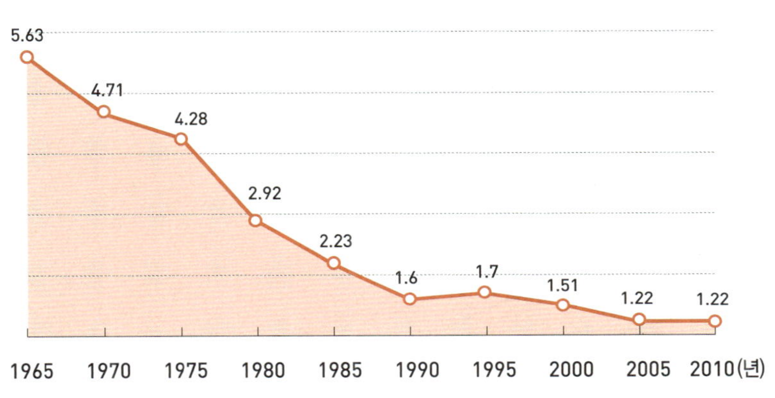

몇몇 통계치만 들여다보겠다. 1984년 합계출산율(여성 1명이 평생 낳을 수 있는 평균 자녀 수)은 2.1명 이하로 떨어졌다. 합계출산율이 2명 미만이면 절대 인구가 위협받는다. 합계출산율은 외환위기 이후 1.3명 이하로 급락하더니 2009년엔 이보다도 더 낮은 1.15명을 기록했다. 이른바 '한 자녀 가정'시대가 온 것인데, 다른 나라도 비슷하게 출산율이 낮다면 우리만 특히 고민할 필요가 없다.

하지만 한국이 유독 심각하다. 2009년 기준으로 합계출산율은 경제협력개발기구(OECD) 국가 가운데 가장 낮다. OECD 국가 평균 출산율이 1.75명이나 65% 수준에 불과하다. OECD에 가입한 23개 국가 중 2100년까지 인구가 감소하는 국가는 9개뿐이다. 이 중 20% 이상 감소국은 한국, 일본, 독일, 포르투갈 등 4개국인데 한국이 단연 1위다.

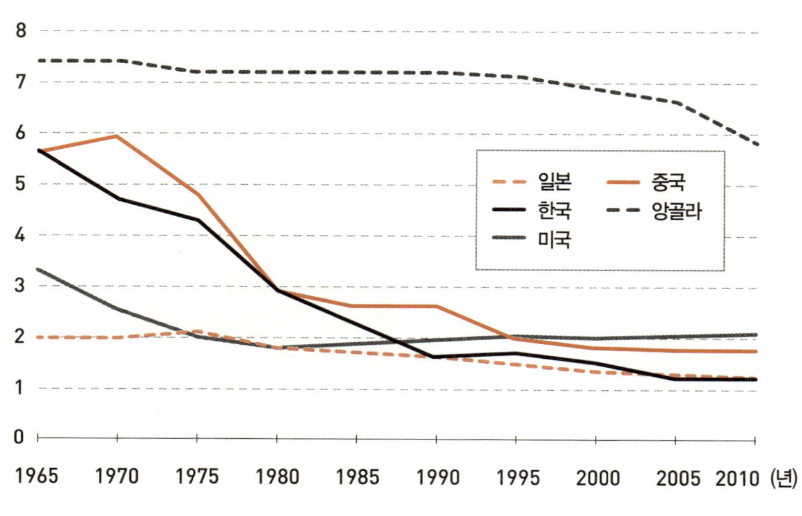

　인구가 줄고 평균수명이 길어져 곧 고령화 국가로 바뀐다. 최근 한 보도에 따르면 2011년 현재 1971년생으로 41살인 국민의 절반이 94세를 넘겨 산다고 한다. 영국은 이미 100세 시대로 들어섰다고 한다. 이른바 오래 살면서 경제적인 빈곤에 빠지는 '장수 리스크'를 걱정해야 하는 상황이 왔다.

　향후 20년도 채 안 남은 2030년이면 65세 이상 인구 비중이 25%를 넘어서는데 그 속도가 매우 빠르다. 일할 노동력은 줄고, 부양해야 할 노인은 늘어나는 난처한 상황이 온 것이다.

인구가 늘고 있는 신흥국에 투자하라

인구가 감소하고 고령화 시대가 온다고 이젠 확실히 못박아 두자. 그렇다면 우리들의 행동방식은 어떻게 바뀌어야 하는가? 몇 가지가 있을 것이다.

첫째, 일을 손에 놓지 않으면 여러 모로 좋다. 일을 할 수 있다는 보람을 찾아서 좋고, 무엇보다 끊이지 않고 수입이 들어오니 좋다.

둘째, 일을 그만두어야 할 상황에 놓인다면 미리미리 노후 대비책을 마련해 둬야 한다. 예를 들어 연금투자 같은 것이다. 의무적으로 들고 있는 국민연금은 그저 '밥 굶지 않는' 수준의 노후를 보장해 줄 뿐 여유로운 삶을 보장하지 않는다. 개인연금을 준비해야 한다.

셋째, 자산 포트폴리오를 조정해야 한다. 강창희 미래에셋투자교육연구소 소장은 《인생 100세 시대 자산관리》라는 저서에서 부동산에 편중된 자산구조 리스크를 없애라고 강조했다. 그는 국외의 땅을 살 수 있기 때문에 땅 부족으로 부동산 값이 오르는 시대는 지났고, 부동산 값의 하락 가능성이 높고, 나이가 들수록 실물자산보다는 금융자산이 필요하기 때문에 부동산을 줄이고 금융자산을 늘려야 한다고 강조했다. 그의 판단에 따르면 50~60대의 부동산과 금융자산의 적정 비율은 5:5다.

마지막으로 주식 투자의 관점에서 인구감소, 고령화 시대를 바라보자. 무엇보다 국내 주식시장에 어떤 형태로든 돈을 넣어두는 게 중요하다. 박종현 우리투자증권 리서치센터장의 지적이다.

"국내 인구가 본격적으로 감소국면에 접어들기 전까지는 퇴직연금 등 연금상품이 확대돼 주식시장이 긍정적이다. 중장기적으로 채권을 포함한 금리상품 비중이 점차 확대되겠는데 인구감소가 본격화되는 2020년까지는 채권보다 주식이 유망하다."

또 중국, 인도 등 인구와 경제성장률이 높은 국외시장을 노리면 된다. 경제학자인 조지 매그너스의 저서 《고령화 시대의 경제학》을 보면 인구학 관점에서 볼 때 고령화 사회에 돌입하면서 미국, 영국 등 기존 선진국들이 인구가 젊고 역동적인 중국, 인도, 브라질 등 신흥시장들에 주도권을 빼앗기고 있다고 했다. 역으로 해석하면 이들 국가에 투자의 방향을 맞추면 된다.

엘런 콘웨이 슈로더투신운용 이머징 마켓 헤드도 비슷한 이야기를 했다. 이머징 마켓 지역 핵심인구들의 소비력이 늘어나고 있다는 점에 주목하라는 지적이다(〈매일경제신문〉, 2011년 1월 12일).

그는 "2010년까지 브릭스에서 연간 1만 달러 이상 가처분 소득이 있는 중산층이 3억 5,000만 가구로 늘어난다"며 "이는 미국과 유로존 가구를 합친 것보다 더 큰 규모"라고 지적했다. 특히 브라질 같은 나라는 젊은 핵심 노동인력인구가 늘어나고 있어 장기적으로 본다면 그 성장성은 더욱 두드러진다. 브라질의 대표기업에 투자하는 펀드에 가입하는 것도 괜찮다는 이야기다.

국내에서라면 인구가 줄고 고령화가 심해질수록 기업가치가 커지는 회사에 투자하면 된다. 예를 들어 의료·바이오 같은 업종이다. 나이가

들수록 어쩔 수 없이 병원에 찾아갈 일이 많아진다. 요즘 전원주택에서 넓고 한적하게 살겠다고 교외로 나갔던 노인들이 평수를 줄이더라도 서울이나 대도시 중심으로 다시 옮기는 현상이 많다고 한다. 그 이유는 병원에 자주 다니기에는 도심이 훨씬 유리하기 때문이다. 또 자기진단 시스템을 갖춰가는 가구도 많다.

고령화 사회에선 이런 의료산업이 부각될 수 있다. 제약산업도 빼놓을 수 없는 고령화의 수혜산업이다.

김상철 슈로더투신운용 국내주식운용 본부장의 이야기다.

"고령화에 따른 자산관리, 보험 및 증권 관련 주가 힘을 받을 것이며 헬스케어 및 바이오시밀러 등 제약부문의 수혜가 예상된다. 라이프스타일의 변화에 따라 온라인 모바일 게임과 쇼핑, 스마트폰, 여가 여행 관련 종목이 오를 것이다."

지금 주변을 돌아보라. 사람들은 출산을 기피한다. 대신 노인들은 90살을 훌쩍 넘겨가며 오래 산다. 고령화 시대, 이대로라면 반드시 온다. 이를 투자의 기회로 삼는다면 노후가 두려운 것만도 아니다.

04

오일 쇼크보다 더 무서운 식량 쇼크

· · · 지구촌 기상이변 속출,
먹거리값 상승에 대비하라

필자와 매우 가까운 친구 중 한 명이 꽤 규모가 있는 예식장을 운영한다. 그는 예식장 사업은 기본적으로 음식 사업이라고 했다. 그도 그럴 것이 예식장 매출이라는 것은 기본적으로 식대이기 때문이다. 그래서 예식장을 평가할 때도 '거기 1인당 식대가 얼마 하는 곳'이라고 한다.

그는 매주 쌀은 물론 육류, 수산물, 채소 등 식자재를 수천만 원씩 사들이는데, 요즘 그 값이 천정부지 치솟고 있다고 했다. 그의 감(感)으로 판단하건대, 먹거리 값의 상승세가 금세 꺾이지 않을 것이라고 장담했다. 중국 등 식자재 공급처를 직접 다녀온 뒤 내린 판단이었다. 공급량은 계속 줄어들고 있지만 수요는 줄지 않기 때문이었다.

그래서 그는 예식장 사업 이외에 육류나 수산물 유통에 나서야 할지를 심각하게 고민 중이다. 예식장에 식자재를 안정적으로 공급하기 위해서이기도 하지만, 이 영역에서 새로운 투자기회가 엿보이기 때문이

라고 했다. 곡물과 수산물 값이 오른다면 미리 이를 선점해 값 상승의 수혜를 볼 수 있다고 덧붙였다.

2010년부터 우리나라 경제의 가장 큰 걸림돌은 물가 상승이었다. 그 주범은 바로 먹거리였다. 주부들은 마트에 가서 도무지 살 게 없다고 한다. 고기 약간, 야채 약간만 사도 10만 원을 훌쩍 넘어선다고 하소연이다. 통계청에 따르면 2010년 전국 가구의 소비지출 항목 중 식료품과 음료, 식사비 등에 쓴 돈이 60만 원이 넘는다. 이런 '먹는 비용'은 증가추세다.

소비자뿐만 아니라 생산자, 중간 유통상들도 죽을 맛이다. 대표적인 농산물유통상가인 가락시장 상인들은 값이 올라 농산품을 구하기 어렵다고 울상이다. 우유업체들은 우유공급이 줄어들면서 대형마트 유제품 판매대를 다 채우지도 못해 지역 낙농조합을 돌며 '목장 뺏기'에 나섰다.

지금의 현상은 전형적인 애그플레이션(Agflation)의 모습이다. 이 용어는 농업(Agriculture)과 인플레이션(Inflation)을 합성한 것으로 농산물 가격 급등으로 일반 물가가 상승하는 현상을 뜻한다. 유엔식량농업기구(FAO)는 2011년 2월의 '식품가격지수(FPI)'가 사상 최고치를 경신했다고 밝혔다. 세계 여러 석학들은 이 먹거리 값 상승이 한두 해의 일로 끝나지 않을 것이라고 분석한다. 실제로 앞서 유엔식량농업기구가 언급한 대로 식품가격 지수는 꾸준히 상승세다.

기상이변 금방 해결될 일 아니다

가장 큰 이유는 지구의 날씨를 종잡을 수 없다는 데 있다. 독자들도 느꼈겠지만 몇 해 전부터 얼마나 심각한 기상이변에 시달리고 있는가? 우리나라도 '기상관측 이래 처음'이라는 날씨가 숱하게 많았다. 이는 미국이나 중국도 마찬가지다. 홍수에, 가뭄에, 대설에, 지진에 지구촌이 몸살을 앓고 있다.

중국은 1960년 이래 최악이라는 겨울 가뭄을 맞았다. 최근 중국 산둥성 등 중국 중부지역에 겨울 가뭄이 계속되면서 농경지 피해 면적만 한국 영토의 절반가량인 500만 헥타르라고 한다.

러시아도 30년 만에 최악의 가뭄을 겪은 뒤 곡물 수출 금지 기간을 2011년 상반기까지 연장했다. 밀과 사탕수수 재배지가 몰려 있는 호주 동부지역에는 3주 동안 비가 내리는 대홍수로 밀 생산량의 50%, 사탕수수 생산량의 20%가 감소했다.

세계 3위의 콩 수출국인 아르헨티나의 경우 콩과 옥수수 생산량이 15% 이상 줄어들었다. 우크라이나는 세계에서 보리 생산이 1위, 밀 생산이 6위다. 파키스탄과 흑해 밀 생산지대도 가뭄과 홍수로 전 세계인들을 불안하게 하고 있다.

이런 나라들이 기상이변으로 곡물 수출 제한을 선언해버리면 식량 값은 오를 수밖에 없다. 이런 현상이 반복되면 불안감이 퍼지면서 자국의 식량을 무기화하는 식량자원주의가 확산된다.

이 같은 기상이변이 한두 해 만에 끝날 것인가? 그렇지 않을 것이다. 지금처럼 지구가 파괴되는 한, 환경에 대해 더 심각하게 고민하고 보존하려고 노력하지 않는 한 이런 기상이변은 이어질 것이고 식량공급에도 문제가 생긴다.

이뿐만이 아니다. 식량 값이 오를 이유는 수없이 많다. 전 세계적으로 공업화와 도시화로 경작지가 줄어들고 있다. 중국은 공업화와 도시화로 수백만 명 농민들의 경작지가 사라진다. 또 좀 더 많은 돈을 벌기 위해 젊은이들은 농촌을 버리고 도시로 발길을 돌린다.

더 심각한 문제는 전염병이다. 우리나라도 구제역을 잡지 못해 300만 마리 넘게 살처분을 했다. 2010년 11월 안동에서 처음 발병한 뒤 불과 2~3달 만의 일이었다. 피해액만 해도 3조 원에 가깝다.

앞으로 가축 질병은 더 심해질 것이라는 게 일반적이 견해다. 가축 질병이 들어오면 어떤 한 지역에 국한되지 않고 전국적으로 퍼진다. 여기에 유가 등 원자재값마저 뛴다면 농업생산비 부담은 더 늘어나고 곡물생산 부족현상은 심해진다. 이집트·리비아 사태에서 보듯 중동 등 국제정세가 불안할수록 먹거리 값도 불안해진다는 얘기다.

공급은 줄고 수요는 늘어

지금까지 공급측면을 살펴봤다면 수요측면에선 어떨까?

불행히도 먹거리에 대한 수요는 더 늘어날 가능성이 높다. 중국과 인

도 등 신흥개발국의 성장은 필히 육류 소비를 증가시킨다. 소득이 많아
지면 육류소비가 늘어나는 것이 일반적이기 때문이다. 이렇게 되면 가
축을 목초지가 아닌 좁은 공간에 가둬놓고 공장에서 제품을 생산하듯
키운다. 그러려면 인간이 주로 먹던 곡류를 가축에게 먹이게 된다. 그
가축을 사람이 먹는다.

문제는 이런 방식은 곡류의 소비를 크게 늘릴 수 있다는 점이다. 방
목할 때와 비교해 닭은 2배, 돼지고기는 4배, 쇠고기는 7배 정도의 곡
물이 필요하다. 인간이 고기의 섭취를 늘릴수록 사료로 이용될 곡물의
양은 기하급수적으로 늘어난다는 뜻이다.

또 하나, 아이러니하게도 바이오에너지를 쓰면 쓸수록 곡물은 더 필
요해진다. 국제유가가 오를 수 있고, 기름 고갈의 우려가 깊어지면서
인류는 바이오에너지에 대해 관심을 갖기 시작했다. 그런데 바이오에
너지의 원료는 바로 옥수수다. 앞으로 미국에서 생산되는 옥수수의 상
당부분을 사람이 아닌 자동차가 먹을 수도 있다. 이제 싼 값에 하루 세
끼를 먹었던 시절은 끝나가고 있다는 점을 인식해야 한다.

곡물 가격만 문제인 게 아니다. 애그플레이션에 이어 수산물 가격급
등에 따른 피시플레이션(Fishflation, Fisheris+Inflation) 가능성도 높
다. 앞서 예식장을 운영하는 필자의 친구 사례를 들었듯 말이다.

실제로 그런 징후가 보인다. 2011년 1월 일본 수산물시장에서 홋카
이도산 참다랑어 한 마리는 지금까지의 사상최고액인 3,249만 엔(약 4
억 4,000만 원)에 거래됐다. 1kg당 130만 원에 달하는 가격이니 정말
깜짝 놀랄 일이다.

식량농업기구에 따르면 남획과 지구온난화, 수산물 소비 급증으로 인한 어족자원 고갈로 2015년에는 약 1,000만 톤의 수산물이 부족할 것이라고 한다. 동양종금증권 분석에 따르면 급증하는 수요가 이유다.

중국인들도 소득이 높아지고 '회'의 맛을 알아가면서 엄청난 양의 수산물을 수입하고 있다.

식량농업기구에 따르면 글로벌 소득증가로 1인당 수산물 소비량이 연간 16kg을 넘어서 상승세를 이어가고 있는데, 전 세계 수산물 공급량은 10년 전 이미 정점을 치고 하락하고 있다. 여기에 배를 사용해야 하는 수산업의 경우 유가상승은 엄청난 타격이다. 많은 연안국들이 앞다퉈 EEZ(배타적 경제수역)를 선포해 수산자원을 보호하려는 현상도 수산자원의 희소성이 높아지기 때문이다.

오경택 동양종금증권 연구원은 "수산물 사료의 원료 가격이 2000년 이후 300% 이상 상승세를 보이고 있어 물고기보다 물고기를 잡기 위한 미끼 가격이 더 비싼 아이러니가 발생하고 있다"며 "향후 피시플레이션 시대의 도래가 불가피하다"고 밝혔다.

농산물값 상승 슈퍼사이클인지, 주목

한상춘 미래에셋증권 부사장은 농산물 가격급등현상을 '신(新)맬서스 이론'으로 설명한다. 세계 인구는 꾸준히 증가하는 추세다. 특히 곡물에 절대적으로 의존하는 저개발국 수요와 선진국의 유기 농산물에 대한 수요는 기하급수적으로 늘고 있다. 반면 농산물 공급은 이상기후

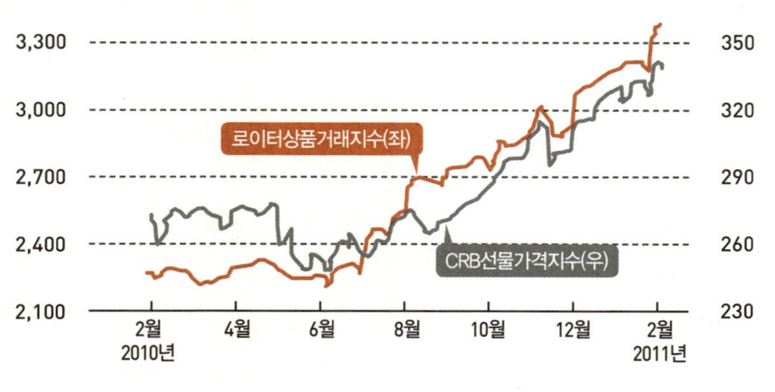

자료: 블룸버그

등으로 산술급수적으로 증가해 수요를 따라가지 못한다고 했다(《한국 경제신문》, 2011년 2월 13일).

한 부사장은 농산물 가격이 '슈퍼 사이클'과 '슈퍼 스파이크', '퍼펙트 스톰'이 올 것인가 여부를 주목하라고 했다. 슈퍼 사이클은 가격 상승 국면이 오랫동안 지속되고, 슈퍼 스파이크는 상승속도가 매우 빨라지 는 현상을 말한다. 퍼펙트 스톰은 농산물 가격이 종류와 관계없이 모두 오르는 현상이다. 그는 시간이 갈수록 그 가능성을 염두에 두는 시각이 있다고 분석했다.

이런 시대 흐름이라면 농산물 값에 당연히 관심을 둬야 한다. 2009 년만 해도 농산물이 지금처럼 주목받지 못했다. 그러나 세계적인 투자의 대가라던 짐 로저스는 이를 '금광'으로 봤다. 그는 2007년부터 농산물 투자를 늘리라고 수 차례 강조했다. 그러면서 '20년 후에는 농부와 광부가 벤츠를 타고 다닐 것'이라는 말을 했다. 그의 비유는 사실이 될 가능성이 높다.

2009년 농산물에 본격 손을 댔다면 짐 로저스의 수익률은 얼마나 될까?

그는 면화와 설탕에 투자하라고 했는데 2009년 이 두 종목을 샀다면 투자 수익률은 300%와 106%가 넘었을 것이다. 로저스가 농산물 값이 오른다고 본 이유도 수요·공급에 있다. 앞서 언급한 대로 공급이 수요를 따라가지 못할 것이라 했다. 중국 등 신흥시장이 커지면서 수요는 늘어나는 반면, 경작지가 줄고 기상이변으로 공급은 줄어든다.

2011년 2월 워런 버핏 버크셔 해서웨이 회장은 주주들에게 보낸 연례 편지에 이렇게 썼다.

"대형 사냥용 총(Elephant gun)은 이미 장전을 마쳤으며 방아쇠에 올린 내 손가락은 근질근질하다."

기업 인수·합병(M&A)에 나서겠다는 뜻을 분명히 한 것이다. 블룸버그 통신은 이와 관련해 몇몇 기업을 그 후보군으로 올렸는데 그중 하나가 세계 2위 곡물업체인 아처 대니얼스 미들랜드(ADM)다. 버핏이 곡물회사에 주목했다는 점은 분명 우리가 깊이 새겨봐야 할 대목이다. 이 회사는 시장가치가 235억 달러인데, 2011년과 2012년 역대 최고의 이익을 낼 것이라고 한다.

국내 기업 중에서도 곡물값 상승과 맞물려 주가가 상승한 기업이 있다. 영남제분의 경우 2010년 5월 1,200원에 불과했다. 그러나 1년도 채 되지 않은 2011년 2월 5,100원을 넘겼다. 1년도 안 돼 무려 4배 이상 오른 것이다. 이 주식은 2008년 10월에는 495원에 불과했으니 2년 조금 넘는 기간에 10배 이상 뛰었다. 먹거리 값이 뛰자 우리나라도 곡물 테마주라는 것이 생겼다.

필자는 테마에 매여 단기 투자를 하라는 말은 결코 하지 않겠다. 그러나 제대로 된 종목을 골라내기 위해선 '오일 쇼크를 넘어설 수 있는 식량 쇼크'라는 장기 흐름을 눈여겨봐야 한다는 점만은 분명하다.

05

대형 투자변수인 북한

북한은 우리에게는 참 미묘한 존재다. 한 민족이기에 통일의 대상이기도 하지만, 당장 보면 결코 예뻐할 수만은 없는 존재다. 김정일, 김정은 부자세습 정권의 행태를 보면 도무지 상식적으로는 이해할 수 없는 부분 천지다.

주식시장에서도 북한은 상식이 맞지 않는 불확실한 존재다. 그 위험도 상당하다. 2010년 천안함 사태와 연평도 포격은 투자자들에게 심리적으로도 타격을 가했다. 연평도 포격은 G20 정상회의의 성공적인 개최로 국가 브랜드 가치가 상승하고, 코리아 프리미엄이 형성될 것이라고 자축한 지 불과 며칠 만에 터진 일로 충격파가 컸다.

그렇다면 투자자의 관점에서 북한을 어떻게 봐야 할까? 2010년 연평도 포격 이후 정갑영 연세대 경제학과 교수가 북한 리스크에 대해 〈매경이코노미〉에 기고한 글을 소개한다.

"국가 경제나 기업이 직면하는 리스크는 대체로 세 가지 종류가 있다. 첫째는 기업 자체의 여러 문제에서 비롯되는 기업 리스크가 있다. 예를 들어 이사회나 경영층·지배구조·재무구조의 불안정성, 또는 기업 자체의 포트폴리오(Portfolio)에 관련된 것 등이 모두 기업 리스크다. 둘째는 시장 리스크가 있다. 국외시장에 큰 변화가 있다거나 경제 침체로 갑자기 수요가 줄거나, 새로운 경쟁기업이나 신기술 부상으로 어려움에 처하는 것 등이 모두 시장 리스크에 해당된다. 최근에는 글로벌 경제 환경의 급격한 변화로 기업에 영향을 주는 요소가 많아졌는데 이것 역시 크게 보면 시장 리스크에 해당된다. 예를 들면, 환율 변화나 원자재 가격 또는 금리의 급변동이 모두 시장 리스크에 해당된다."

"세 번째 리스크는 특정 국가에만 국한돼 나타나는 지정학적 리스크다. 흔히 국가 리스크(Country risk)라고 부르기도 한다. 우리에겐 북한 리스크가 바로 대표적인 사례다. 예를 들어 정치·사회적 불안, 국론 분열, 안보 위협 등이 모두 국가 리스크에 해당된다. 국가 리스크가 커지면 외국과 동일한 조건의 국내기업들이 제대로 평가받지 못하는 현상이 나타난다. 이른바 코리아 디스카운트가 등장하는 것이다. 실제로 삼성전자, 포스코, 현대차 등 국내 유수의 기업들이 선진국의 기업이었다면 지금보다 훨씬 더 높은 시장가치가 형성됐을 것이다. 그런데 현재 우리 경제가 직면하고 있는 북한 리스크는 쉽게 해소될 것 같지 않아서 더 우려스럽다. 북한이 쉽게 핵을 포기할 가능성이 희박하고, 그렇다고 한국이나 미국이 북한을 다시 햇볕으로 감싸는 정책도 기대하기 어렵다. (중략) 이번 사태는 종전과는 다른 차원의 국가 리스크를 새롭게 조

대북 리스크 발생 당시 주가 움직임

출처: KRX, 우리투자증권 리서치 센터

북한 리스크 발생 일지(북해, 교전 및 미사일 발사 구분)

구분	날짜	내용	전일 대비 당일 KOSPI 수익률	5일 후 KOSPI 평균 수익률
핵이슈	2002.12.12	북, 핵동결 해제 선언	+2.4%	0.5%
	2003.01.10	북, NPT 탈퇴	−0.3%	
	2005.02.10	북, 핵무기 보유 선언	−0.2%	
	2006.10.09	북, 핵실험 실시 발표	−2.4%	
	2008.08.14	북, 핵 불능화 중단 선언	+0.6%	
미사일 발사	1993.05.29	북, 노동 1호 동해상 발사	+0.2%	−0.3%
	1998.08.31	북, 대포동 1호 발사	+1.8%	
	2003.02.24	북, 지대함 순항 단거리 미사일 동해상 발사	+0.0%	
	2003.03.10	북, 지대함 순항 단거리 미사일 동해상 발사	+2.1%	
	2005.05.01	북, 소련제 단거리 미사일 동해상 발사	−0.3%	
	2006.07.05	북, 대포동 2호 미사일 7기 발사	+0.8%	
교전 및 대치 관련	1999.06.15	1차 연평해전	−2.2%	+2.8%
	2002.06.29	2차 연평해전	+0.5%	
	2009.11.10	대청해전	+0.3%	
	2010.03.26	천안함 사태	+0.6%	
	2010.11.23	북, 연평도 포탄 발사	−0.8%	

자료: 각종 언론보도 자료, 우리투자증권 리서치센터

성하고 있다. 국내에서 북한에 반격을 가해야 한다는 여론이 크게 높아지고 있기 때문이다. 전면전의 위험에도 불구하고 상당한 타격을 주자는 주장이 대부분이다. 이렇게 되면 비합리적인 북한의 전략이 어디로 튈지 가늠하기 힘들다. 다른 한편으로는 북한 경제의 심각한 피폐화 역시 우리에겐 큰 리스크가 되고 있다. 혹자는 북한 체제의 붕괴 우려가 기우라고 지적하지만, 체제 세습에 이은 붕괴 위험이 그 어느 때보다도 더 심화되고 있다. 이 같은 상황에서 어떻게 북한 리스크를 극복해 나가야 하는가? 무엇보다도 내부 컨센서스 확립과 누구에게나 신뢰받을 수 있는 일관된 대응이 중요하다. 국론 분열과 정부의 어정쩡한 대응이 지속된다면, 북한 리스크는 점점 더 우리를 곤궁에 빠지게 할 것이다."

긴 글을 그대로 소개한 것은 북한 리스크를 결코 쉽게 생각해서는 안 된다는 점을 강조하고 싶어서다. 우리는 마치 북한이란 나라가 우리와 아무런 관계가 없는 것처럼 생활하곤 한다. 그러나 북한은 우리가 꼭 고려해야 할 투자 변수다.

물론 단기적으로는 북한 리스크를 크게 고려하지 않아도 된다는 주장에 더 무게가 실린다. 북한의 일련의 도발 이후 주가가 떨어졌다가도 곧장 회복하는 일이 반복됐기 때문이다. 많은 전문가들이 한국도 이스라엘처럼 북한과 대치한 안보문제에 '내성'이 생겼다는 분석을 내놓는다(〈매일경제신문〉, 2010년 12월 21일).

　"2008년 12월 27일 이스라엘은 '캐스트 레드'라는 작전을 펼치며 가자지구를 전격 공습했다. 이틀 뒤 에후드 바라크 이스라엘 국방장관은 반이스라엘 무장단체인 하마스에 대해 전면전을 선언했다. 불과 닷새 만에 하마스 최고위 지도자가 사망하고, 팔레스타인 사망자 수가 400명을 돌파했다. 이 과정에서 이스라엘군도 만만치 않은 피해를 입었다. 결국 이 사건은 프랑스와 이집트가 중재에 나서 휴전을 하면서 12일 만인 1월 7일 막을 내렸다. 이처럼 전쟁을 방불케 한 상황에서 이스라엘 금융시장은 어떻게 반응했을까? 이스라엘 TA25 주가지수는 사건이 터지기 직전 635에서 횡보를 거듭하다 오히려 올라 이듬해 1월 7일 695로 60포인트 상승했다. 환율은 셰켈당 3.862달러에서 강세로 돌아서 1월 7일 3.878달러로 마감했다. 중동 팔레스타인 등과 오랫동안 대치해온 이스라엘에서는 이처럼 웬만한 국지전에 금융시장이 거의 영향을 받지 않는다. 장소를 바꿔 이번에는 한국. 유엔에서 안전보장이사회까지 소집될 정도로 긴박감을 연출했던 연평도 해상 사격 훈련이 있었던 지난 2010년 11월 20일 증시는 장중 큰 폭 하락에도 코스피 2000선을 지키며 6.02포인트 하락 마감했다. 원화값은 오히려 달러당 2.70원 상승했다. 21일 코스피는 16.81포인트 올랐고, 원화값은 5.10원 떨어지는 데 그쳤다."

　이런 현상을 두고 시장에서는 우리나라 금융시장이 이스라엘과 마찬가지로 국가 리스크(지정학적 위험)에 상당한 내성이 생긴 것 아니냐는 분석을 내놓고 있다.

내성이 생긴 이유는 그동안 축적된 경험 때문이다. 북한 핵 실험이나 연평도 포격 등 그동안 대북 리스크 발발 시 단기 충격에도 중·장기적으로는 금융시장이 안정을 되찾은 경험이 쌓인 것이 결정적이라는 해석이다. 이런 사례가 반복되면서 대외 충격이 지속되는 시기가 갈수록 짧아지고 있다는 것이다.

2010년 12월 20일 주가가 장중 두 차례 하락을 딛고 'W'자 반등을 보인 것이나 원화값이 막판 강세로 돌아선 것이 바로 충격을 당일에 흡수한 증거라는 분석이다. 이스라엘 금융시장에 대한 외국인 시각도 이와 유사하다. 이스라엘에 투자하는 외국인들은 이슬람권과 충돌을 예상하고 들어가고 있고, 다만 이스라엘이 외부의 전면적인 공격으로 국가 존립까지 위협받는다고는 생각하지 않는다는 설명이다.

단기 북한 리스크에는 내성 생겼지만 북한 붕괴는 엄청난 사건

국제 금융가에서는 이스라엘에 비해 한국이라는 나라의 '국가 리스크(Country risk)'를 더 심각하게 바라보고 있다. 국가신용등급 추이를 보면 확연하게 드러난다.

한국과 이스라엘은 스탠더드 앤드 푸어스(S&P) 등급을 기준으로 똑같은 A를 받고 있지만 A를 받기까지 과정은 사뭇 다르다. 이스라엘은 1988년 BBB- 등급을 받은 이후 경제 성장을 통해 등급을 꾸준히 올린 끝에 2007년 11월 이후 A를 유지하고 있다.

반면 한국은 여전히 외환위기 이전 등급인 AA-를 회복하지 못하고 있다. 바로 국가 리스크 때문이다. S&P는 한반도의 지정학적 위험을 가장 큰 이유로 지목하고 있고 위험에는 국지전, 북한 핵 등과 함께 통일 비용 부담도 포함된 것으로 본다.

아무튼 투자자라면 북한이라는 변수를 장·단기적으로 관심 있게 지켜봐야 한다. 특히 북한의 붕괴라는 메가트렌드도 늘 염두에 두고 투자해야 한다. 북한이 무너진다면 증시는 어떻게 될 것이며, 외국인 자금이 이탈하지는 않을지, 또 어떤 기업에 투자해야 하는지 생각해볼 게 많다.

필자도 이 문제에 대해 답을 내리기는 어렵다. 가치투자자로 유명한 박경민 한가람투자자문 사장도 늘 이 화두를 안고 산다고 했다. 당장 일어날 일은 아니더라도 북한 붕괴라는 메가트렌드가 그리 멀지 않은 미래에 닥칠 것이라고 믿기 때문이다. 필자를 포함해 많은 전문가들의 생각이다.

박경민 사장은 "불가피하게 초래될 정부부채의 급증과 가계 부문의 조세부담 확대는 한국 경제의 위기대처 능력을 약화시킬 것"이라며 "남북한 통합과정에서 비용관리가 제대로 안 될 경우 한국 경제는 중단기적으로 과도한 비용부담으로 인한 저성장·고인플레이션의 악순환에서 벗어나기 힘들 것"이라고 예측했다.

독일은 좋은 사례가 될 것 같다. 1989년 11월 베를린 장벽 붕괴 직후 독일 주가는 9개월간 32% 상승했지만 막대한 통일비용 우려로 1990년 7월 고점 대비 공식 통일날짜인 1990년 10월 3일까지 25% 급락했

다. 이후 내수 확대 등의 호재로 주가는 다시 올랐는데, 남북한 통일은
독일보다 훨씬 변동성이 클 수 있다.

요즘 북한에도 한류 바람이 불고 있다고 한다. 북한에도 컴퓨터가 보
급되면서 DVD 등으로 남한의 드라마와 영화가 빠르게 전파되고 있고,
일부에선 남한의 TV를 직접 시청한다고 한다.

북한에 물자 공급이 원활하지 않자 중국과의 국경지대 장터가 활성
화되면서 이곳이 정보공유의 장의 역할을 한다고도 한다. 아프리카와
중동의 민주화 운동도 그대로 전해진다고 한다. 남한 등 바깥세상이 내
부로 알려지면 알려질수록 북한의 폐쇄사회는 견뎌내기 어렵다. 통일의
길도 빨라질 수 있다. 미리 마음의 준비를 해두고 투자전략도 천천히 세
워둬야 한다.

06

그린 시대는 올 수밖에 없다

··· 2차 전지업체는 제2의 삼성전자 된다

2010년 12월 미국 디트로이트에 출장을 다녀왔다. 미안한 이야기지만 디트로이트는 별로 매력이 없는 도시다. 호숫가이긴 하지만 도시 자체의 풍광이 그리 예쁘지 않다. 그저 거대하면서도 왠지 우울한 공업단지에 온 느낌이다.

잘 알려졌지만 디트로이트는 미국 자동차 산업의 본산으로 별칭도 '모터시티(Motor city)'다. 미국의 3대 자동차인 GM·포드·크라이슬러의 본사와 공장이 자리 잡았다. 하지만 도시는 쇠락의 길을 걷고 있다.

미국 역사를 볼 때 디트로이트가 조롱거리가 된 건 매우 이례적이다. 자동차산업으로 미국 경제를 일으킨 디트로이트는 1950년대만 해도 미국의 4대 도시였고 최대의 공업도시였다. 그러나 1950년을 정점으로 인구가 줄었다. 도요타와 혼다를 앞세운 일본 자동차가 미국 본토에 들어서면서 미국 자동차 산업이 흔들렸다. '한 번 1등은 영원한 1등'이라는 생각에 안주했던 미국 기업은 한참 아래로 봤던 한국 자동차 기업에도 시장을 내줬다. 2009년 GM과 크라이슬러가 파산했을 때는 그야말로 최악이었다. 실업률은 24%까지 치솟았고 거리는 실업자들과 노숙자로 가득 찬 범죄의 도시가 됐다. '로보캅'의 배경이 디트로이트 다운타운이 된 데는 이런 배경이 깔려 있다.

필자가 디트로이트 이야기를 길게 한 이유는 이렇게 무시당했던 디트로이트가 변하고 있다는 점을 말하고 싶어서다. 디트로이트의 자동차 회사는 지금 새로운 화두에 매달리고 있다. 바로 '전기차'다.

디트로이트에 자리 잡은 GM 본사 전경.

2010년 GM이 4년간의 연구 끝에 야심 차게 내놓은 전기차가 시보레 '볼트(Volt)'다. 이 자동차가 2010년 12월 16일 처음으로 미국 뉴저지에 사는 고객에게 배달됐을 때, 언론들은 '미국이 다시 게임판에 돌아왔다(America is back in the game)'며 대대적으로 보도했다. 미국은 휘발유 엔진 자동차에서 일본과 유럽에 밀린 자존심을 회복하겠다는 의지가 매우 강력하다. 심지어 도요타의 인기 하이브리드카인 '프리우스'와 '볼트' 간의 대결로 압축하며, 이를 '미국 vs. 일본'의 구도로 이해할 정도다.

미국만 이렇게 전기차에 열광할까? 아니다. 일본도 유럽도 마찬가지다. 르노닛산은 양산형 순수 전기차 '리프(Leaf)'를 내놓았다. 이 차는 200~240V 가정용 전원을 이용할 경우 7~8시간에 배터리가 모두 충전돼 160km를 달린다. 휘발유 환산연비가 리터당 50km에 달하는 것으로 알려졌다.

카를로스 곤 르노닛산 회장은 2011년 신년을 맞아 〈매일경제신문〉과 서면 인터뷰(2011년 1월 15일)를 했다. 그는 "전기차의 미래에 대해 단 한 번도 의구심을 가진 적이 없다"며 "리프 이후로 3종의 전기차 모델을 더 준비 중"이라고 밝혔다.

전기차라는 개념이 나온 건 이미 100년 전의 일이다. 또 최근 10년 새에도 전기차에 대한 논의가 무성했다. 또 가격이 비싼 반면 휘발유차에 비해 그리 연비가 뛰어날 것이 없다며 폄하하기도 한다.

그러나 필자가 볼 때 이제 전기차의 때가 온 것 같다. 전기차의 핵심 기술은 배터리인데 배터리 기술이 발달하면서 효율성도 높이고 값도 떨어지고 있다. 상용화할 수 있는 기반을 닦게 된 것이다. 미국이든 일본이든 '녹색'이라는 화두는 이제 우리 일상으로 다가왔다. 이를 토대로 기업이 성장하고 있으니, 주식시장에도 영향을 끼칠 것만은 분명하다.

자원고갈 현상, 새로운 투자 기회다

2011년 북미국제오토쇼(디트로이트모터쇼)에서 최대 화제는 중국의 자동차 업체 비야디(BYD)였다. 이 회사는 전기차로 미국시장을 공략하겠다고 선언했다. 마이클 오스틴 BYD 아메리카 부사장은 "미국시장에 정착하는 데 일본차가 20여 년, 한국차는 10여 년 걸렸지만 우리는 5년 만에 해내겠다"고 자신만만해 했다.

잘 알려진 것과 같이 '투자의 달인'으로 꼽히는 워런 버핏이 이끄는 버크셔 해서웨이가 2008년 이 회사 지분 10%를 인수했다. 버핏은 2010년 중국 BYD 본사를 방문해 "미래 전기차시장을 이끌 회사"라며 찬사를 쏟아내기도 했는데, 투자의 세계에서 전기차 테마는 한동안 이어질 게 분명하다.

전기차는 하나의 예에 불과하다. 조용준 신영증권 리서치센터장은 국내에서 손꼽히는 녹색성장주 전문가로 매일경제신문 증권부 기자들과 함께 《녹색성장주, 제2의 삼성전자를 잡아라》라는 베스트셀러를 내

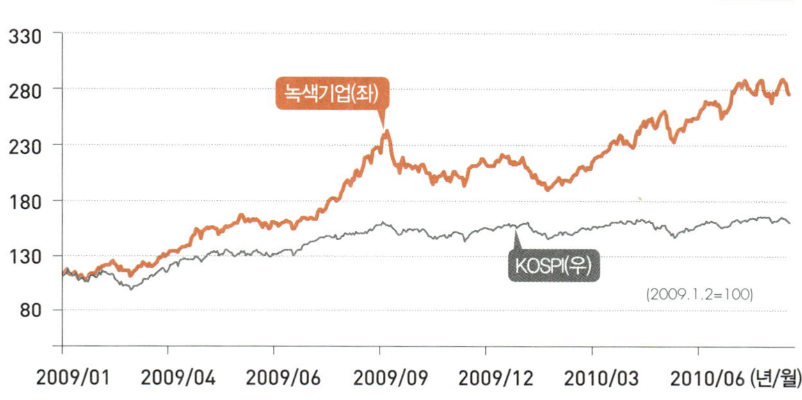

자료: 신영증권 리서치센터

기도 했다. 그는 이렇게 묻는다.

"지구평균기온 2도 상승 시 동식물 40% 멸종, 3~4도 상승 시 인구 2억 명 이주, 중국이 에너지 소비국 1위로 부상하면서 전 세계 화석연료 부족과 환경오염문제 제기, 한국은 에너지의 97%를 수입에 의존, 유가 200달러/배럴 상승 시 경제 위기 봉착. 이 세 가지 멘트를 읽었다고 하자. 무슨 생각을 해야 할 것인가?"

조 센터장은 이런 현상을 보고 "내가 생전에는 벌어지지 않을 일"이라고 외면해서는 안 된다고 했다. 이런 현상을 보고 '그린'이라는 화두를 끌어낸 사람들이 분명 있기 때문이다.

그는 "리터당 17km 미만의 연비를 내는 차량에 대해 규제를 가한다"는 소식을 보면 "하이브리드카를 비롯한 친환경 자동차가 탄생하겠구나”라고 예견하고 관련 주식을 살펴봐야 한다고 했다. 또 “탄소배출량을 종량화하겠다”는 법규가 나오면 풍력과 태양광 사업의 급성장을 점쳐야 한다고 강조했다. 과거 ‘경제성장=환경훼손’ 논리였다면 앞으로는 “환경을 개선하는 사업으로 경제도 성장시킨다”는 패러다임으로 가야 한다는 것이다.

LG화학과 삼성SDI를 주목해야 하는 이유

‘그린 시대’라는 관점으로 투자의 기회를 살펴보면 좋은 종목은 널려 있다. 산업군을 크게 보면 전기차의 성장에 따라 2차전지시장이 열릴 것이고, 전력수요를 낮추면서도 환한 빛을 내는 LED 산업이 발전할 것이다. 화력을 대신할 풍력과 태양광·원자력도 떠오를 산업이다.

한국은 ‘녹색 경제’라는 글로벌 트렌드에 잘 안착했을까? 그렇다고 답해도 좋다. 글로벌 녹색시장에서 경쟁할 만한 좋은 기업들이 많다.

대표적인 기업이 LG화학이다. 정보통신 혁명을 가져온 IT산업의 핵심이 반도체라면 녹색산업의 반도체는 2차전지다. 2차전지란 한 번 쓰고 버리는 게 아니라 충전해서 계속 쓸 수 있는 재충전용 전지(Rechargeable battery)를 말한다. 전기차는 물론 휴대폰, 노트북, 전동 칫솔 등 각종 가전제품 등에서 지속적으로 충전해 쓰는 배터리를 총칭한다.

전기차 시대가 열리면 2차전지 업체도 활황을 맞을 수밖에 없는데, LG화학이 2차전지의 대표기업이다. LG화학은 GM ‘볼트’의 2차전지도 독점 공급하고 있고 현대기아자동차는 물론 중국의 장안기차, 유럽의 볼보 등으로도 판매망을 넓혔다.

2010년 기준 가전제품용까지 포함한 2차전지 전체 시장에서 1위를 달리는 삼성SDI의 성장성도 밝다. 2010년 말, 2차전지의 핵심인 리튬이온전지시장에서 삼성SDI가 산요를 제치고 처음으로 1위에 올랐고, LG화학은 소니를 누르고 3위에 올랐다. 국가별 점유율에서 일본이 42%로, 35%인 한국을 앞서지만 아성은 무너졌다.

〈이코노미스트〉(1073호)에서 다룬 2차전지 관련 기사 내용이다.

"삼성SDI와 LG화학은 10여 년 전 이 시장이 뛰어들었는데, 삼성SDI는 10년간 1조 3,000억 원을 투자해 기술을 키웠다. 일본 소니가 리튬이온을 개발한 게 1991년이다. 쉽게 말해 10년을 따라잡았다. 일본이 특허와 기술을 장악했던 니켈계 2차전지를 포기하고 과감하게 리튬계 2차전지 분야에 집중했기 때문이다."

한국 기업들은 선발자의 경로를 따라가지 않고 기술 비약을 통해 추격했다. 2차전지시장에서 한국 기업의 경쟁력을 믿어도 좋다.

신재생에너지 쪽으로 눈을 돌려보자. 태양광 발전은 일종의 반도체 산업이다. 풍력은 선박 엔진의 반대원리로 이해하면 된다. 그런데 한국은 세계 최고 수준의 반도체·조선·발전기술을 갖고 있으니 한국에 녹색 경제의 대표기업을 갖고 있다고 해도 과언이 아니다.

태웅, OCI 등 관련 기자재 및 소재업체의 경쟁력도 세계적인 수준이다. 태웅은 2010년 상반기에만 풍력 발전 단조품시장에서 1억 3,000만 달러의 수출실적을 냈다. OCI는 태양전지 셀 제조에 이용되는 폴리실리콘시장에서 이보다 많은 4억 2,000만 달러 수출을 기록했다.

국내 증시의 큰손인 미래에셋자산운용이 2011년 들어 포트폴리오에 변화를 보였다. 미래에자산운용은 현대차 지분의 8%를 보유했었는데, 1년 새 5% 미만으로 떨어뜨렸다. 반면 현대중공업과 OCI 등 녹색 관련 주의 비중을 늘렸다(〈매일경제신문〉, 2011년 2월 9일).

이것이 뭘 의미하는지 독자들도 잘 알 것이다. 이런 흐름이니 '투자 좀 한다'고 어디서 이야기하려면 '녹색'이라는 화두부터 꺼내는 게 당연하지 않겠는가?

07 테러사건이 다시 발생한다면?

벌써 10년 전의 일이 됐다. 2001년 9월 11일 오전 8시 45분, 미국 뉴욕에서는 믿기 어려운 일이 벌어졌다. 비행기 두 대가 뉴욕의 대표적인 건물인 세계무역센터(WTC) 쌍둥이 빌딩에 떨어진 것이다. 빌딩은 순식간에 무너졌고 3,000명 이상의 무고한 사람이 생명을 잃었다. 테러였다. 필자도 한국시간 오후 5시께 벌어진 이 충격적인 사건을 CNN 생중계로 보면서 충격에 휩싸였던 기억이 난다. 아마 전 세계의 많은 사람들이 그랬을 것이다.

당연히 금융시장도 반응했다. 9·11 테러 이후 뉴욕 증시는 4일간 휴장했다. 다음주 월요일인 17일 다시 문을 열었는데 1주일 동안 다우존스지수는 14.5%나 폭락했다. 1929년 대공황 이래 70년 만에 최대 하락폭이었다. 국내 증시도 폭락을 피하지 못했다. 9월 12일 개장하자마자 떨어지더니 하루 동안 12%가 빠졌다.

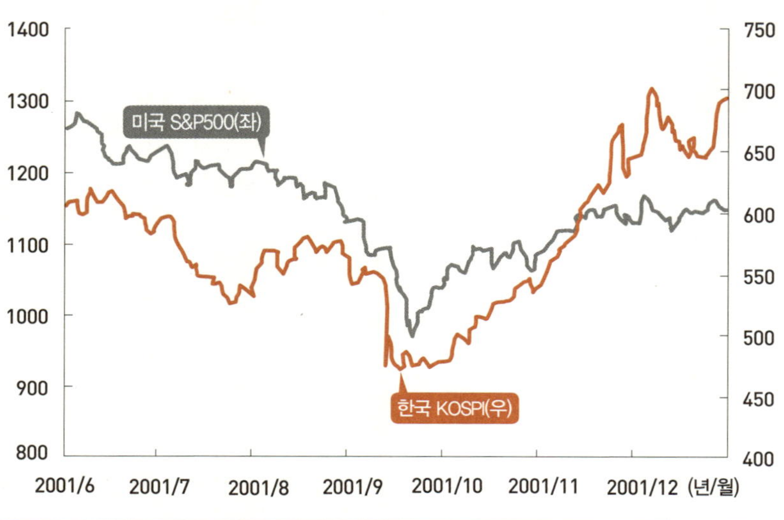

그러나 상상하기 싫지만 이런 질문을 던져보자. 9·11 테러와 같은 충격적인 사건이 또 발생한다면 주식을 팔겠는가, 사겠는가?

당연히 사야 한다. 당장은 불안해 보여도 기업의 가치를 훼손시키지 않는 충격파는 곧 회복해왔던 게 증권시장의 생리였다. 9·11 테러 이후 주가는 어땠나? 얼마 지나지 않고 심리적인 충격이 사라지자 곧장 우상 승곡선을 그렸다.

국내 주식시장도 이내 회복했다. 테러 이후 474포인트에 불과했던 주 가는 불과 6개월 후인 4월에 950포인트까지 올랐다.

필자가 서울대 경영대학원에 다닐 때 재무관리 강의를 맡았고 한화

9·11 테러는 금융시장에 커다란 충격을 줬다. 그러나 기업 본질가치는 훼손하지 않았고, 주식시장은 곧 안정을 찾았다.

그룹 부사장을 역임한 A 박사는 당시 9·11 테러를 보고 주저 없이, 모을 수 있는 돈을 최대한 모아 삼성전자를 샀다고 한다. 테러 전 삼성전자의 주가는 30만 원대였는데, 테러 이후 13만 원대까지 떨어졌다. 그의 판단에 이것은 삼성전자라는 기업 가치를 봤을 때 절대 용납할 수 없는 수준이었다는 것이다.

아닌 게 아니라 그 뒤 얼마지 않아 삼성전자의 주가는 우상승곡선을 탔다. 잘 알다시피 2011년 현재 삼성전자는 100만 원을 넘어선 바 있다. 그는 투자한 지 얼마 되지도 않아 원금의 몇 배에 달하는 수익을 냈다. 그러면서 학생들에게도 한마디 던졌다.

"심하게 말해 삼성전자가 망하면 나라도 망하는 거야. 아무리 따져봐도 그렇게 하락할 이유가 없지. 투자는 이렇게 하는 거야."

기업경쟁력을 해치는 것인지 아닌지 판단이 중요

굳이 9·11까지 갈 것도 없다. 증시에는 북한 리스크라는 게 있다. 남북 관계가 악화될 때마다 주가가 떨어지는 것이다. 2002년 북한이 핵동결 해제를 선언했던 때 코스피는 전일 대비 2.4%가 올랐다. 반면 2006년 10월 핵실험 실시를 발표했을 때는 반대로 2.4%가 떨어졌다. 핵이라는 이슈가 불거지자 주가가 크게 요동을 친 것이었다. 그러나 핵을 포함한 미사일 발사, 직접적 교전, 대치 국면 등의 북한 관련 어느 이슈에서도 잠시 1~2%씩 움찔움찔했지만 결국은 제자리를 찾았다.

2008년 리먼 브라더스 파산사태도 엄청난 사태였다. 2000을 넘기던 코스피지수는 800선까지 빠졌다. 금융위기는 9·11 테러에 비해 단발성 사건이라고 하기는 어려웠다. 그래서 사람들은 더욱 불안해했고, 많은 전문가들이 이렇게 외쳤다.

"This time is different(이번에는 다르다)."

이 말은 대체로 거품 경제 시기에 거품이 아니라고 주장하는 애널리스트들이 주로 쓰는 말이기도 하다. 그러나 그 반대로 위기 때에도 똑같은 단어를 쓰곤 한다. 과거에는 주가가 반등했지만 이번에는 고꾸라질 것이고 주장하면서 이 말을 했다.

실제로 금융위기 때에는 많은 투자자들이 주식시장에 돈을 묻기를 두려워했다. 주로 강세장을 외치는 증권사 보고서들마저 보수적으로 바뀌었다. 2010년 주식시장을 예상하는 2009년 말 증권사의 연말 보고서는 비관론까지는 아니더라도 강한 상승을 외치는 데 주저했다.

그러나 구조적인 문제까지 수반한 금융위기 이후에도 주가는 꾸준히 올랐다. 지금 코스피지수는 2008년보다 2배가 넘게 뛰었다. This time was not also different(이번에도 역시 다르지 않았다)!

중국 쇼크가 온다면 사라

2011년 들어 '중국 쇼크'가 올 것인가에 대한 논란도 많다. 국내에서 중국 쇼크라는 용어는 2004년 4월 말 한국 증시가 폭락했을 때 처음 등장했다. 당시 코스피가 940대에 근접하면서 '1000시대'에 대한 기대감이 팽배했는데, 원자바오 중국 총리가 긴축 의지 발언을 하면서 단기간에 코스피가 200포인트 이상 폭락했다. 그 해 8월 초까지 4개월간 충격에서 헤어나지 못했다.

당시에 이런 현상은 주기적으로 반복됐고 언론에서도 '중국 쇼크'라는 말을 자주 써왔다. 그러나 지금 어떤가? 중국과 한국이 밀접하게 관련된 것은 분명하지만 중국 긴축에 크게 흔들리지 않는다.

2011년 중국은 춘절 연휴 마지막날 기준금리를 0.25%포인트 올렸다. 그러나 시장은 크게 반응하지 않았다. 서재형 한국창의투자자문 대표의 비유를 따르면 이미 예견된 정책으로, '엑셀레이터에서 발을 떼는 정도이지 브레이크를 밟는 수준은 아니었던' 것이다.

2004년 코스피지수가 200포인트 떨어졌을 때, 또는 이후에 중국 쇼크가 올 때마다 이후 주가가 다시 회복하는 것을 보며 '왜 그때 못 샀을까' 하며 땅을 치는 투자자들이 많았다. 그런 실수를 반복하지 않기를 바란다.

기업 이슈에서도 마찬가지다. 2010년 9월 신한금융지주의 주가가 흔들거렸다. 라응찬, 신상훈, 이백순 등 3명의 신한의 핵심 수장들이 소송에 휘말리면서 기업이 위기에 처했기 때문이다. 신한금융지주의 시가총액은 순식간에 1조 원 이상 빠졌다. CEO의 지배구조 문제는 쉽게 넘길 사안은 아니다. 때로는 망하게 할 수 있을 정도로 기업을 위기에 빠뜨리기도 한다.

하지만 이번은 달랐다. 신한그룹 내부의 목소리었든 아니면 외부의 압력이었든 간에 어떤 형식으로든 빠른 시일 내에 종결 지을 사안이었다. 이사회가 신속하게 모여 후속대책을 논의하기도 했다. CEO의 갈등을 제외하면 기업가치를 해칠 만한 일은 없었다.

세 명의 경영진이 물러나고 새로운 리더십이 형성되면서 주가도 곧장 회복했다. 2010년 4월 5만 1,000원 고점에는 미치지 못하지만 4만 4,000원 선까지 떨어졌던 주가는 5만 원대까지 올라섰다.

본질적인 가치가 훼손되지 않는 한 단기 악재는 그야말로 투자기회다. 이것이 투자의 정석이다.

정부 정책에 맞는 기업은 분명 있다

· · · 안보가 불안하면
국방 테마 주목하라

투자자의 입장에서 보면 정부는 돈줄이다. 정부가 의욕을 가지고 추진하는 정책사안에는 막대한 자금이 몰린다. 이 돈은 개발에 참여하는 기업으로 흘러 들어가고 기업 이익을 높이는 데 기여한다.

이명박 정부가 4대강을 개발하려고 하자 관련 기업들이 들썩거렸다. 또 녹색산업을 양성한다고 하자 태양광 업체 등의 주가도 상승곡선을 그렸다. 결과적으로 보면 2010년에는 3DTV, 전기차, 원자력발전, 고속철도, 태양광 등과 같은 종목들이 돋보였다.

정부가 새로운 국정 화두로 '상생'을 내걸었는데, 대기업뿐만 아니라 중소기업도 함께 성장하게 만들겠다는 취지였다. 그렇다면 대기업과 협력관계에 있는 중소기업에 관심을 둬야 한다. 이처럼 정부 정책은 그것 자체가 바로 돈으로 직결된다. 정부가 존재하는 한 정부는 최대의 자금원이다. 예산이 어디로 투자될지 촉각을 곤두세워야 한다.

2011년에는 어떠한 정책들이 쏟아질까? 증권업계의 의견을 종합하면 국방·사회간접자본(SOC)에 예산이 확연하게 늘어나는 것으로 나타났다.

2010년 천안함 피격 사건과 연평도 포격 등 북한의 도발이 극에 달했다. 이를 계기로 서북 도서에서 전력을 보강하고 무기 현대화에 나서기로 했다. 예산도 2010년 대비 6% 이상 증가한다. 또 정부는 국방 선진화를 위해 산업발전 전략을 방위산업을 내수에서 수출 중심으로 바꾸기로 했다. 방위산업이 한 단계 도약할 수 있는 기반을 닦을 수 있게 된 것이다.

김승한 우리투자증권 연구원은 보고서에서 이렇게 밝혔다.

"방위력 개선을 위한 국방예산이 늘어나게 되고 방산물자의 수출 강화정책이 본격적으로 추진된다. 방위 관련 산업을 하고 있는 현대중공업, 대우조선해양, S&T대우, S&T중공업, STX엔진, 삼성테크윈, 풍산, 휴니드, 퍼스텍 등을 주목하라."

SOC도 예산이 6,000억 원 가까이 늘어나 철도·고속도로 건설 등 교통망 구축사업에 투입된다.

좀 더 길게 보면 정부 정책을 통해 얻을 수 있는 아이디어가 많다. 대표적인 게 IT산업의 융복합 현상과 신재생에너지산업 육성이다.

IT산업은 이제 통신 등과의 융복합 단계에 들어섰다. 2010년 스마트폰으로 모바일시대를 본격적으로 열었다. 앞으로는 스마트TV, 통신의 4G 등에 정부의 관심이 쏠릴 수 있다는 게 증권가의 분석이다. 실제로 지식경제부는 2011년 소프트웨어(SW)·시스템반도체 동반성장 전략 등 IT융합 핵심역량을 강화하는 데 중점을 둘 예정으로 IT산업 1조 2,000억 원 이상의 예산을 투입하기로 했다. 오성진 현대증권 리서치센터장의 분석을 들어보자.

"정부가 산업융합촉진법 입법예고를 마쳤는데, 산업융합은 사업 간, 기술과 산업 간, 기술 간의 결합과 복합화가 진행된다. IT가 소프트웨어와 합쳐지고, 바이오와 또는 나노기술과 합쳐질 것이다. 최근 미국 IT산업의 트렌드도 마찬가지다."

IBK투자증권은 이 밖에도 바이오, 헬스, 전기차, 원전, LED, 신재생에너지 등을 꼽았다. 필자가 몇 차례 언급한 적이 있지만 녹색산업은 한국뿐만 아니라 미국, 유럽 등 선진국들이 핵심 정책과제로 꼽고 있기 때문에 지속적으로 관심을 가져야 한다.

정부 정책 따라 스타 기업도 몰락하는 기업도 나온다

정부가 돈줄로서의 역할을 할 뿐만 아니라 시장의 규칙을 정하는 중요한 일도 한다. 정책을 방향을 어떻게 잡느냐에 따라 사는 기업이 생기고 또 죽는 기업이 생긴다.

2010년 12월 28일 건설업종이 갑자기 급등했다. GS건설 등이 9% 이상 오르는 등 그날 건설업종은 가장 높은 상승률을 보였다. 이날 건설주의 급등은 정부가 민간주택 건설 활성화 정책을 적극적으로 추진하겠다는 발표가 나왔기 때문이었다.

국토해양부는 민간택지 분양가 상한제 폐지(서울 제외) 등 분양가 규제를 개선하고 미분양 주택 해소와 건설업계 자금난 완화를 위해 환매조건부 미분양 매입대상 주택을 수도권까지 확대한다.

이런 정책 하나하나는 건설기업에 영향을 끼친다. 물론 주의해야 할 점도 있다. 정부의 정책이 정권 내내 일관성 있게 추진되지는 않는다. 예를 들어 4대강은 건설업종의 중대한 정책 테마였지만 야당의 반대 등으로 지지부진하면서 주가에 큰 영향을 끼치지 못했다.

결국 시장의 호응을 얻으며 꾸준히 진행될 수 있는 정부정책을 찾아 내고 이와 관련된 주식에 장기 투자해야 하는 것이 중요하다. 정부 정책을 단기테마로 활용하기엔 그 위험성도 크다.

오바마 대통령의 국정연설도 좋은 투자 화두

한국뿐만 아니라 미국 등 강대국의 정책도 살펴야 한다. 2008년 금융위기 이후 미국 경제는 매우 힘든 시기를 겪고 있다. 일부 전문가들은 미국이 제조업에서 금융중심으로 산업을 개편했다가 불의의 일격을 받았다고도 한다. 버락 오바마 대통령은 위기 회복의 카드로 에너지 산업 육성을 들고 나왔다. 그는 취임 뒤 경기부양금액의 약 12%인 900억 달러를 청정에너지 산업육성에 배정하는 등 다양한 친환경정책을 써왔다.

그는 2011년 1월 임기 후반기 국정운영 청사진을 담은 국정연설을 하면서 '그린 플랜'을 함께 발표했다. 4년 내에 전기자동차를 100만 대

증권사들이 꼽은 오바마 국정 연설 테마주

구분	관련 종목	내용
IT	삼성전자, 하이닉스, LG전자, LG디스플레이	임기 말 오바마 정부 정책이 경제에 초점이 맞춰질 것으로 예상됨. 미국 경기회복과 소비확대에 가장 큰 수혜주
자동차	현대차, 기아차, 현대모비스, 만도, 글로비스, 한국타이어	한·미 자유무역협정(FTA) 의회 통과를 촉구하며 FTA 비준되면 자동차시장 확대되며 수혜
신재생에너지	(태양열) OCI, 현대중공업, 신성홀딩스, 한화케미칼, 웅진에너지, 주성엔지니어링, 오성엘에스티	오바마 대통령이 2035년까지 풍력과 태양광 등 청정에너지로 미국 전력 수요의 80%를 충족할 것으로 밝힘. 하이브리드 및 배터리 구동 자동차 수 증가 기대
	(풍력) 효성, 두산중공업, 태웅, 현진소재	
	(하이브리드카) LG화학, 삼성SDI, 엘앤에프, 테크노세미켐, 후성, S&T대우	

자료: 대우증권, 우리투자증권, 토러스투자증권, 현대증권

로 늘리고 2035년까지 에너지 수요의 80%를 청정에너지원에서 충당하겠다는 것이다. 실현가능성에 대한 논란이 없지 않지만, 어쨌든 이 방향대로 정부 자금이 흘러갈 것이다.

또 경제부양을 가속하겠다거나 한·미 FTA의 비준에 공을 들이겠다는 오바마 대통령의 연설을 토대로 볼 때 한국의 IT와 자동차 산업에 많은 기회가 열릴 수 있다는 점도 생각해볼 수 있다.

Part 4

좋은 기업을 낚는 눈을 키워라

01

망할 기업부터 가려내라

많은 사람들은 성공하고 주가가 오를, 이른바 '잘 나갈' 기업부터 투자종목으로 고른다. 하지만 필자의 생각엔 망하지 않을 기업부터 고르는 게 상책이다.

영원불변의 기업이란 없다. 그 위대하던 기업도 한순간에 무너진다. 2008년 당시 경제전문지 〈포춘(*Fortune*)〉 500대 기업 중 156위를 차지한 베어스턴스(Bear Stearns)는 굴욕적인 협상 끝에 JP모건체이스에 인수됐다. 리먼브러더스(Lehman Brothers)는 158년의 역사를 뒤로 하고 파산했다.

한국 기업은 어떤가? 10년 전, 20년 전의 재계 100대 기업과 지금을 비교해보라. 역사 속으로 사라진 기업이 하나 둘이 아니다. 세계를 호령했던 대우그룹도 공중분해됐고, 쌍용도 그 힘을 잃었다.

그렇다면 망하지 않을 기업을 어떻게 고를 수 있을까? 사실 이것만큼 어려운 것도 없다. 유명한 기업경영 저술가의 견해를 빌려보자.

짐 콜린스는 10년 전《좋은 기업을 넘어, 위대한 기업으로》라는 초대형 베스트셀러를 냈다. 그는 2010년《위대한 기업은 다 어디로 갔을까》라는 책을 내어 기업이 몰락하는 과정을 살폈다. 그가 말한 5단계를 주목해볼 만하다.

1단계는 성공으로부터 자만심이 생겨나는 단계다. 아날로그 시대 때 무선통신시장의 절대강자였던 모토로라는 디지털로 급속히 변하는 시장 환경을 무시하다 삼성전자 등 경쟁사들에게 밀렸다. 2단계는 원칙 없이 더 많은 욕심을 내는 단계다. 한때 월마트보다 잘 나갔던 유통업체인 에임스는 본업인 할인점 사업을 버리고 대형 백화점을 무차별적으로 인수하다 쇠락의 길을 걷고 말았다.

3단계는 '위험과 위기의 가능성을 부정하는 단계'다. 뱅크 오브 아메리카에 합병된 메릴린치가 좋은 사례다. 메릴린치는 주택시장의 거품 붕괴를 외면하고 레버리지 투자를 확대했다가 피인수되는 수모를 당했다. 이후 4단계로 '구원을 찾아 헤매게 되고', 결국 마지막 단계로 '유명무실해지거나 생명이 끝난다고 했다.

짐 콜린스의 분석에 공감하는가? 그는 글로벌 기업을 대상으로 분석했지만 이 조건을 국내 기업에도 충분히 적용시켜 볼 수 있다. 망하는 기업이 소리소문 없이 시장에서 사라진다고 하는데 다 증상이 있기 마련이다.

에릭 플램홀츠의 《기업 성장을 방해하는 10가지 증상》에 나오는 얘기다. 그는 기업은 반드시 성장통을 겪게 되는데 그 성장통을 잘 극복하지 못하면 기업이 제대로 살아남기 어렵다고 주장했다.

예를 들어 직원들이 자기가 해야 할 일이 무엇인지 동료들의 일이 무엇인지도 모르고 서로 업무 관계에 대해서도 명쾌하지 않거나, 회사가 수익을 내는 데 공을 들이지 않고 덩치(매출)를 키우기 위해서만 안간힘을 쓰거나 하면 그 기업은 매우 불안하다. 또 장기적인 비전이 없어 단기적인 문제에만 골몰하는 경우도 다시 봐야 한다. 이처럼 투자의 기본은 망하지 않을 기업을 찾는 것이다.

2010년 증시에서는 많은 기업이 상장 폐지됐다. 상장 폐지되면 주식은 휴지조각이 돼 버린다. 10~20%의 수익을 내는 것도 중요하지만 가진 모든 것을 잃지 않는 것은 더욱 중요하다.

한창 잘나가던 섬유기업들은 어디로 갔나

망하지 않는 기업을 고른다는 얘기는 장수기업을 고른다는 말과 같다. 주식을 투자할 때 가장 고려해야 할 점이 '지속가능성'이다. 스타 펀드매니저로 이름을 날린 조세훈 이룸에셋 대표의 경험담이다.

"1994년 나는 홍콩에서 근무하고 있었다. 당시 맡은 업무는 외국 펀드매니저들에게 국내 투자기업을 추천하는 일이었는데 한번은 국내 섬유산업을 분석하는 애널리스트들을 불러 펀드매니저에게 소개했다.

당시 펀드매니저는 가치주로 유명한 대한화섬, 태광산업, 방림, 새로운 레이온 공법을 발명했다는 재료로 주가가 올라가던 갑·을과 같은 종목을 추천했다.”

그랬더니 한동안 듣고 있는 영국계 펀드매니저가 이렇게 말했다고 한다.

“당신이 설명한 종목은 밸류에이션으로 주가가 싸게 보이는 게 사실이다. 그러나 1970년대까지 영국에도 상장된 화학섬유회사들이 있었는데 20년이 지난 지금 이들 중 런던 증시에 상장되어 있는 회사가 하나도 없다. 한국의 섬유산업이 아직 돈을 잘 벌고 있는지 모르지만 20년 뒤에도 그럴 것이라고 생각하지 않는다.”

영국인 펀드매니저는 결국 섬유산업에 투자하지 않았다. 지금 돌이켜보자. 갑·을은 상장회사에서 보이지도 않고, 충남방적, 남영나일론, 신영와코루, 방림, 경방 등은 하나같이 시가총액이 형편없이 줄어들었거나 보유부동산으로 명맥을 유지하고 있다. 시가총액이 의미 있게 남아있는 경우는 자산가치가 컸던 태광산업인데 이 회사도 한동안 고전을 면치 못했다. 10년, 20년 뒤에도 살아남을 기업을 고르는 것은 매우 중요하다.

필자는 이른바 ‘평판’도 기업을 평가하는 매우 중요한 지표라고 생각한다. 평판은 많은 것을 포함한다. 한 사람이 다른 사람으로부터 ‘그 사람 괜찮다’라는 평판을 듣기 위해서는 정말 많은 긍정적인 성과가 있어야 한다. 기업도 마찬가지다. ‘그 기업 제품이 좀 이상해졌어’라는 평판을 듣기 시작하면 언젠가부터 시장에서 조금씩 사라져가는 게 이치다.

평판은 미래를 점칠 수 있는 많은 요소를 내포하고 있다. 실제로 평판이 나쁜 기업은 언론과 애널리스트들의 문구적 뉘앙스를 좋지 않게 바꾸고 주가에도 부정적인 영향을 준다는 연구 결과도 있다.

찰스 폼브런의 《명성을 얻어야 부가 따른다》라는 책을 보면 평판이 시장가치와도 상관관계가 있음을 알 수 있다. 다시 말해 기업의 평판을 포함한 무형의 자산에 가치를 부여할 수 있느냐의 문제였는데 코카콜라, 유니레버, 델, 화이저 같은 기업은 평판가치가 주가에도 반영되어 있었다. 그러나 평판이 좋은 기업에 투자하는 건 망하지 않는 기업을 고르는 좋은 지표가 되기도 한다.

결론. 기업을 분석할 때는 최소 10년 이상 망하지 않을 업종에 있는지, 경쟁력이 있는지를 먼저 살펴보자. 밸류에이션은 그 뒤에 따져도 늦지 않다.

02

기업 분석, 사람 분석이 첫째다

· · ·   실력 있는 CEO가 부임하면
주가는 오른다

국내 경영학계의 거두인 조동성 서울대 경영학과 교수는 기업을 분석하는 툴로 'SER-M'이라는 이론을 제시했다. 간단하게 설명하면 이렇다. 'S'는 'Subject'로 주체를, 'E'는 'Environment'로 환경을, 'R'은 'Resources'로 자원이다 이 세 가지를 움직이는 메커니즘이 'M(Mechanism)'이다.

이 분석툴은 기업을 이해하는 데 매우 유용하다. 주체적인 관점에서 CEO와 사람의 역할에 대해 고민하고, 기업의 성장에 영향을 주는 환경요인을 점검하고, 기업 경쟁력을 키우는 내외부 자원이라는 3대 관점에서 기업을 분석하는 것이다. 기업을 총괄적으로 이해하는 데 괜찮은 방식이다.

필자는 이 세 가지 가운데에서도 '사람'이 가장 결정적인 영향을 끼친다고 생각한다. 그중에서도 최고경영자(CEO)의 역량은 절대적이다. 한마디로 기업을 살릴 수도 있고 죽일 수도 있다. CEO는 주가에 해

건강 문제로 병가를 낸 스티브 잡스.

가 되기도 하고 득이 되기도 한다.

CEO 주가라는 말이 있다. 최고경영자의 경영능력이나 이미지에 따라 주식 가격이 오르내리는 현상이다.

2011년 1월 17일 뉴욕 증시에서 애플 주가가 하루아침에 4%나 떨어졌다. 그날 이렇게 시장에 영향을 끼칠 만한 뉴스는 단 하나였다. 애플의 CEO 스티브 잡스가 3번째 병가를 냈다는 소식이었다. 췌장암 수술과 간이식 수술을 받은 그는 보란 듯 병을 이겨냈다. 그러나 3번째 병가를 내자 투자자들은 스티브 잡스의 건강을 염려했고 주가도 요동쳤다. 스티브 잡스가 없는 애플은 지금 시점에선 상상할 수 없는 일이기 때문이었다.

2010년 말 일명 '신한 사태'가 있었다. 라응찬 신한지주 회장, 신상훈 신한지주 사장, 이백순 신한은행장 등 경영진 '빅3'가 비자금 조성, 금융

애플 주가 추이

(단위: 유로)

자료: 독일 프랑크푸르트 증권거래소

애플과 스티브 잡스

1976년	4월	잡스, 스티브 위즈니악과 1,300달러로 애플 컴퓨터 설립	2004년 9월	잡스, 8월 췌장암 성공적 수술 후 업무 복귀
1980년	12월	애플 기업공개. 상장 첫 날 시가총액 18억 달러 돌파	2007년 6월	아이폰 출시
1985년	9월	경영권 분쟁 끝 잡스 애플서 축출됨	2009년 6월	잡스, 간이식 수술 후 CEO 업무 복귀
1997년	7월	애플 경영위기 빠지자, 잡스 임시 CEO로 복귀	2010년 4월	애플, 태블릿 PC 아이패드 출시
2001년	10월	애플, 디지털뮤직플레이어 아이팟 출시	2011년 1월 17일	잡스, 전격적으로 병가

실명제 위반 등으로 고소·고발의 '진흙탕' 싸움을 벌이는 동안 주가는 곤두박질쳤다. 최고 경영진이 안정적으로 경영하지 못한 점에 대해 시장은 불안해했다. 사태가 일어나고 몇 개월이 지나 3명의 경영진이 사퇴하기로 하고 새로운 경영진이 선임되고 나서야 주가는 회복하기 시작했다.

태광산업은 2010년 말 오너가 검찰의 수사를 받자 주가가 올랐다. 수사를 통해 투명한 기업으로 바뀌면 좀 더 지속가능한 기업으로 성장할 것이라는 생각에서였다. 이렇게 CEO에 관한 작은 소식도 주가에는 큰 영향을 끼친다.

대한제당은 기업 오너인 설원봉 회장이 별세하자 주가가 상승했다. 고

인에게는 미안한 얘기지만 설 회장의 별세로 3세 경영이 본격화되고 보수적인 기업체질이 변할 것이라는 기대감이 주가를 끌어올린 것이다.

실적이 좋지 않은 CEO가 물러날 때도 주가는 반응한다. 한미약품의 경우 2010년 말 실적부진에 허덕이던 CEO가 사퇴하고 새 CEO가 부임하자 주가는 5% 이상 상승세를 탔다. 믿을 만하고 실력 있는 CEO가 왔을 때 주가의 상승폭은 더 크다.

CEO 효과로 웃는 기업도 있다. LG전자가 대표적이다. LG전자는 남용 부회장이 물러나고 오너인 구본준 부회장이 취임하자 강한 상승세를 보였다. 스마트폰시장에서 밀린 LG전자가 오너의 강력한 의지로 시장에서 자리매김하길 바라는 기대감이었다.

LG화학의 CEO로 김반석 부회장이 올라섰을 때도 그를 중심으로 인재들이 몰려들었다. 김 부회장은 즉각 구조조정을 단행하고 뚝심 있게 핵심사업을 밀어붙였다.

2010년 국내 최초의 여성 리서치센터장이라는 타이틀을 달게 된 윤서진 리딩투자증권 리서치센터장의 얘기다(〈중앙선데이〉, 2011년 1월 16~17일)

"기업을 분석할 때 무엇보다 최고경영자를 중요하게 생각한다. 기업이 새로운 걸 이뤄내는 것도 중요하지만 실수를 줄이는 게 중요하다. 기업에서 실수는 돈이다. 최고경영자가 뛰어나면 실수가 줄어든다. 예를 들어 아모레퍼시픽이 고성장할 수 있었던 배경에 서경배 사장의 경영능력을 빼놓을 수 없다."

최고경영자가 뛰어나면 기업의 실패 위험 줄어

과거 CEO 주가의 대표적인 인물은 서두칠 전 한국전기초자 사장이다. 2001년 7월 한국전기초자 주가가 거래 시작 1시간 만에 1만 4,000원이 떨어졌고, 다음날에도 하한가를 기록했다. 1997년부터 기업을 맡아온 서두칠 사장이 사임했다는 소식이 알려지면서였다.

서두칠 사장은 1997년 부채비율이 1,000%나 됐던, 사실상 죽은 기업인 한국전기초자를 회생시킨 주역이었다. 서 사장은 3년간 재임하면서 주당 3,300원이었던 주가를 한때 13만 원까지 33배 이상 끌어올렸다. 그런 그가 물러나면 한국전기초자라는 기업이 흔들릴 수 있다는 걱정에 주가가 급락한 것이었다.

반면 서 사장이 옮기기로 한 무선통신 전문업체 이스텔시스템즈(옛 성미전자, 현재 동원시스템즈)는 상한가를 기록했다. 한 사람의 CEO가 주가를 상한가에 오르게 할 수도, 하한가로 떨어뜨릴 수도 있다.

국내 대표기업인 삼성전자도 CEO의 긍정적인 리더십이 작용한 회사다. 이건희 삼성그룹 회장이 큰 그림을 그리면서 삼성전자를 잘 이끌어왔다는 점을 부인할 수 없다. 이와 함께 성장의 중요한 변곡점에서 윤종용 전 삼성전자 부회장은 큰 역할을 했다.

윤 전 부회장은 가전 3사 중 1개 사로 '여럿 중 하나(One of them)'에 불과한 삼성전자를 반도체 휴대전화 액정표시장치(LCD) 등의 사업을 키우면서 종합 IT회사로 바꿔 놓았다. 매출액은 1997년 18조 원에서

2005년 기준 57조 원으로 성장했고, 시가총액은 100조 원으로 늘어났다. 2011년 기준 삼성전자의 시가총액은 160조 원을 넘어섰다.

그는 안정적인 사업포트폴리오를 꾸려가면서 기업을 성장시켰고 투자자들은 그 과실을 얻을 수 있었다. 앞서 윤서진 리딩투자증권 리서치센터장의 코멘트를 인용했듯, 아모레퍼시픽의 서경배 회장의 탁월한 리더십, 성공적인 중국진출 전략 등도 주가를 끌어올리는 데 한몫을 했다.

CEO가 바뀌면 대체로 주가 상승

매경 애널리스트 평가에서 수차례나 베스트에 올랐던 조윤남 대신증권 리서치센터장은 CEO와 주가의 상관관계를 분석한 적이 있다. 그의 분석에 따르면 단정 지을 수는 없지만 CEO가 바뀌면 실적이 좋아지고 주가도 오른다. 2007년 자료를 토대로 분석해보니 대표이사 변경 1년 후 기업 매출이 증가한 기업이 83%였고, 영업이익이 개선된 기업은 63%에 달했다. 이처럼 CEO가 기업에 미치는 영향은 크다.

우리나라만 그런 게 아니다. 미국의 투자자들 가운데 10명 중 7명은 회사의 이름보다 CEO의 이름을 보고 투자대상을 고른다고 한다. 예를 들면 잭 웰치를 보고 GE에 투자하는 경우다.

지금 애플은 스티브 잡스를 빼놓고는 논하기 어렵다. 과거 스티브 잡스가 암 수술로 일시적인 경영공백기에 빠졌을 때도 애플 주가가 출렁였다. 아이팟 등 애플 제품의 판매 여부와 상관없이 CEO의 건강 악화

설만으로도 시장은 불안감에 휩싸였다.

경영진이 중요하다는 건 투자대가들도 한 목소리로 강조한다. 워런 버핏의 말이다.

"주식 투자는 간단하다. 기업의 내재가치보다 값이 싸고 성실하고 능력 있는 경영진이 경영하는 주식을 사면 된다. 그리고 그 주식을 오랫동안 보유하면 된다."

경제학자로 알려진 케인스도 투자의 대가로 이름이 높다. 그 역시 "잘 알고 믿을 만한 경영진에 투자하는 게 첫 번째 투자의 성공비결"이라고 밝힌 바 있다. 이처럼 좋은 기업을 '낚는' 비결은 기업 CEO를 보는 눈을 키우는 것이다.

CEO를 보고 판단할 때는 그 기업의 CEO가 얼마나 실적을 개선시킬 것인가가 1차 관전포인트다. 이후론 기업의 미래를 어떻게 바꿔나갈지 비전을 보는 것도 중요하다. 미래가 뚜렷한 기업의 주가가 오르기 때문이다. 월가에서 활약하는 한국인 애널리스트 존 리 씨가 말하는 훌륭한 경영자의 공통점은 이렇다.

훌륭한 경영자는 항상 회사의 상태를 최상으로 유지하도록 노력한다. 예를 들어 투자를 결정해야 하는 경우, 우수한 경영자는 투자의 수익과 필요한 자금수급, 투자로부터 발생하는 수익을 정확히 안다.

훌륭한 경영자는 회사의 주인인 주주들이 무엇을 원하는지도 안다. 내재가치보다 비싼 값을 주고 자산을 매입하거나 내재가치보다 싼 값에 신주를 발행하는 등의 행위를 해서는 안 된다는 사실을 잘 안다.

마지막으로 한 가지 기억하자. CEO 주가를 절대적이라고 단정하지 말자. 믿었던 CEO가 제대로 경영을 못하면 주가는 다시 하락한다. 그래서 주가상승이 임기 내 계속 이어지는 경우는 없다고도 한다.

CEO 건강 리스크

애플 최고경영자인 스티브 잡스가 2011년 초 세 번째 병가를 내고 경영일선을 떠나면서 CEO 건강이 주는 리스크에 대한 관심도 높아지고 있다.

잡스의 병가 소식에 뉴욕증시는 하루 만에 애플 주가가 4%나 떨어졌고, 독일에서는 애플 주가가 7%나 떨어졌다. 이는 기업에서 CEO의 역할이 얼마나 중요한지 단적으로 보여준다. 특히 잡스처럼 창업자 출신으로 카리스마가 강한 CEO일수록 CEO 부재로 인한 위험은 더 크다.

정태영 현대카드 사장은 한 언론과의 인터뷰에서 "현대 경영이 갈수록 CEO에 대한 의존도가 높아지고 있기 때문에 CEO의 건강이 더욱 중요하다"고 밝히고 있다. 실제로 회사에 따라 CEO의 비중은 50%를 넘어설 수도 있다. 또 쉽게 대체할 수 있는 인력도 아니다.

전문가들이 말하는 CEO 건강 리스크는 이런 것이다(〈매일경제신문〉, 2011년 1월 22일).

첫째, 상징적인 인물이 사라져 조직의 구심점을 잃는다. 애플의 스티브 잡스가 이런 사례다.

둘째, 적절한 타이밍에 의사결정을 하지 못하는 것이다. 최고경영자의 임무는 시장의 흐름을 읽고 사업에 중요한 영향을 끼칠 수 있는 의사결정을 하는 것이다. 투자나 인사가 대표적이다.

투자 타이밍의 중요성은 말할 필요도 없다. IT산업의 경우 새로운 기술에 미리 투자하고 개발에 나서지 않으면 경쟁자에게 시장을 빼앗기고 심지어는 아예 존재가치를 상실하고 만다.

다행히도 요즘엔 국내 CEO들도 건강 챙기기에 신경을 쓰고 있는 듯하다. 2011년 1월 9일 칠순을 맞은 이건희 삼성전자 회장에게 기자들이 올해 소원이 무엇이냐고 묻자 "건강밖에 없죠"라고 답했다. CEO의 건강이 곧 회사의 건강인 시대다.

03 주식은 미인대회라는 말의 의미

주식시장에는 이런 속설이 있다. 경제학자는 제대로 자본시장의 흐름을 맞추지 못할 뿐 아니라, 투자로 부자가 된 사람도 없다는 것이다. 흔히 사람들은 경제학자들에게 "직접 보여주든지, 아니면 조용히 있어라"든가, "그렇게 경제를 잘 알면서 왜 부자가 되지 못했는가?"라고 몰아세운다.

실제로 경제학자 중에서 투자로 부자가 됐다는 사람을 잘 들어보지 못했다. 그러나 예외도 있다. 독자들도 잘 알고 있는 경제학자 중 한 명이 영국의 존 메이너드 케인스(John Maynard Keynes, 1883~1946년)일 것이다.

이번엔 그의 투자 얘기를 해보려 한다. 많은 독자들이 알고 있겠지만, 그는 정부가 민간 경제에 적극적으로 간섭해야 하고 적극적으로 수요를 창출해야 한다고 주장해온 인물이다. '보이지 않는 손'의 시장 기

유명 경제학자였을 뿐만 아니라 투자자로서
도 명성이 높았던 케인스.

능을 중시하는 고전 경제학파와 대립각을 세운 케인스 경제학파까지 생겼다.

그런데 케인스가 훌륭한 경제학자이면서 동시에 뛰어난 투자가였다는 사실을 아는 이는 많지 않다. 케임브리지대 교수였던 그는 일주일의 절반은 학교에서, 나머지 절반은 런던에서 보냈는데 런던에 머물렀던 이유는 주식을 투자하기 위해서였다. 그는 주식뿐 아니라 외환 상품 투자 등으로 큰 돈을 벌었다.

저스틴 월쉬의 《버핏도 따라한 케인스의 주식 투자》라는 저서를 보면, 케인스가 사망한 지 5개월이 지난 1946년 9월 그의 유산이 공개되었는데, 그의 재산이 48만 파운드에 육박했다. 현재 돈의 가치로 따지면 3,000만 달러에 달하는 돈이다. 케인스는 그야말로 자수성가형 거부로 꼽히는데, 영국 정부가 그의 초상화 밑에 "케인스, 그는 노동 없이 재산을 모았다"라며 찬사의 글을 붙여 놓기도 했다.

실제 수익률도 놀라운 수준이다. 1927년에서 그가 죽기 1년 전인 1945년까지의 투자성과를 보면 연 평균 9.1%의 수익률을 냈다. 같은 기간, 대공황과 제2차 세계대전을 경험한 시장의 수익률이 마이너스였으니 그가 얼마나 투자를 잘했나를 알 수 있다. 호사가들은 케인스가

살아있다면 워런 버핏을 누르고 세계 제일의 부자가 되었을 것이라고
말하기도 한다.

잘 아는 소수 종목에 집중 투자

개인투자자들도 케인스를 통해 배울 것들이 많다. 케인스가 생전에
언급한 내용 중에는 지금도 통용될 만한 많은 투자의 원칙이 담겨 있
다. 그중 하나가 "주식 투자는 미인대회와 같다"는 말이다.

당신이 권위 있는 미인대회의 심사위원 가운데 한 명이라고 가정해보
자. 미인대회에서 1등을 고를 때 자신의 심미안이 중요할까? 잘 생각해
보라. 물론 개인 취향에 따라 1등을 할 미인을 고를 수는 있을 것이다. 그
러나 정말 1등에 뽑힐 미인을 맞추고 싶다면, 전체 심사위원들이 어떤 미
인을 선택하느냐를 따져보는 게 훨씬 도움이 될 것이다. 다시 말해, 제 눈
에 아무리 예쁘게 보이는 미인이라도 다른 사람 눈에 들지 않으면 소용
이 없다.

주식도 같은 이치다. 증권시장에서도 옳든 그르든 간에 투자자들의
평균적인 견해를 이해하는 것이 단기 투자에 성공할 수 있는 핵심이라
는 것이다. 케인스를 오랫동안 연구해온 장득수 현대인베스트먼트 자
산운용 전무는 "케인스의 미인대회 얘기는 투자에 있어 심리의 중요성
을 언급한 것"이라며 "아무리 재무적으로 따져 좋아 보이는 기업도 투
자자들이 외면하면 아무 소용이 없다"고 말했다.

요즘의 투자기법으로 예를 들자면 거래량이 없는 종목에 들어가지

말라는 얘기와도 일맥상통한다. 시장에서 주목하지 않는데 자신이 아무리 가치가 있다고 느끼고, 믿더라도 주가가 오르기 힘들다는 뜻이다.

케인스는 투자의 반은 예술이고 반은 과학이라는 말도 했다. 그 의미는 재무제표에만 매달려 투자하면 성공하기 어렵다는 것이다. 그렇다고 직관만으로도 투자할 수 없으니 이성과 감성을 잘 조화시켜야 한다고 했다. 실제로 주식시장은 때론, 아니 많은 경우에 재무적인 요인보다는 심리적인 요인이 더 중요했다.

그가 언급한 투자이론 가운데 '더 위대한 바보 이론(The Greater Fool Theory)'도 재미있다. 시장에서는 실제 가격보다 비싸게 주식을 산 투자자들이 많다. 이들을 '바보'라고 하자. 그러나 이들은 자신이 매수한 가격보다 더 비싸게 주식을 사줄 '더 위대한 바보'가 있다고 믿고 주식을 사는 것이다. 실제로 이러한 '더 위대한 바보'는 시장에 존재한다. 이처럼 기업 가치와는 상관없이 투자 심리가 시장에 크게 작용을 해오기도 했다.

한 가지 더. 그는 소수 집중투자를 강조한 적이 있다. 소수 집중 투자는 2010년 자문형 랩 어카운트 열풍이 불면서 개인투자자들에게도 잘 알려진 용어다. 많은 종목에 투자하지 말고 일부 몇 개 종목에 투자하는 것인데, 케인스도 마찬가지였다.

그는 사람들이 위험을 회피한다며 여러 종목에 분산 투자를 한다 하는데, 가만히 들여다보면 기업을 제대로 이해하지 못하고 분산이라는 이름 아래 종목 숫자만 늘린다는 설명이다. 이럴 바에는 차라리 지수를 따라가는 인덱스 투자를 하라는 것이다. 자신이 좋아하는, 잘 아는 종목에 투자하라는 말이기도 하다.

그래서 케인스는 어떤 회사인지 정확히 알고, 믿을 만한 경영진이 운영하는 소수의 기업에 집중 투자해야 한다고 했다. 케인스가 대공황 이후 손실을 만회할 수 있었던 것도 소수 종목 집중 투자가 성공했기 때문이었는데, 워런 버핏은 케인스의 이 같은 투자방법을 1991년 버크셔 해서웨이 연차보고서에 싣기도 했다.

이도 저도 모르겠으면 1등 종목을 사라

· · · 위기가 닥칠수록 1등 기업은 덕 본다

종자돈 1억 원으로 주식 투자를 시작해 불과 1년 10개월 만에 156억 원을 번 사나이가 있다. 바로 강방천 에셋플러스자산운용 회장이다. 비제도권에 있던 그는 투자자문사인 에셋플러스투자자문을 설립한 뒤 국민연금 최우수 운용사로 수차례 꼽혔다. 몇 해 전 에셋플러스자산운용을 세웠고, 힘든 길이지만 국내 최초로 '직접판매'를 시도하며 본격적으로 운용그룹을 꿈꾸고 있다.

그가 기록적인 주식 투자 수익률을 거둘 수 있었던 비결이 뭘까? 여러 경쟁력이 있었는데 그는 주로 업계 1위 기업의 주식을 사서 좋은 수익을 내왔다. 강방천 회장이 필자와의 인터뷰에서 했던 얘기를 좀 더 들어보자.

"경기는 순환한다. 경기가 좋기도 하고 나쁘기도 하다. 1등 회사의 주식을 사야 하는 이유는 불경기 때 강한 면모를 보이기 때문이다. 경기가 좋을 때는 2등, 3등, 심지어 5등 회사도 이익을 내고 주가가 오른다. 하지만 불경기가 되면 상황이 달라진다. 5등 기업부터 문을 닫고, 4등, 3등, 2등 순위로 그 위기감이 닥칠 것이다. 그렇지만 1등 회사는 아무리 불경기가 와도 그 제품이나 서비스에 대한 수요는 사라지지 않는다. 되려 경쟁자가 쓰러지면서 독점에 가까워지고 훨씬 높은 이익을 낸다. 외환위기 때를 보라. 1등 기업은 하나같이 살아서 몇 배씩 주가가 올랐다. 1등은 항상 장기적인 승자다."

규모의 경제, 가격 결정력 등 매력

강방천 회장은 2007년부터 시작된 글로벌 금융위기에도 똑같은 논리로 1등 기업에 주목했다. 경기불황기에 2~3등 기업은 쓰러질 수 있다고 판단했다. 심지어 "두려워하지 말고 이때 1등 기업에 투자하라"고 신문에 전면 광고를 내기도 했다.

아닌 게 아니라, 경쟁력이 뚜렷하지 않은 기업들이 하나 둘 무너졌다. 미국의 자동차 업체들이 무너진 것도 같은 이유였다. 강방천 회장은 한국의 1등 기업은 물론 중국의 1등 기업에도 투자했는데 1년 수익률이 수십 %에 달할 만큼 성과를 냈다. 그는 이런 내용을 저서《강방천과 함께 하는 가치투자》에도 자세하게 기술했는데, 한번 읽어보길 권한다.

애널리스트들도 업종의 대표종목을 추천하는 경우가 많다. 그러면

또 뻔한 소리라고 그저 흘려 듣는 투자자가 많다. 그러다가 '한 번도 들어보지 못한 종목'을 얘기하면 귀를 쫑긋 세운다. 그러나 정답은 가까운 곳에 있다.

2010년 코스피는 2000을 넘었다. 그 주역은 외국인의 자금이었다. 그런데 외국인의 투자라는 게 어떤 메커니즘으로 움직일까?

한국인들은 한국 증시를 대단히 높게 평가하고 기업들을 세세하게 분석하지만 외국인들의 눈에 한국시장은 글로벌시장 속 작은 신흥시장의 일부일 뿐이다. 한국을 분석하는 애널리스트들도 많지 않다. 심지어 일본 최대의 증권사는 애널리스트 2명에게 한국시장 분석을 맡긴다. 그러니 세세하게 많은 기업들을 신경 쓸 수 있겠는가? 업종 대표종목을 분석하기에도 벅차다.

1등 종목에 투자한다는 것은 외국인과 눈높이를 맞추는 효과도 분명 있다. 주식 투자에 나섰다면 업종 1위 기업을 절대 놓쳐서는 안 된다. 전문가들이 '삼성전자'를 외칠 때 "왜 만날 삼성전자밖에 추천하지 않느냐"고 푸념할 일이 아니다. 삼성전자를 추천하는 이유와 논리를 잘 새겨야 한다.

조세훈 이룸에셋 대표는 1등 기업의 주식을 사야 하는 이유를 세 가지로 정리했다.

첫째는 투자효율성이다. 충분한 점유율을 가진 기업은 규모의 경제를 누린다. 결국 기업은 원가경쟁력이 생겨 같은 가격에 판매해도 이익을 낼 가능성이 높아진다.

둘째, 가격결정력이 생긴다. 원가경쟁력이 있으니 경쟁회사는 마진이나 현금흐름에서 불리한 위치에 빠진다. 시장점유율이 낮은 기업은 쉽사리 가격을 올릴 수 없다. 그러다가는 시장점유율이 높은 기업에 시장을 더욱 빼앗기게 되고, 결과적으로 시장에서 생존 자체를 위협받는다. 그렇다고 가격을 인하할 수도 없다. 가격을 인하하면 그렇지 않아도 원가 구조가 좋지 않은데, 경쟁사마저 따라서 낮출 경우 시장점유율은 늘지 않고 실적만 나빠진다.

위기 때 업종 대표주의 높은 수익률은 이미 시장에서 검증됐다. 2001년 9·11 테러 직후 7개월 동안 당시 거래소 구분에 따른 21개 업종 대표주의 주가 상승은 시장수익률(종합지수 상승률)의 2.5배를 육박했다.

05 외국인이 몰리는 종목, 이유가 있다

투자자라면 매일 한 마디씩 들을 수 있는 단어가 '외국인'이다. 증권 업계는 투자 매수 주체를 개인과 기관, 외국인으로 나누고 있다. 외국 인들의 투자 동향에 따라 한국의 증시는 요동을 친다. 그러니 외국인이 몰리는 종목에 집중해야 하는 것은 말할 필요도 없다.

도대체 증시에서 말하는 외국인의 정체가 뭘까? 여기서 '외국인'이란 외국 국적 보유자로서 국내에 6개월 이상 주소나 거소를 두고 있지 않 은 개인과 외국법인을 말한다.

국내 증권시장이 외국인에게 처음으로 개방된 건 1992년 1월인데, 당시 상장법인 중 일반법인에 대해서는 총 10%를, 공공법인에 대해서 는 총 8%를 한도로 외국인들이 국내 상장주식을 직접 취득할 수 있도 록 했다.

이렇게 시작한 외국인 투자는 점점 한국에서 영향력을 늘려갔다. 외국인들이 보유한 시가총액 비중은 1994년 초 10%대에 올라선 이후 1996년까지 큰 변화가 없다가 외환위기 이후 급격히 변화했다. 1999년 말 21%에 들어서더니 2000년 30%를 돌파했고, 2004년엔 44%까지 치솟았다. 그러니 한국 증시를 외국인들이 좌지우지한다고 해도 지나친 말은 아닐 것이다.

외국인 비중은 2008년 말 27.3%에서 바닥을 치고 다시 올랐다. 2009년 말 30.4%까지 올랐는데 2010년에도 외국인들은 18조 원 이상 국내 주식을 계속 사들이며 주가상승의 견인차 역할을 했다.

외국인들의 영향이 커져 외국인들이 주목하는 주식은 거의 대부분 상승세를 보였다. 그러니 개인투자자들은 외국인들의 투자동향을 반드시 살펴야 한다.

외국인들은 대형주·수출주·IT주를 선호한다

그렇다면 2010년 외국인들이 사들인 종목은 어떤 게 있을까? 너무도 간단하다. 외국인들이 주로 사들인 종목은 삼성전자나 현대차와 같은 한국 증시를 대표하는 기업이었다.

외국인들이 한국 증시에서 본격 이탈하기 직전인 2004년 말을 기준으로 이들의 보유 비중이 5%가 넘는 기업을 보면, 시가총액 상위 30대 기업의 경우 28개, 상위 100대 기업의 경우 94개가 포함됐다.

이들 가운데 외국인 선호 종목을 분류해보면 대형주, 수출주, IT주, 고

배당주 등이다. 최근 글로벌 금융위기를 벗어난 이후의 패턴은 어떨까?

2009년 4월부터 9월 사이에 사들인 종목을 보니 삼성전자, 포스코, 신한지주, 현대차, 하이닉스 등이었다. 2010년 7월까지 많이 매수한 종목은 삼성전자, 현대모비스, 현대차, LG전자 등이었다.

외국인들은 한국시장 자체를 파악하기 어려운 입장이기 때문에 삼성전자 등 글로벌시장에서 선전하고 한국을 대표하는 기업에 주로 투자한다. 중소기업에 대한 정보는 어둡기 때문에 그러한 것이다.

그리고 이들은 '한국=대형주'로 본다. 예를 들어 삼성전자나 현대차가 없는 한국 경제를 생각하기 어렵다고 판단하고 있기 때문이다. 대형주에 집중하는 투자패턴은 한국 증시뿐만 아니라 일본 증시에서도 비슷한 현상을 보였다.

앞서 1등주 투자의 중요성을 언급한 적이 있는데 외국인의 투자패턴을 보더라도 1등주의 중요성은 다시 한 번 드러난다.

2011년에도 외국인들이 순매수 행진을 이어갈까?

2011년 2월 10일과 11일, 외국인들은 이틀 만에 1조 6,000억 원을 팔아 치웠다. 그러자 코스피지수는 이틀 만에 60포인트 가까이 내줬다. 3년 만에 2000을 돌파했지만, 외국인 매도와 함께 3개월 만에 다시 2000을 내주기도 했다. 리비아 사태라는 악재로 매도세는 더 강해졌다. 외국인들이 매수에 나서면 주가를 끌어가는 동력이 되지만 팔 때는 그만큼 리스크가 된다. 외국인이 쌓은 산이 높은 만큼 골도 깊다.

그러나 대체적인 견해는 1년 전체를 놓고 볼 때 3년 연속 순매수를 기록할 것이라는 전망이 지배적이다(〈이데일리〉, 2011월 1월 6일). 전 세계적으로 돈이 풍부해졌고, 주식과 같은 위험자산에 대한 선호도도 늘고 있으며, 선진국 대비 비선진국가의 성장성이 부각되고 있다. 선진국 통화가 약세라는 점도 국내로의 외국 주식자금 유입을 돕는 변수다.

외국인이 한국 증시로 들어올 만한 이유는 또 있다. 2011년 현재 MSCI 신흥시장에 포함되어 있는 한국 증시는 2011년 5월이면 MSCI 선진지수로 승격될 가능성이 높을 것으로 점쳐진다. 이렇게 되면 외국 인들은 투자포트폴리오를 짤 때 한국의 투자비중을 더 늘리게 된다. 이 런 예상을 보면 2011년도 외국인에 의한 주식상승의 가능성이 높다.

실제로 외국인들은 2011년 들어 유가증권시장에서만 이미 1조 원 이 상 순매수를 했다. 외국인들은 2009년 32조 원을, 2010년에는 22조 원 을 순수하게 사들여 국내 증시 상승에 일등공신이었는데 매수 강도는 다소 낮아질 수 있겠지만 매수 흐름을 이어갈 것이다.

그것은 다른 나라와 견주어 한국이 매우 매력적이기 때문이다. 기본 적으로 증시가 기업 가치에 비해 낮게 평가되어 있다(몇 년째 듣는 얘 기라고 치부해버릴 수도 있겠지만 사실이다). 또 MSCI 선진국 지수 편 입 등 수급상 조건이 좋다. 그러므로 미국 양적완화 정책 등으로 풍부 해진 유동성이 한국으로 올 가능성이 높다는 것이다.

기관의 행보를 주목해야 하는 이유

· · · 미리 빠져나간 월급,
기관자금으로, 증시로 흘러간다

직장인인 독자들은 매월 25일 무렵 월급명세표를 받는다. 그런데 월급 명세서를 보고도 마음이 쓸쓸하게 느껴지는 것만은 필자만이 아닐 것 같다. 그도 그럴 것이 월급을 받아봐야 이런저런 이유로 다 빠져 나가버리기 때문이다. 직접 손으로 만져보지도 못하고 금융사로 빠져나가는 자금 중 상당 부분이 보험이나 연금, 저축 등일 것이다. 물론 이 돈이 내 수중에서 사라지는 건 아니다. 다만 나를 대신해 누군가가 그 돈을 활용하게 되는데, 바로 기관들이다.

최근 이런 뉴스들이 넘쳐난다.

'퇴직연금 29조 원-4년 만에 36배 급증'(〈조세일보〉, 2011년 1월 19일)

'국민연금 가입자 급증-하루 평균 3,300명씩 가입'(〈뉴시스〉, 2010년 12월 29일)

연기금 신규 투자금액 증감 추이

(단위: 원)

자료: 한국거래소

주요 연기금별 국내 주식 투자 금액

(단위: 원)

	2010년까지의 국내 주식 투자 금액	2011년 추가 투입 예정금액
국민연금	55조	6조 9,000억
교직원공제회	2조 4,000억	미정
사학연금	1조 6,999억	4,058억
군인공제회	1조 2,000억	비중 늘릴 계획
공무원연금	8,640억	3,700억
행정공제회	7,600억	1,000억

자료: 각 기금

　퇴직연금시장의 경우 지난 2006년 말 8,000억 원에 불과했던 시장이 2010년 말 29조 1,000억 원으로 4년 만에 무려 36.4배 급증했다. 국민연금의 고갈논쟁이 뜨겁지만, 전업주부나 군인, 학생 등 임의가입자가 늘어나면서 가입자 숫자가 급증하고 있다.

　이런 뉴스를 접하면 개인들이 투자할 수 있는 여윳돈은 줄어들고 있는 반면, 개인들의 돈을 받아 운용하는 기관투자자의 힘은 더욱 세지고 있다는 점을 간파해야 한다.

　일반적으로 기관투자자라고 할 때는 증권회사, 보험회사, 투자신탁 및 자산운용회사은행(특수은행, 농·수·축협중앙회 포함), 상호저축은행, 정부관리기금, 민간기금 및 각종 공제회가 포함된다(법인세법 시행령 제17조 제1항).

　기관투자자 중 가장 규모가 큰 곳은 투신권이다. 그러나 이들의 매매동향을 쫓기란 매우 어렵다. 이들의 운용철학은 회사마다 상당히 다르기 때문이다. 그래서 주목해야 할 게 연기금의 행보다.

　연기금은 '연금(Pension)'과 '기금(Fund)'을 합친 말로, 국민연금기금, 공무원연금기금, 우체국보험기금, 사학연금기금이 한국을 대표하는 연기금이다.

　이 중 가장 규모가 큰 곳은 국민연금이다. 그 규모는 300조 원을 넘어서 세계 4대 연기금으로 올라섰다. 이젠 덩치가 너무 커지다 보니 국내 주식시장에 투자한다는 소식만 알려져도 주가가 출렁거릴 정도다. 그도 그럴 것이 국내 주식시장의 시가총액이 1,500조 원에 못 미친다.

국민연금 자금을 모두 주식시장에 투자한다고 가정하면 국내 모든 상장기업의 지분을 20% 이상 살 수 있다는 얘기다.

실제로는 전체 운용자산의 20%대인 60~70조 원을 국내 주식시장에 투자하면서 국내 시가총액의 약 5%를 점유하고 있는데, 이 역시 증시에 엄청난 파워를 몰고 올 자금이다. 2010년 말 북한의 연평도 공격, 옵션 만기쇼크, 유럽 재정 위기 등 증시가 악재를 만날 때마다 변함없이 주식을 사들이며 시장의 뒤를 받혔다.

그러니 연기금이 사들인 종목의 수익률이 좋은 건 당연한 얘기인지도 모른다. 2010년 11월 기준으로 연기금이 순매수한 상위 20개 종목의 주가 상승률은 20%로 코스피 상승률 15%를 훨씬 웃돈다. 외국인이 매도세로 돌아선다고 하더라도 연기금이 지켜주면 한국 증시는 쉽게 무너지지 않을 정도다.

주식시장 내 연기금의 비중은 계속 증가

연기금의 파워는 앞으로 더 세어질 것이다. 국민들은 노후가 불안해지면서 국민연금을 제외한 개인연금에 많이 가입하는 추세다. 또 회사는 퇴직연금제도를 통해 직원들의 노후대책을 마련하고 있는데 퇴직연금으로 모인 자금은 다시 주식시장으로 들어온다. 이뿐만 아니라 변액보험 가입이 늘면서 이 자금 역시 주식시장으로 들어온다.

김경록 미래에셋 경영관리부문 대표는 앞으로 개인이 직접 운용하는 자금은 줄어들고 연기금의 비중이 커질 수밖에 없다고 강조한다. 가까운 일본의 연기금 규모는 세계 최대인데, 노령화사회가 진척되면서 그 규모가 계속 커졌다. 한국도 같은 길을 걷게 될 것이라는 게 김 대표의 판단이다.

2011년에도 연기금의 위세가 더욱 당당해질 전망이다. 국민연금공단, 사학연금공단 등 국내 주요 연기금들이 2011년 총 8조 원에 가까운 자금을 국내 증시에 신규 투자한다.

국민연금은 2010년 총 운용액 323조 원의 17%인 국내 주식 투자 비중을 2011년 18%로 늘리기 위해 6조 9,000억 원의 신규자금을 국내 증시에 추가 투입한다. 사학연금은 4,058억 원, 공무원연금은 3,700억 원, 행정공제회는 1,000억 원을 국내 증시에 추가 투자한다. 이들 4개 주요 연기금을 통해 국내 증시로 신규 유입될 자금규모는 총 7조 7,700억 원에 이른다. 기금운용규모가 17조 원으로 2위인 교직원공제회나 공무원연금공단도 신규 투자가 예상된다.

또 자문사들이 랩어카운트 열풍을 타고 성장하면서 개인투자자들의 자금을 끌어 모으고 있다. 이들 역시 기관형태의 자금으로 증시를 움직일 것이다.

개인투자자들의 입장에서 보면 연기금의 투자 패턴을 잘 쫓는 것도 좋은 방법이다. 게다가 연기금은 단기가 아니라 중·장기로 자금을 운영한다는 점이 매력적이다. 개인투자가는 빠른 매매패턴에 허덕이며 뒤쫓아 갈 필요 없이 중장기 큰 흐름만 잘 읽고 따라가면 된다.

민상일 이트레이드증권 투자전략팀장은 "주식시장을 기관이 이끄는

이른바 기관화 장세가 연출되면 옐로우칩(중소형 우량주)이 주목받는
다"고 강조했다.

블루칩이나 옐로우칩이나 기업가치가 좋다는 점에선 같은데 기업
규모나 크기의 차이에 따라 이렇게 달리 부른다. 민 팀장은 외국인이
시장을 이끌 때는 기업규모가 큰 블루칩이 좋은 주가 흐름을 보이지만,
기관이 자금을 풀 때는 상대적으로 고수익을 거두기 쉽다고 판단되는
옐로우칩이 뜰 수 있다고 한다.

삼성전자라는 기업

· · · 어느 모로 보나 최고 명품주,
눈길을 떼지 마라

2010년 12월 코스피지수가 2000을 다시 돌파했다. 이후 투자자들의 관심은 삼성전자가 언제 100만 원을 뚫느냐는 것이었다. 삼성전자는 하나의 개별회사 차원을 넘어선다. 일본의 도요타나 핀란드의 노키아처럼 국가 경제의 상징기업이 됐다.

대한민국 대표기업 삼성전자가 2011년 1월 19일 장중 100만 원 고지를 찍었고, 28일 종가 기준으로도 101만 원을 기록해, 명실상부 주당 100만 원을 넘어섰다. 이를 두고 증시에서는 '코리아디스카운트'를 해소하는 계기가 될 것이라는 얘기까지 나왔다. 삼성전자의 주가상승을 이끈 주역이 외국인이기 때문이었다.

외국인 투자자들이 '새미(Sammy)'라는 애칭으로 부른 삼성전자는 이제 글로벌시장에서 제값을 받게 됐다. 덩달아 외국인의 삼성전자 비중도 50%를 넘어서게 됐다.

삼성전자라는 기업은 누가 뭐라 해도 우리나라 최고의 명품주다. 그럼에도 불구하고 100만 원 고지를 달성하기는 쉽지 않았다. 2000년 6월 임홍빈 솔로몬투자증권 리서치센터장이 삼성증권 IT담당 애널리스트였던 시절 처음으로 목표주가를 100만 원으로 내놓았다. 당시 삼성전자 주가는 20만 원대였다. 이때부터 100만 원 고지에 오르는 데 무려 10년 이상 걸렸다.

SK텔레콤을 시작으로 롯데제과, 태광산업 등 다른 주식들은 쉽게 오

100만 원 찍은 삼성전자 최근 10년 주가

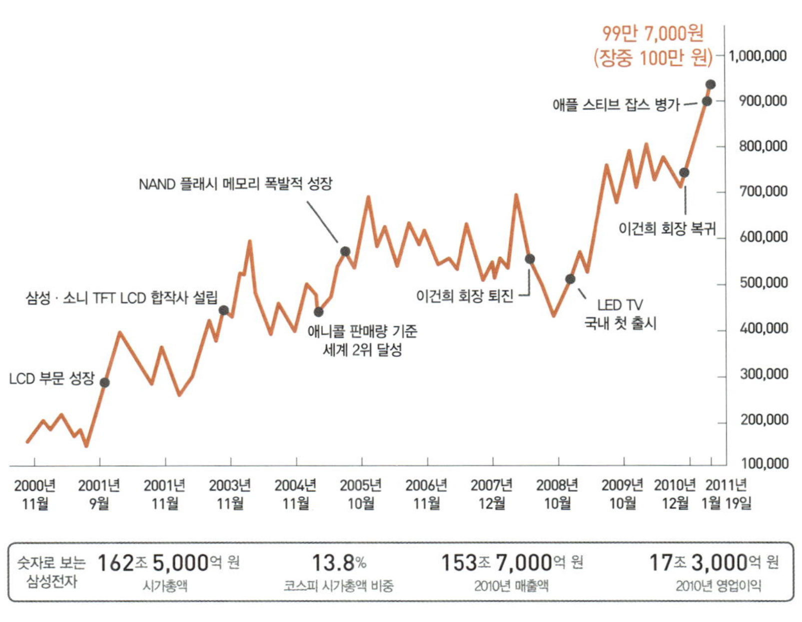

른 고지를 삼성전자는 왜 그토록 오랜 등정 시간이 걸린 걸까?

삼성전자 매출은 4개의 사업군이 움직인다. 완제품 가전이 속한 디지털미디어와 휴대폰 소속의 통신, 부품의 반도체와 LCD다. 4개의 사업군은 선진기업도 탐내는 매우 옹골찬 사업구조다. 삼성전자 하나만 투자해도 매우 괜찮은 4개의 기업에 분산 투자한 것과 같다는 말이 괜히 나온 것이 아니다.

그러나 주가 측면에서는 강점이 단점으로 바뀌기도 한다. 4개의 '축'이 안정적으로 끌어주지만 주가의 탄력성을 약화시킨 면도 분명 있다. 완제품이 잘하면 반도체가 부진했고 반도체가 잘하면 다른 부분이 부진했다. 2010년에도 반도체는 상고하저, 스마트폰은 상저하고의 모양새였다. 그러니 주가가 올라가려 해도 다른 사업부문 때문에 손해를 보곤 했다.

그러나 앞으로는 좀 다를 것 같다. 앞서 언급했듯 100만 원이라는 상징성으로 볼 때 코리아디스카운트의 해소 계기가 될 수 있다. 또 2011년에는 스마트폰을 필두로 한 완제품이 강세를 보일 것이다. 갤럭시S의 약진으로 스마트폰부문에서 1년 만에 국내 휴대폰 업계 1위를 되찾았다. 반도체는 2010년 하반기부터 공급과잉으로 빚어진 부진을 벗어날 것이라는 게 중론이다(〈매일경제신문〉, 2011년 1월 20일).

D램(DDR3 기준) 가격으로 대만업체가 버틸 수 있는 가격은 1.7~1.8달러인 데 반해 삼성전자는 0.8달러 수준이라고 하니 한번 기대해볼 만하다. 또 완제품에서는 경쟁자인 애플이 스마트폰시장을 활

코스피 지수·삼성전자 주가 추이

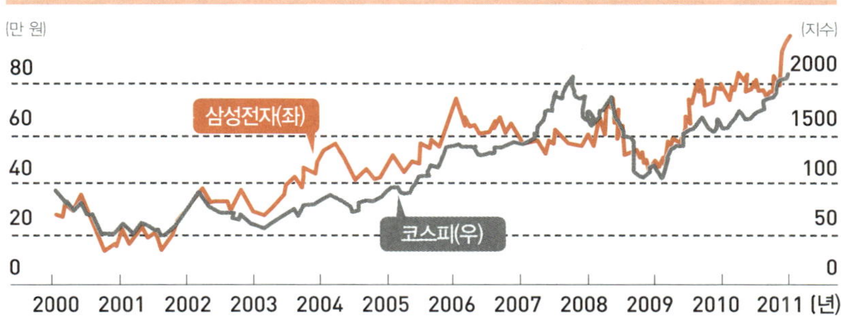

매경 베스트 애널리스트가 본 삼성전자 목표주가

이름	증권사	목표주가	목표주간 산출 근거
박영주	우리투자	115만 원	글로벌 사업다각화로 미국 의존도 떨어지는 것 긍정적
김성인*	키움	120만 원	메모리 스마트폰. 태블릿PC로 메모리 반도체 초호황. 단, LCD 회복 늦어지는 점 우려
김장열	미래에셋	115만 원	반도체 가격 바닥 확인할 것. 글로벌 경쟁력 부각
한승훈	한국투자	115만 9,000원	반도체 좋아질 것. 태블릿PC, 스마트폰 경쟁 심화 우려
송종호	대우	120만 원	스마트 디바이스에서 경쟁력 갖춤
이가근	하나대투	104만 원	D램 40나노 이하 공정으로 수익 선방
서주일	KB투자	120만 원	아몰레드와 비메모리 반도체 실적 호조
송명섭	하이투자	118만 원	태블릿PC 신규 영업이익 2011년 1조 3,600억 원 추가 전망
최성제	KTB투자	110만 원	NAND 지속적 성장 하나, 단 D램과 LCD 수익성 저하
안성호	한화	103만 원	2010년 4분기 저점으로 2011년 분기별 실적 우상향
서원석*	NH투자	120만 원	스마트폰, 태블릿PC로 평균 판매 가격 증가

※ *는 현재보다 목표주가 상향 조정 가능성 언급
자료: 각 사, 에프앤가이드

성화해준 덕에 부품을 공급하는 삼성전자가 수혜를 봤다. 이런 긍정적인 신호가 계속 나오고 있다.

단기 목표주가 140만 원도 나왔다

삼성전자는 그간 기업 가치와 실적에 비해 많이 저평가됐었다고 전문가들은 입을 모은다. 아이폰 돌풍을 몰고 온 미국 애플 사에 비해 기술력이 뒤처졌다는 얘기를 듣긴 했지만, 삼성전자 주가는 100만 원의 가치가 충분히 있었다는 데 의견이 일치한다. 그렇기 때문에 삼성전자가 주당 100만 원이라는 소식에도 국내외 애널리스트들은 그리 호들갑을 떨지 않았다.

특히 이건희 삼성 회장이 경영일선에 복귀한 이후 과감한 투자에 나섰고, 스마트폰과 반도체가 고르게 잘했다는 점이 긍정적으로 작용했다. 또한 경쟁사인 애플의 스티브 잡스 CEO가 병가를 냈다는 점이 삼성전자 주가 상승에 기회를 제공했다는 평가도 있다.

그렇다면 추천주로서 지겹게 들어온 '삼성전자' 주가가 더 올라갈까? 그럴 것 같다. 한국 증시의 명품주·대표주로서의 위상을 더욱 공고히 할 것이다. 시가총액 162조 원이 넘는 삼성전자는 코스피 시가총액 대비 비중이 14%에 가깝다.

미래에셋, 삼성, 우리투자, 대우증권 등 많은 증권사 리서치센터는 120만 원을 목표주가로 삼고 있고, 한맥투자와 같은 곳은 140만 원까지 제시했다. 그간 반도체에 수익을 의존했던 시기에는 경기나 가격 변동에 따라 삼성의 이익도 큰 진폭을 보였다. 그러나 삼성전자가 스마트기기 시대에 스마트폰과 태블릿PC 분야에서 우위를 점하고 있는 데다 바닥인 반도체 업황이 개선 조짐을 보이고 있어 상반기까지 상승 여력이 충분하다는 분석이다.

주가자산비율(PBR)이 상승했다곤 해도 애플(6배 안팎) 등 글로벌 경쟁사와 비교하면 매우 낮기 때문에 2011년 현재 2배인 삼성전자 PBR이 3배까지는 갈 수 있다는 분석도 있다.

국내 증권사 가운데는 삼성전자 목표주가를 100만 원 이하로 제시한 곳은 아무곳도 없다. 전문가들은 현재 삼성전자 주가를 견제할 수 있는 유일한 장애물은 '100만 원을 넘어섰다'는 투자자들의 심리적 성취감, 혹은 불안감뿐이라고 한다. 필자도 삼성전자가 100만 원을 넘어 120만 원 수준까지는 순항하리라는 의견에 동의한다.

삼성전자 관련 기업도 살펴야

투자의 관점에서라면 삼성전자는 물론 삼성전자를 둘러싼 많은 기업들을 살펴야 한다. 이번 주가 100만 원 돌파로 삼성전자만 후한 점수를 받은 게 아니다. 다른 반도체 업체도 힘을 얻었다. 하이닉스와 같은 기업이다.

김정환 대우증권 연구원은 "삼성전자의 주가 궤적은 하이닉스의 미래"라며 "D램 가격이 2011년 1분기에 반등할 가능성이 높아지고 있고, 삼성전자와 하이닉스가 강점을 갖고 있는 낸드플래시 가격이 안정세인 점도 고무적"이라고 지적했다.

메모리업체를 중심으로 한 IT주의 상승은 주변으로 확대될 수 있다고도 했다. 관심을 둬야 할 기업은 반도체 장비업체, 후공정업체, 스마트폰, 태블릿PC 관련주다.

장비업체로는 주성엔지니어링·유진테크를, 후공정업체로는 하나마이크론·심텍을, 스마트폰과 태블릿PC 관련 주로는 컴투스, 파트론, 에스엠, 인터플렉스, 실리콘웍스, KH바텍, 이라이콤 등을 꼽았다(제일기획도 주목하자. 삼성전자가 최대광고주인 제일기획은 삼성전자와 비슷한 주가흐름을 보여왔다).

삼성전자 주가 100만 원 보고서 원조

임홍빈
솔로몬투자증권 리서치센터장

　삼성전자 100만 원. 주가 2000포인트 돌파와 함께 요즘 주식시장에서 가장 관심을 모으는 이야깃거리다. 삼성전자의 시가총액이 유가시장에서 차지하는 비중은 약 12%. 대우증권에 따르면 삼성전자 주식(우선주 포함)이 2010년 10월 말 이후 코스피지수 상승폭에 기여한 비율은 45%가 넘는다. 삼성전자에 국내 증시가 울고 웃는다고 해도 과언이 아니다. 시장에선 삼성전자 100만 원 돌파를 코스피 2000포인트 안착으로 보는 분위기다.

　이런 가운데 '삼성전자 100만 원' 하면 빠질 수 없는 인물이 있다. 바로 임홍빈 솔로몬투자증권 리서치센터장이다. 임 센터장은 10년 전인 2000년 6월 100페이지짜리 보고서를 통해 처음으로 삼성전자의 목표주가를 100만 원으로 제시했다. 이는 당시 35만 원 수준이었던 주가의 4배에 달하는 수치였고 타 증권사들이 제시하던 적정주가

50~70만 원의 두 배 수준이었다. 비록 장기적인 목표 가격이라는 전제조건을 달았지만 당시 아무도 시도하지 못했던 일이었다.

보고서에서 그는 "향후 삼성전자는 반도체를 기반으로 디지털 시대를 장악한다"는 논리를 펼쳤다.

그는 삼성전자 주가가 100만 원까지 가려면 D램 가격뿐 아니라 다른 4가지 조건이 충족돼야 한다고 강조했다. 디지털 가전 쪽의 히트상품, 휴대전화·LCD산업에서 독주체제 확보, 중국시장에서의 비즈니스 모델 개발, 코리아 재평가(리레이팅) 등이 함께 이뤄져야 한다는 전제조건을 달았다. 실제로 이런 조건들이 맞아떨어지면서 삼성전자의 주가는 그가 예측한 방향대로 움직였다.

문제는 그 시간이 10년이나 걸렸다는 점이다. 이에 대해 임 센터장은 "IT 버블을 간과한 데다 2001년 9·11 테러 사건 이후 IT시장의 침체가 예상 밖으로 커지면서 그 시기가 다소 늦어졌다"고 말했다. 그는 시기보다 중요한 것은 방향성이라며 10년 주기로 삼성전자의 성장 흐름을 눈여겨봐야 한다고 강조했다.

임 센터장은 "삼성전자가 1980년 처음 반도체시장에 뛰어들어 생존 능력을 키웠고, 1990년에는 대규모 투자를 통해 덩치를 키웠다. 2000년부터 양산과 제품 차별화에 나서기 시작하면서 경쟁우위를 이어갔고 결국 10년이 지난 지금 글로벌 선두 기업에 올라섰다"고 설명했다.

이 흐름을 볼 때 현재 삼성전자는 다시 새로운 출발점에 섰다는 것이 그의 주장이다.

임 센터장은 "지난 10년간 IT산업을 지배해온 키워드는 '디지털 컨버전스'였고 삼성전자는 이에 대한 개념을 충분히 이해하고 발전시켜 후발주자들을 따돌렸다. 앞으로 10년은 부품과 세트, 그리고 콘텐츠까지 아우르는 플랫폼 경쟁이 될 것이고 삼성전자의 경쟁력과 주가도 여기에 달렸다"고 말했다.

최근 그는 '디지털을 기반으로 플랫폼을 장악한다'는 주제로 보고서를 내고 삼성전자의 목표주가를 125만 원으로 올렸다.

이 보고서를 통해 그는 앞으로 10년간 IT산업을 지배할 수 있는 5가지 요건을 밝혔다. 디지털 역량을 착실히 쌓은 업체, 치킨게임(가격 하락에 따른 치열한 생존경쟁)을 즐기는 업체, 플랫폼을 만드는 업체, 공급망관리(SCM)를 구축하는 업체, IT와 BT·CT로 업의 영역 확대가 가능한 업체 등이 앞으로 경쟁우위를 펼칠 수 있을 것으로 전망했다.

임 센터장은 "앞으로 삼성전자가 플랫폼 경쟁에서도 우위를 보인다면 현재 애플의 3분의 1인 시가총액도 단숨에 역전시킬 수 있다"고 전망했다. 덧붙여 그는 그동안 보수적이었던 일본과 중국의 투자자들이 최근 삼성전자의 이런 점을 높게 평가하면서 주식을 사들이고 있는 점을 긍정적으로 평가했다.

다만, IT 개별 제품의 사이클이 짧아지고 여기에 따라 분기별 이익
의 증감폭이 커지는 점을 주가 상승을 제약하는 약점으로 꼽았다
〈매경이코노미〉, 김범진 기자, 2010년 12월 29일

08

장사 잘하는 기업이 최고다

· · · 주가상승의 제1 원칙은 실적 향상이다

늘 1등만 하던 학생이 한 번 더 1등을 했다고 해서 선생님이 크게 칭찬하지 않는다. 그러나 반에서 30등 하던 학생이 20등 안에 들면 선생님도 급우들도 그 학생을 다시 한 번 쳐다본다. 또 시험을 볼 때마다 성적이 30등에서 20등으로, 다시 10등으로 우상향하는 학생을 더 높이 평가한다.

주가도 그렇다. 늘 잘해오던 기업이 잘하는 것보다 실적이 점점 더 좋아지는 기업, 또는 적자였다가 흑자로 돌아서는 기업에 눈길이 갈 수밖에 없다. 주주의 입장이라면 더 그래야 한다.

필자가 증권기자를 하면서 기사를 쓸 때 가장 많이 쓴 문구 중 하나가 '주가는 기업 실적의 반영'이라는 말이었다. 주가가 기업 실적을 미리 반영하든 아니면 뒤에 반영하든 간에 기업이익과 주가는 비례하는게 원칙이다. 그래서 '주가는 기업 이익의 함수'라는 말을 한다.

　현재 실적이 좋지 않은 기업인데 미래에도 좋은 실적을 기대하기 어려운 기업이라면, 기업이 눈에 띄는 변화의 조짐을 보이지 않는 한 관심종목에서 제외하는 게 원칙이다. 이 기업은 M&A 등의 이슈로 반짝 빛을 볼 수는 있을지 몰라도 장기 투자용으로 적합한 종목은 아니라고 생각한다.

　강방천 에셋플러스자산운용 회장의 얘기를 해보겠다. 국내 손꼽히는 가치 투자자인 그에게 가치 투자란 '가치에 의해 가격이 결정되는 것을 믿는 신념, 그리고 그것을 실천하는 힘(인내)'이다. 그렇다면 그 가치란, 자산도 될 수 있고, 현재의 이익도 될 수 있고, 미래의 이익도 될 수 있다. 이 중 무게 중심은 기업의 이익이다. 주식을 매수하는 데 있어 핵심은 기업의 이익, 그중에서도 현재의 이익보다는 미래의 이익이다.

　그는 상상력을 동원해서 미래에 이익이 어떻게 날 수 있을지 생각해야 한다고 강조한다. 단순히 회계학적으로만 따지지 않고 회계학이 인정하지 않는 미래 가치까지 따져보라는 뜻이다. 물론 이러한 이익 추정 과정에서 추정의 오류를 없애기 위한 고민은 필요하다.

　예를 들어 중국에서 세탁기 판매가 급증하고 있다는 뉴스를 보자. 보통 사람들은 가전제품업체에 주목할 것이다. 그러나 한 번 더 생각하면 세제를 만드는 회사가 빛을 볼 수 있다는 점을 금세 알게 된다. 세탁기 판매가 늘면 당연히 세탁기를 돌릴 때 사용하는 세제의 판매가 늘고 그렇게 되면 세제업체의 이익이 증가한다. 이런 점을 간파하고 남들보다 한

발 먼저 투자하면 그만큼 주가 상승의 수혜를 누릴 가능성이 많아진다.

국내 영화관 체인들이 늘어나 상영관이 증가하면, 영화관의 이익은 늘 것이라고 충분히 짐작할 수 있다. 한발 더 나아가면 영화배급사의 이익도 늘어난다. 이런 사고의 전환과 발전이 투자에는 꼭 필요하다. 어쨌든 핵심 포인트는 '이익의 증가'다.

턴어라운드 종목은 반드시 챙겨야

이익과 주가를 연결 짓는다는 관점에서 '턴어라운드주(Turn-around)'도 주목해야 한다. 턴어라운드 주식이란 특정 시점을 계기로 기업 실적이 급격히 좋아지는 종목을 말하는데, 일반적으로는 영업이익이나 당기순이익 등 기업 이익이 적자에서 흑자로 돌아섰거나, 돌아설 것으로 예상되는 종목이다. 턴어라운드 주식은 대체로 강한 주가 상승 탄력을 받는다.

그래서 필자는 지인들에게 "주식 투자의 원칙을 별로 세우지 못했다면 턴어라운드 주식만 눈여겨보라"고 조언하기도 했다.

연기금들의 투자행태도 마찬가지다. 그들도 턴어라운드 종목에는 관심을 갖는다(〈한국경제신문〉, 2011년 1월 16일) .

연기금은 2011년 6조 7,000억 원어치 주식을 살 것으로 예상되는데, 연기금이 주목하는 종목은 거의 예외 없이 상승곡선을 그려왔다. 그런데 연기금들이 주목하는 종목도 턴어라운드 종목이었다. 김철민 현대증권 연구위원은 "연기금은 다른 기관에 비해 투자기간을 길게 가져가는 경향이 있어서 향후 턴어라운드가 예상되는 종목을 미리 사두는 전략을 취한다"고 분석했다.

예를 들어 삼성전기 같은 기업이다. 삼성전기는 LED(발광다이오드) 부문이 부진했다. 2010년 4분기 영업이익이 1,140억 원으로 전년 동기 대비 16.9%, 전 분기 대비 57.0% 각각 감소할 것으로 예상했었다. 하지만 이승형 우리투자증권 연구위원은 "부진했던 LED 업황이 2분기부턴 본격적으로 개선될 것"이라며 "삼성전기는 차별화된 경쟁력을 바탕으로 정보기술(IT) 제품 수요 회복 시 최대 수혜를 입을 것"이라고 전망했다.

삼성생명, 대한생명 등 생명보험주도 금리 인상 덕분에 턴어라운드 기대주로 꼽힌다. 호남석유, 한화케미칼 등 화학주는 2010년 가파른 실적 개선추세에 힘입어 주가가 크게 뛰었으며, 2011년에도 큰 폭의 실적 개선이 기대된다.

언론에서 어닝 서프라이즈 제목 나오면 다시 한 번 주목

증권가에서 많이 쓰는 용어가 '어닝 서프라이즈(Earnings surprise)'라는 것이다. 이른바 예상치 않게 실적이 잘 나왔다는 뜻으로 '깜짝 실적'이라는 말을 하곤 한다. 그 반대로 '어닝 쇼크(Earnings shock)'도 있다. 반대로 실적이 예상치 못하게 안 좋게 나왔다는 뜻이다.

거래소나 코스닥에 상장된 주식은 기업 실적을 집계해 분기 마감 후

45일 안에 그 결과를 발표한다. 실적이라는 것은 기업이 그 기간 동안 장사를 잘했는지 못했는지 말해주는 성적표다.

이렇게 실적을 발표하는 기간을 '어닝스 시즌(Earnings season)'이라고 한다. 이때가 되면 애널리스트들은 실적을 미리 점쳐 보고서의 형태로 시장에 내놓는다.

그런데 애널리스트가 예상했던 실적보다 좋은 결과가 나왔을 때는 '어닝 서프라이즈'라고 하며 주가도 오르는 경우가 많다. 어닝 서프라이즈가 기대되는 종목에만 투자해도 좋은 실적을 낼 수 있다. 다시 한 번 강조하지만 주가는 이익에 비례한다는 점을 잊지 말자.

09

언론에 회자되는 히트상품을 만든 기업에 주목하라

· · · 아이폰 하나로 애플은
시대의 상징이 됐다

애플이라는 회사는 5년 전만 해도 디자인이 뛰어난, 좀 괜찮은 MP3 회사 정도로 여겨졌다. 애플이 만든 컴퓨터의 심플한 디자인이 혁신적이긴 했어도 마이크로소프트가 운영체제를 독점하다시피 한 상황에서 애플 OS를 고집한 컴퓨터는 그리 환영받지 못했다. 그런데 애플이 '아이폰'이라는 제품을 내놓고선 완전히 달라졌다. 진정한 모바일 시대를 연 것이다.

애플의 최고경영자 스티브 잡스의 병가로 시끌시끌하다. 그리고 삼성전자가 마치 애플을 따라갈 수 있을 것처럼 보도되고 있는 것 같기도 하다. 그러나 애플의 실적을 보면 입이 딱 벌어진다.

2010년 전체 실적을 한번 보자. 2010년 전체 매출은 762억 8,300만 달러로 한화로 84조 7,600억 원에 달한다. 영업이익은 214억 8,700만 달러로 23조 원이 넘고, 순이익은 116억 3,900만 달러로 19조 원이 달한다. 영업이익률은 제조업체로서는 상상도 하기 어려운 28%다.

숫자로 좀 더 살펴보자. 2010년 1년 동안 애플이 전 세계에 판 주요 제품 수는 아이팟 4,900만 대, 아이폰 4,700만 대, 아이패드 1,500만 대다. 대한민국 전체 국민이 아이팟과 아이폰을 하나씩 산 수준이다. 아이패드는 2010년 4월부터 판매하기 시작해 9개월 만에 달성한 수치라고 하니 놀라울 뿐이다.

주가는 어떨까? 미국 나스닥시장에서 애플 주가는 330달러 수준인데, 시가총액이 3,000억 달러를 넘어섰다. 지금 시가총액 1위 업체는 세계 최대 정유사 엑손모빌인데 애플은 이 회사를 바짝 뒤쫓고 있는 2위다. 2010년 5월에는 IT업체의 신화적 존재인 마이크로소프트(MS)의 시가총액을 따라잡은 바 있다.

이를 보고 투자자들은 뭔가 하나 느껴야 한다. 기업은 히트상품 하나만으로도 완벽하게 시장을 주도할 수 있다는 점이다. 이른바 효자상품 하나가 기업을 먹여 살리는 것이다.

소문난 맛집은 메뉴가 단 몇 가지뿐이다

우리가 맛집이라고 부르는 식당의 공통점이 있다. 대체로 메뉴가 많지 않다는 점이다. 주변에서 흔히 볼 수 있는 김밥·만두가게 등 분식점에 가서 메뉴를 세어보라. 아닐 것 같지만 100가지 넘는 곳이 많다. 이러니 70~80점짜리 음식은 만들 수 있을지언정 100점짜리를 만들어내지는 못하는 것이다.

유명한 맛집을 가보면 냉면이면 냉면, 콩국수면 콩국수, 양대창이면 양대창, 단 몇 가지의 음식만으로 승부를 걸어도 찾아오는 손님들로 발 디딜 틈이 없다. 기업도 그렇다. 단 한 가지 제품만으로도 기업이 흥할 수 있다. 마이크로소프트는 어떠한가? 컴퓨터 운영체제 하나만으로도 세계를 호령하지 않았는가?

국내에서도 히트상품을 출시해 대박을 낸 기업이 많다. 농심 신라면, 동양제과 초코파이, 하이트 맥주, 동아제약 박카스, 롯데제과 자일리톨 껌 등이다.

히트상품이었던 박카스를 누른 또 하나의 히트상품이 나왔는데 그 것은 광동제약 '비타500'이었다. 국내 대표 비타민 음료가 된 비타500 의 탄생은 '몸에 좋은 비타민C를 물에 녹여 마시면 어떨까'라는 매우 단순한 생각에서 출발했다. 2001년 첫 선을 보인 이후 2005년 1,260억 원의 매출을 기록하며 자양강장제로는 부동의 1위를 기록해왔던 '박카 스'의 매출을 앞지르기도 했다.

비타500은 누계 판매량이 30억 병이 넘고, 월평균 4,000만 대가 팔 려나간다. 국민 1인당 한 달에 1병 이상 마신다. 비타500의 빅 히트로 수많은 '미투제품(원조 제품의 디자인이나 제품명을 비슷하게 베낀 유 사품)'도 양산됐다.

광동제약은 제약사로서는 파격적으로 옥수수수염차라는 음료를 내 어 음료시장에서도 바람을 일으켰다. 지금은 주가가 좀 주춤하지만 히 트상품이 맹활약하던 2004년이나 2007년 광동제약 주가는 바람을 타 고 올라갔다.

농심도 주목해볼 만한 기업이다. '신라면'이라는 초대형 히트상품을 냈는데 최근 국내에선 소비가 줄어들어 '위기의 라면'이라는 말까지 들었다. 그러나 이젠 국내시장을 넘어 중국 등 국외시장을 바라보고 있다. 농심은 하나의 히트상품으로 시장만 넓혀가면서 매출을 키우고 있다. 농심 '신라면'이 중국시장에 제대로만 안착한다면 농심의 주가는 최초의 부진을 딛고 또 한 번 날개를 달게 될 것이다.

히트상품을 양산하는 회사에 대한 소비자들의 충성도는 높다. 애플의 경우 신제품 출시 며칠 전부터 상점 앞에서 밤을 새어 가며 먼저 사 가려는 소비자들의 행렬이 화제를 모으기도 했다.

10 투자자들이 SK그룹을 걱정하는 이유

· · ·　성장동력을 못 찾는 기업은
투자 주의해야

　SK그룹을 두고 그룹 안팎에서 걱정을 많이 한다. 당장 보면 SK그룹이 아쉬울 것은 없다. SK텔레콤은 통신시장의 1등 회사로 승승장구하고 있고, SK에너지도 정유업계의 강자로 자리매김했다. 그룹 전체로 100조 원 이상의 매출을 올리는 그야말로 대기업이다.

　그러나 문제는 불투명한 미래에 있다. SK텔레콤이 주도하는 통신시장은 이제 포화단계에 들어선 지 오래다. 전 국민이 모두 한 대 이상의 휴대폰을 들고 다니는 시대에 돌입했기 때문에 추가수요를 창출하기 어렵다. 그렇다고 부가서비스로 수익을 내기도 만만치 않다. 반면 경쟁자들은 더욱 속도를 내어 1위 쟁탈전을 벌이고 있다.

　SK에너지도 국내 정유업계의 시장상황을 고려하면 국내에서는 그리 매력적으로 수익을 낼 수 있는 구조가 아니다. 원유를 전량 수입해 와야 하는 데다 국민 정서에 민감한 사업이기에 가격정책을 쓰기가 쉽지도 않다.

이는 삼성과 비교해보면 잘 알 수 있다. 삼성은 휴대폰, 반도체, 가전제품 등 전 세계 어디에서나 통하는 제품군인 이른바 글로벌 프로덕트를 갖고 세계시장을 휩쓸고 있지만 SK는 이런 역량이 부족하다.

이런 점을 잘 알고 있는 최태원 SK그룹 회장은 '중국'에 비전을 두고 새로운 성장동력을 찾기 위해 20년 전부터 공을 들여왔다. 중국에 비전을 뒀다는 점은 옳지만 몇 년이 지났는데도 뚜렷하게 성과를 내고 있지 못한다는 점에서 매우 아쉽다. 중국 선전에 10억 달러 규모의 정유시설단지를 지으려던 심천프로젝트는 무산됐고, SK텔레콤이 보유하던 중국 제2 통신사 차이나유니콤 지분은 전량 매각했다. 베트남과 미국 등지의 새로운 사업도 성과를 보지 못했다.

2010년만 놓고 봤을 때 SK그룹주가 오르는 등 주식시장의 평가는 인색하지 않다. 하지만 100년을 내다본 미래 성장동력을 찾기는 지속기업으로 성장하는 데 중차대한 과제임에는 틀림없다.

현재 경기보다 미래 전망을 살펴라

주식은 해당 기업 가치에 대한 시장의 평가다. 자본금이 100억 원으로 출발한 기업이라도 사업성이 좋아지면 주식시장에선 1,000억 원 이상으로 평가할 수 있다. 그것은 시가총액(총발행주식 × 주가)으로 나타난다.

잠깐 상식으로 배워보자. 상장기업들의 시가총액을 모두 합치면 시장의 평가 대상에 놓인 기업들의 시가총액을 모두 얻을 수 있다. 1980년 1월 4일의 시장 시가총액을 100으로 놓고 환산한 매일의 시가총액이 그날의 코스피지수다. 코스피지수가 2000을 넘었으니 30년 전과 비교해 상장기업의 시가총액이 20배 이상 증가했다는 의미이고 그만큼 한국 기업이, 한국 경제가 탄탄하게 성장했다는 뜻이 될 것이다.

그런데 반드시 기억해야 할 것은 이 시장의 평가라는 것은 현재보다는 미래를 중시한다는 것이다. 주가가 경기 선행지표의 흐름과 맥을 같이 한다는 점도 이러한 사실을 말해준다.

사람들은 보통 착각을 한다. 현재의 경기가 좋으면 주가가 상승할 것이라고 보는 것이다. 하지만 그렇지 않다. 당장의 경제상황과 기업들의 이익도 중요하지만 이것은 주식시장을 주도하는 변수는 아니다. 현재가 좋아도 미래에 대한 자신감이 크지 않다면 투자자들은 선뜻 주식을 사지 않는다. 민상일 이트레이드증권 투자전략팀장은 2010년 여름의 지수흐름을 예로 들었다.

"7월 증시는 박스권을 벗어나지 못했다. 당시 상황이 나빠서가 아니었다. 삼성전자와 인텔 등 국내외 주요 기업들은 대체로 좋은 결과를 시장에 보여주었다. 고민은 하반기였다. 유럽은 위기였고, 미국은 고용, 제조업, 주택시장 등 전반적인 경제지표가 부진했다. 중국 역시 긴축 정책 속에 상반기보다 못한 하반기가 예상됐다. 이런 상태에서 당장 기업 이익이 좋다고 주가가 강하게 오르기는 힘들다."

반대의 경우도 마찬가지다. 현 상태가 좋지 않다는 점이 미래도 나쁠 것이라는 점을 말해주지는 않는다. 오히려 바닥에 살 수 있는 타이밍을 준다. '밀집모자는 겨울에 사라'는 증시의 격언이 괜히 나온 것이 아니다.

기업을 고를 때도 비슷한 기준을 삼으면 된다. 당장 잘나가는 기업과 미래에 잘나갈 것 같은 기업이 있다면 당연히 미래에 잘나갈 것 같은 기업을 골라야 한다. 그래서 언론에서 '신성장동력'이라는 단어가 나올 때 허투루 읽어서는 안 된다.

또 투자 대상 기업이 시대의 흐름을 잘 타고 있는 기업인지도 살펴야 한다. 이승훈 서울대 경제학부 명예교수는 이렇게 비유한다(〈한국경제신문〉, 2010년 11월 17일).

"이동통신기술의 국제표준이 명확하지 않았던 초기에는 CDMA 기술을 개발한 회사의 현재 가치가 크게 높지 않았다. 그러나 상용화가 가능하도록 시술이 추가로 개발되고 여러 나라의 표준으로 채택되면서 그 가치 평가는 엄청나게 높아졌다. 반대로 테이프로 녹음·녹화하는 아날로그 기술에 전념한 전자사업체는 디지털시대로 접어들면서 그 가치평가가 폭락했다."

아날로그 필름에 전념한 코닥이 쇠퇴한 것이나, 방만한 경영과 소형차 개발을 등한시한 GM의 몰락, 아날로그TV 판매에 안주했던 소니의 위기 등도 모두 같은 맥락이다.

페이스북의 기업 가치 논란

최근 뜨고 있는 산업에 대해서라면 더더욱 미래가치 분석에 철저해야 한다. 전통산업과는 달리 미래를 예측하는 게 더 어렵기 때문이다. 최근 전 세계에서 가장 화제가 되고 있는 기업을 꼽으라면 페이스북이다. 하버드대 기숙사에서 출발한 지 7년도 안 돼 6억 명이라는 가입자를 모았고 2010년 20억 달러 매출도 올렸다. 세계적인 투자회사 골드만삭스는 페이스북의 기업 가치를 500억 달러라고 하고 5억 달러를 투자하기도 했다.

페이스북의 기업가치는 이베이나 야후 같은 1세대 인터넷 기업의 시가총액보다 크다. 500억 달러라는 기업 가치는 연간매출의 25배에 달하기도 한다.

그런데 페이스북의 기업 가치가 과대평가됐다고 말하는 이들도 있다. 현재 가치만 놓고 보면 다른 업체가 당장 소셜네트워크 분야에서 페이스북의 지위를 빼앗기 쉽지 않기 때문에 높은 기업 가치를 줄 수 있다. 그러나 온라인 소셜 트렌드의 변화를 예측하기 어렵고, 새로운 트렌드가 나올 경우 페이스북 또한 구식이 될 가능성을 배제할 수 없다는 이유로 페이스북의 미래 가치를 높게 평가하지 않기도 한다.

페이스북이 향후 10년 동안 빠르게 성장해 세계 기업 가치 1위 기업인 엑슨모빌과 같아진다고 가정하면 페이스북의 시가총액은 10년 뒤 엑슨모빌과 같은 3,800억 달러에 달한다. 하지만 이렇게 성장한다고 해도 페이스북의 주식을 산 투자자들의 연간 수익은 22% 정도로 그렇게 훌륭하지 않다는 분석이다.

이 같은 논란처럼 페이스북이라는 현재에 가장 뜨는 기업에 대해서도 미래를 확신하기가 어렵다. 과거 한국에서는 '아이러브스쿨'이 한 시대를 풍미한 적이 있었지만 지금은 소리소문 없이 사라졌다. 당시 기업 가치는 수백억 원을 호가했지만 지금은 단돈 1억 원의 가치를 주기도 힘들 것이다. 개인투자자는 물론 전문가들도 일반기업의 미래 가치를 논한다는 것은 정말 어려운 작업이다.

그래도 개인투자자들은 머릿속에 한 가지를 분명히 넣어야 한다. '현재보다는 미래'를 봐야 한다는 것. 그러면서 미래의 가치를 고려할 때 싼 주식에 투자해야 한다. 돈 벌기가 참 쉽지 않다.

11

글로비스·기아차 주가는 오를 수밖에 없었다

· · · 기업 오너와 관계된 일이라면
눈길을 떼지 마라

기아차의 주가 상승은 2010년 큰 화제였다. 그도 그럴 것이 2008년 11월 5,700원대로 바닥을 찍었던 주가는 2011년 1월 6만 원을 돌파했다. 10배 넘는 상승세를 보이며 쾌속성장을 한 것이다.

필자는 지인들에게 종목을 잘 추천하지는 않지만 2005~2006년엔 기아차를 장기적으로 유심히 보라고 얘기한 바 있다.

몇 가지 이유가 있었다. 당시 많은 애널리스트들이 분석한 대로 기업 가치에 비해 주가가 낮았던 점도 필자의 눈길을 끌었다. 또 현대차의 뛰어난 기술과 디자인 실력을 아는 상황에서 기아차의 품질도 올라갈 것이라는 믿음도 있었다.

이보다 더 강력한 추천사유가 있었다. 바로 2005년 2월 정의선 기아차 사장의 부임이었다. 2011년 현재는 현대차 부회장으로 올라섰지만 당시만 해도 그룹 안팎에서는 정의선 부회장이 현대차그룹을 이어받

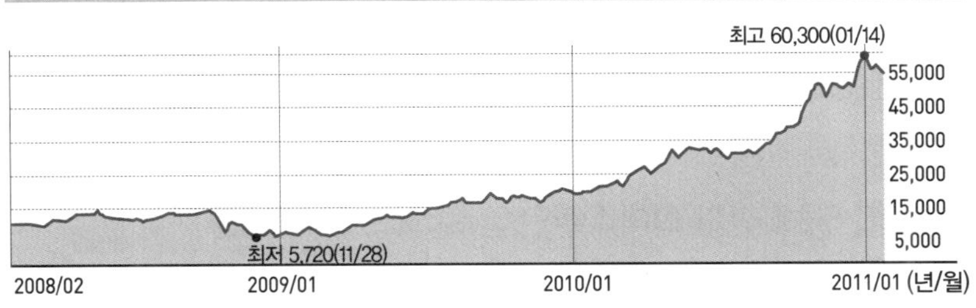

을 수 있을 만한 경영능력을 보여줘야 하는 중차대한 시험대에 올라섰던 상황이다.

필자는 정 부회장이 개인적으로 탁월한 능력을 보여줄 수도 있겠지만 그룹 차원에서 전폭적인 지원을 아끼지 않을 것이라고 판단했다. 그래야 많은 오너(Owner)가의 염원이자 숙제인 2~3세로의 승계를 매끄럽게 끝낼 수 있기 때문이었다.

결과적으로 보면 정 부회장은 디자인 경영이라는 모토를 내세웠고 자동차 디자인 전문가 피터 슈라이더를 영입해 기아차를 확 바꿔냈다. 그룹이 얼마나 전폭적으로 지원했는지 모르겠지만 탁월한 경영감각을 보여줬고 기아차의 주가상승에도 기여했다.

이처럼 개인투자자들이 눈여겨봐야 할 투자이슈는 기업 오너다. 기업 오너가 해당 기업에 얼마나 애정을 갖고 대하느냐는 주가에도 영향을 끼친다.

정의선 부회장과 관련해 주목할 만한 기업은 글로비스가 있다. 정 부회장은 글로비스의 지분 31%를 갖고 있는 최대주주다. 글로비스의 주가가 오르면 오를수록 정 부회장의 자금여력은 커지고 훗날 현대차의 지분을 확보하는 데 유리해진다.

정의선 부회장이 최대주주인 글로비스도 승승장구

글로비스의 주가는 어떤가?

2007년 1월 2만 1,300원으로 바닥을 찍은 주가는 2010년 11월 17만 원을 돌파했다. 2005년 12월 글로비스가 상장했을 때 첫 날 4만 2,600원이었던 시초가를 형성한 뒤 곧장 가격 제한폭까지 올라 4만 8,950원을 기록했다. 이후 상승세를 달리다 금융위기 무렵 꺾이고 말았지만 필자는 글로비스의 승승장구를 확신했다. 글로비스가 잘 될수록 그룹의 승계과정이 수월해지기 때문이다.

많은 투자자들이 오너가 대주주인 기업의 상장에 관심을 가졌음에도 이를 장기 투자로 이어가지 못해 큰 수익을 내지 못한 것은 아쉬운 대목이었다. 이때 주식을 사둔 뒤 보유하고만 있었더라면 5년 만에 3배 이상으로 원금이 불어나 있을 텐데 말이다.

그렇다면 글로비스의 성장에 현대차 그룹은 어떤 역할을 했을까? 물론 지대한 역할을 했다. 5조 원에 달하는 글로비스 매출액의 90%는 그룹 계열사 등 특수관계인과의 거래를 통해 발생했다.

앞서 언급했든 정의선 부회장은 31.9%를 보유한 최대주주이고, 2대 주주는 정몽구 현대·기아차 회장으로 20.3%를 보유하고 있다. 그룹이 불법이 아닌 선에서 글로비스를 밀어주는 건 당연한 일이다. 증권가에서는 정 부회장이 지주회사 1순위인 현대모비스와 글로비스를 합병시켜 현대모비스 지분을 확보하거나 글로비스 주식을 팔아 현대모비스 지분을 확보할 가능성이 높다고 본다. 이렇다면 글로비스의 주가는 더 올라줘야 정 부회장에게 유리해진다.

코스피지수 2000 재 돌파의 숨은 공신은 그룹 오너들일 수도

오너 이슈는 주가에 크게 영향을 끼친다. 2010년 말 코스피지수 2000 선 돌파에도 대기업그룹 오너가 프리미엄은 적지 않은 역할을 했다. 삼성전자는 이재용 부사장의 사장 승진이 유력시되던 2010년 11월 중순부터 뛰어오르기 시작했다(〈문화일보〉, 2010년 12월 22일) .

삼성전자 주가는 2010년 11월 15일 80만 원대로 오르더니 숨가쁘게 상승해 코스피지수가 2000 선을 넘기 전날인 13일 사상최고가인 93만 원을 기록했다. 1주일 뒤인 21일에는 93만 6,000원까지 오르며 이마저 갈아치웠는데, 이 기간(11월 15일~12월 13일)에 삼성전자의 상승률은 무려 19.53%에 달한다.

삼성그룹 경영권 승계 과정에서 중요한 역할을 할 것으로 기대되는 크레듀나 삼성카드의 주가도 치솟았다. 2010년 초만 해도 5만 원대에 거래되던 크레듀는 9만 원 선까지 치솟았고, 5만 원에 거래되던 삼성카드 주가도 6만 원을 넘나들었다. 이밖의 제일모직, 삼성물산, 삼성전기, 삼성중공업, 삼성SDI 등 대다수의 삼성 그룹주들이 '이재용 효과'

를 보고 있다.

삼성전자는 한국의 대표기업이기도 하고, 뛰어난 실적을 토대로 주가가 주당 100만 원을 넘어 높은 상승세를 점치는 애널리스트들이 많다. 여기에 삼성전자를 사야 할 이유를 하나 더 덧붙이자면 그것은 이재용 사장의 부임이 될 것이다. 이재용 사장은 사장 부임 이후 뛰어난 성과를 내려고 할 것이고 그룹도 이 점에 집중할 것이다.

이런 사례는 많다. 2010년 9월 LG전자 주가가 하루 만에 5% 가까이 오르면서 10만 원대로 뛰었는데, 이날 LG전자의 대표이사로 오너 일가인 구본준 부회장이 선임됐다는 소식 때문이었다. 2011년 3월에는 이건희 삼성그룹 회장의 복귀 소식에 삼성전자 주가가 87만 원을 기록하며 사상 최고가를 기록했다. 오너가가 기업경영에 개입했다는 말은 확실한 책임경영을 한다는 뜻이기도 하다. 또 증권가에서 가장 싫어한다는 불확실성을 제거하는 데도 큰 역할을 한다.

물론 기대가 곧바로 실적에 이어지는 건 아니다. 그러니 단기의 급상승에 고무될 필요는 없다. 글로비스에서 봤듯 초기에 오르다가 빠지기도 한다. 이건희 회장 복귀 때에도 최고가를 형성했지만 그 뒤 다시 70만 원대로 주저 앉았다. 하지만 필자의 생각에 좀 더 장기로 판단한다면 오너가가 얽힌 스토리는 기업에 분명 이익이 된다.

삼성만 해도 앞으로 오너 이슈가 많을 것이다. 삼성이 신성장사업으로 발광다이오드(LED), 태양전지, 자동차전지, 바이오제약, 의료기기 등을 언급했는데 이 사업들을 이재용 사장이 어떻게 끌고 갈지도 관심 있게 지켜봐야 한다.

이재용 사장의 동생인 이부진 호텔신라 사장과 이서진 제일모직 부사장의 역할에 관심이 쏠리고 있다. 그룹 분할론까지 거론되는 상황이다. 이런 때라면 이부진 사장이 있는 호텔신라도 한 번쯤 관심종목군에 넣어둘 필요가 있다.

실제로 이부진 사장은 2010년 11월 치열한 경쟁을 뚫고 인천공항 내 호텔신라 면세점에 명품 '루이비통' 입점을 시키는 등 추진력과 사업능력을 보이고 있다. 실제로 많은 애널리스트들이 계열분리 가능성을 염두에 두며 호텔신라와 제일모직을 주목하라고 밝히고 있기도 하다.

한진그룹과 같은 기업도 주목해야 한다. 2011년은 대한항공에 의미가 있는 때다. 2010년 12월 조현민 통합커뮤니케이션실 IMC팀장이 상무보로 승진하면서 3자녀가 본격적인 오너 3세 경영에 나섰다.

장녀인 조현아 기내식기판사업본부장은 객실승무본부장을 겸하게 됐고, 조원태 본부장은 경영전략본부장으로 자리를 옮겨 능력을 검증받는다. 이들도 현재 매출 11조 9,800억 원, 영업이익 1조 2,600억 원을 기록하고 있는 대한항공의 실적을 더 높이고 주가도 끌어올리려고 안간힘을 쓸 것이다. 오너에 관계된 일이라면 작은 일 하나도 놓치지 말고 투자의 기회를 얻어야 한다.

12

M&A는 기업의 명운을 가를 화두다

· · · 성장의 발판인지 승자의
저주인지 판단하라

2011년 초 대한통운 주가가 상한가를 연속적으로 기록하는 등 급등했다. 그 이유는 단 하나다. 포스코가 대한통운의 인수를 검토하고 있다는 뉴스가 전해지고 나서다. 단기투자자들이 가장 관심을 두는 테마 중 하나가 인수·합병(M&A)이다. 실제로 M&A 이슈만 나오면 주가는 출렁거린다.

2010년 11월 23일 하나금융지주는 전일보다 5.71% 상승했는데 외환은행 인수설이 돌고 나섰다. 비슷한 시기 쌍용차가 마힌드라그룹과 본계약을 체결하자 주가는 장중 10% 이상 급등했다. 현대건설 인수를 놓고도 현대그룹 주가와 현대차 주가가 출렁거렸다.

이처럼 M&A는 주식시장에서 아주 민감한 이슈다. 2011년만 해도 대한통운, 현대건설, GS홈쇼핑, 대우조선해양 등 대형 M&A 매물들이 나올 예정이라 M&A 이슈는 부각될 수 있다.

보통 생각하기를 M&A 정보를 미리 알고 투자해 놓으면 막상 M&A

M&A로 고초를 겪은 금호그룹 사진.

가 될 때 주가가 큰 폭으로 뛸 것이라고 기대한다. 실제로 시장에서는 M&A를 호재로 관련 업종들이 들썩이는 경우가 있다. 기업들도 M&A 를 화두로 기업이 크게 성장할 것처럼 떠든다. 정말 M&A를 하기만 하면 주가가 큰 폭으로 뛸까?

〈조선일보〉 2011년 1월 12일자에 따르면 증권시장에서 M&A는 득보다 실이 많다고 한다. 감당하기 어려운 수준의 큰 기업을 인수하면서 그 후폭풍으로 내실 있던 인수기업마저 무너지는 경우가 있다. 거래가 성사되기도 전부터 소문에 주가가 요동을 치면서 투자자들이 갈피를 못 잡게 만드는 경우도 있다. 또는 정상적인 경영활동도 없는데 오직 'M&A를 할 것'이라는 달콤한 말에 투자자를 끌어 모은 뒤 상장 폐지되는 사례도 있다.

이러한 실패 사례는 허다하다. 가장 대표적인 사례가 2006년 금호그룹의 대우건설 인수다. 자금사정이 넉넉하지 않은 상황에서 6조 원이

라는 돈을 지불하고, 또 재무적으로 불리한 조건으로 인수한 뒤 그룹이
무너질 만큼 고초를 겪었다. M&A를 따내는 '승리'를 거두고도 휘청거
릴 수밖에 없는 이른바 '승자의 저주'를 맞았던 것이다.

　작은 기업들도 마찬가지다. 2010년 상장 폐지된 일공공일 안경콘
텍트(이하 일공공일)는 과도한 자금 차입으로 회사가 망가진 사례다.
1999년 설립된 이후 안경나라와 씨채널 등을 인수하며 승승장구했지
만 코스닥 상장을 앞두고 문제가 생겼다. M&A로 확장하다 보니 우회
상장 자금이 부족했는데 이를 마련하기 위해 주식과 어음을 담보로 과
도하게 사채를 끌어다 썼다. 일공공일은 막대한 이자비용과 우발채무
를 감당하지 못하고 시장에서 퇴출당했다.

　재벌닷컴에서 2005년 이후 2008년 9월까지 M&A로 경영권이 바뀐
인수금 1,000억 원 이상 16개 상장사를 대상으로 한 조사에 따르면, 인
수 당시 대주주가 지불한 인수금액은 14조 3,000억 원이었다. 그러나
이들 대주주의 지분가치는 11조 4,000억 원에 불과했다고 한다. M&A
를 한 이후 평균 20%의 평가 손실을 봤다는 얘기다. 그만큼 M&A 이
후 성공한다는 게 참 어렵다.

　투자정보매체 〈연합인포맥스〉(2010년 9월 13일)의 분석도 크게 다
르지 않은 것 같다. 대형 M&A 재료에 노출된 피인수기업의 주가는 상
승곡선을 그리고, 인수경쟁사가 장밋빛 미래를 제시하고 시너지 관련
보고서를 내면 한 번 더 출렁이지만, 많은 피인수기업이 과거와 같은
수준으로 다시 떨어지곤 했다.

시너지효과 제대로 낸 동원산업과 스타키스트의 합병

M&A에 대해 비관적인 사례만 있는 것은 아니다. 예를 들어 국내 그룹 중 웅진그룹은 M&A로 컸다고 해도 좋을 만큼 인수·합병전략을 잘 활용해왔다.

웅진그룹은 브리태니커 영업사원으로 사회생활을 시작한 윤석금 회장이 1980년 직원 7명과 자본금 7,000만 원으로 설립한 웅진씽크빅(옛 웅진출판)이 모태다. 2011년 현재 15개 계열사에 자산기준 30위권에 들어선 명실상부한 그룹형 대기업이 됐는데 그 성장배경은 M&A였다. 그는 2007년 극동건설과 2008년 웅진케미칼(옛 새한)을 인수하며 그룹을 키웠다. 역시 자수성가형 기업인 STX도 인수·합병으로 그룹을 알차게 키웠고 주가도 이에 부응했다.

2008년 6월 동원산업과 미국 스타키스트의 합병은 시너지를 잘 일으킨 사례로 꼽힌다. 당시 스타키스트는 1,700억 원에 달하는 영업적자에 시달릴 만큼 엉망이었다. 세계 최대 식품기업인 델몬트도 스타키스트를 살리는 데 실패했다.

하지만 동원산업은 분명 시너지가 있을 것으로 확신했다. 동원산업은 참치를 잡는 대형 원양어업회사이고 스타키스트는 미국에서 참치 캔을 만드는 시장점유율 1위 기업이었다. 동원산업이 참치를 잡고 스타키스트가 그 참치를 사서 캔을 만들면 양사 모두에 이익이다.

아니나 다를까 동원산업이 스타키스트를 인수한 이후 실적은 점점 좋아져 2~3위 회사와의 격차를 벌렸다. 충분한 인수자금을 준비해뒀고 철저하게 시너지효과를 분석했기에 가능한 일이었다. 이후 동원산업 주가가 지속적으로 올랐다는 점은 말할 필요도 없다. 2009년 지분법 평가이익으로 310억 원을 거둔 데 이어 2010년에도 250억 원의 이익 상승효과를 봤다. 원/달러 환율이 떨어지지 않았더라면 더 큰 효과를 거둘 수 있을 뻔도 했다.

외국에서도 M&A 전략으로 크게 성공한 기업이 많다. 1906년 멕시코에서 설립된 CEMEX가 대표적인 기업이다. 1985년까지만 해도 멕시코 내에서 6위 정도에 불과한 작은 시멘트기업이었지만 1987년 이후 경쟁사를 사들이면서 성장가도를 달렸다. 1989년 멕시코 내 1등 기업으로 올라섰고 10년 동안 북미·남미·아시아시장의 경쟁사를 인수하면서 세계 3대 시멘트 기업으로 도약했다. CEMEX는 1989년부터 1999년까지 10년 동안 매출액을 10억 달러에서 50억 달러로 5배 이상 신장시켰다. 가장 오래된 산업이라고 하는 시멘트 산업에서 M&A라는 전략으로 세계적인 기업으로 성장한 것이다.

승자의 저주인지 판단 어렵다면 언론·애널리스트의 견해 주의 깊게 살펴야

M&A 이슈는 기업을 좋게도 만들 수 있고, 때론 아예 기업을 사라지게 만들 수도 있다. 그렇다면 핵심은 M&A 이후 살아남고 더 성장할 기업을 찾는 게 중요하다.

M&A의 성공여부를 볼 수 있는 제1법칙은 인수가격의 적정성을 검

토하는 것이다. 개인투자자로서 쉽게 판단하기는 어렵지만 최소한 뉴스를 보고 인수가격이 싼지 비싼지에 대한 논란이 있는지 살펴볼 필요가 있고, 언론이나 애널리스트들의 분석을 봐야 한다. 또 인수 뒤 시너지 효과가 있는지, 인수기업과 피인수기업이 합병 이후 잘 조화를 이뤄낼 수 있을지 등도 살펴봐야 한다.

이에 덧붙여 박남규 서울대 경영학과 교수가 소개하는 '승자의 저주를 피하는 비결'도 참고할 만하다(〈매일경제신문〉, 2011년 1월 15일).

박 교수의 분석에 따르면, M&A전략에는 두 가지 유형이 있다.

첫 번째는 인수 뒤 신제품 개발(A&D, Acquisition and Development)이다. 특정 기업을 인수하는 이유가 해당 기업이 가지고 있는 자산이 아니라 인수당하는 기업이 보유한 잠재적인 기술력을 확보하고 이를 기반으로 새로운 제품을 개발하는 것이다. 이때는 해당기업이 가지고 있는 잠재적 가치보다 더 돈을 많이 주고 사들일 수 있다. 특히 첨단기술이 갖고 있는 기업을 사들일 경우 미래에 발생할 잠재적 시너지를 정확하게 예측하기 어렵기 때문이다. 이 경우는 해당 기술의 시장성을 잘 살피는 게 중요하다.

두 번째는 자산 인수를 목적으로 하는 일반적인 M&A 전략인데, 박남규 교수는 꼭 높은 인수가격을 지불한다고 승자의 저주로 직결되는 것은 아니라고 했다. 인수기업이 충분한 현금흐름을 창출할 수 있다면 단기적으로는 높인 인수가격 때문에 고전할 수 있어도 장기적으로는 새로운 사업에 진입하는 시간을 단축시키는 데 도움이 될 수 있다.

예를 들어 삼성전자가 의료기 전문업체인 메디슨을 인수할 때 인수가격은 큰 문제가 아니다. 삼성전자가 메디슨을 회생시킬 수 있는 충분한 자금력과 기술력을 보유하고 있기 때문이다. 삼성전자가 의료기 사업이라는 새로운 영역에 들어서는 진입비용일 뿐, 삼성그룹이 의료분야에서 어떤 시너지를 낼 수 있을지 알 수 없다. 그러니 모기업의 자금력과 시너지를 창출할 수 있는 역량을 살피는 게 중요하다.

더 중요한 건 M&A를 하는 주체들의 마인드다. 단물만 빼먹고 팔아치우는 이른바 M&A 먹튀들이 도처에 널려있다. 이런 M&A가 시너지를 낼 리도 없거니와 기업 주가를 올릴 리는 더욱 만무하다. 개인투자자들이 이런 걸 판단하기는 어렵다. 그렇기에 언론과 애널리스트들의 의견을 자주 접해야 하고, 스스로도 기업을 보는 눈을 키워야 한다.

13

새로 상장하는 기업을 항상 눈여겨봐라

· · · 락앤락 1년 만에 주가 두 배,
숨겨진 보석주를 발굴하라

우스갯소리 하나 하겠다. 남자들이 가장 좋아하는 여자는 어떤 여자일까? 예쁜 여자? 돈 많은 여자? 아니다. 처음 본 여자라고 한다. 아무리 예쁜 여자라도 오래 만나고 보다 보면 그 신선함이 사라진다는 뜻에서일 것이다.

주식시장에 이를 비유해 보자. 개인투자자들은 현빈이나 김태희 같은 대형 연예인에 비유해도 좋을 만한 '삼성전자'나 '현대차'라는 종목에 대해서도 신선함을 느끼지 못한다. 이들 기업이 한국을 대표하기도 하고, 글로벌시장에서 탁월한 경쟁력을 보인 그야말로 '미인주'라고 하더라도 그들에게는 식상하고 매력 없는 추천종목일 수밖에 없다.

그런 투자자들이라면 신규 상장기업을 눈여겨보라고 말하고 싶다. 새롭게 시장에 올라서는 만큼 아직 검증은 안 됐다. 그러나 일단 보석 같은 기업을 발견하면 그 성과도 뛰어날 것이다.

2010년은 IPO의 해라고 할 만큼 상장이 많았다. 10조 원 규모로 종전 최대치인 1999년 3조 8,000억 원을 크게 상회했다. 글로벌 경기회복과 함께 신규상장은 더욱 늘어날 것이니 투자자들에게도 분명한 기회가 있다.

신규 상장기업 중에 탁월한 성과를 낸 기업이 많다. 2010년 1월 신규 상장한 락앤락 같은 기업이다. 락앤락은 주부들에게는 매우 잘 알려진 밀폐용기 전문기업이다. 주부들은 밀폐용기들을 총칭해 그저 '락앤락'이라 부른다. 외국에서 검색을 '야후하세요(Do you yahoo)?' 라고 묻는다거나 한국에서 반창고를 '대일밴드'라고 부는 식이다. 그만큼 시장에서 락앤락의 인기는 대단하다.

아니나 다를까 락앤락은 신규 상장하자마자 주가가 크게 상승했다. 증권사의 분석에 따르면 락앤락은 2010년 한 해 132%가 올라, 2010년 신규상장 종목 가운데에선 공모가 대비 주가상승률 2위를 기록했다.

게다가 락앤락은 중국시장에도 성공적으로 진출했다. 중국 소비자를 상대로 영업을 한다는 것은 매우 어려운 일인데 락앤락은 중국에 성공적으로 안착했다. 이런 성장 덕분에 김준일 회장의 주식가치는 1조 원을 넘어섰다.

이런 기업은 상장 전부터도 조금만 관심을 기울였다면 충분히 투자를 고려할 수 있는 좋은 기업이다. 다만 관심을 두지 않았거나, 실행에 옮기지 않았을 뿐이다.

휠라코리아도 2010년 상장해 119%가 올랐다. 휠라코리아는 여러 모

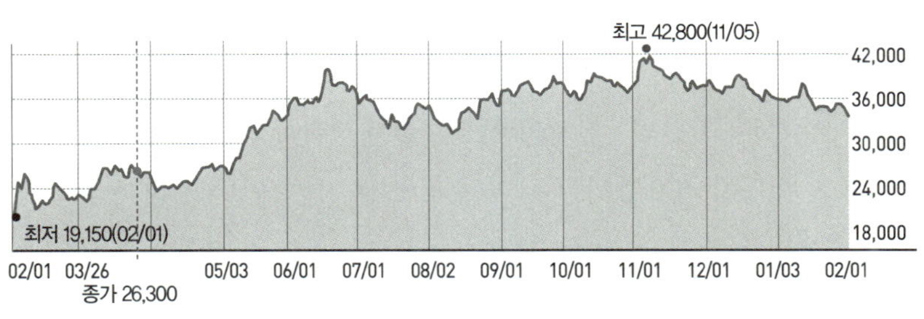

로 매력적인 기업이었다. 휠라코리아의 윤윤수 회장은 CEO의 이름만
으로도 충분히 주가를 올릴 수 있는 그런 인물이다. 그는 탁월한 경영
능력을 발휘해 한국지사가 휠라 본사를 인수하는 새로운 형태의 M&A
를 성공시켰고, 결국 휠라 브랜드 전체를 소유하는 오너가 됐다. 휠라
는 상장하자마자 공모가(3만 5,000원)의 배로 올랐는데, 향후 미국과
중국시장의 성장세가 예상되니 계속 관심을 기울일 만한 기업이다.

한상기업 최초로 코스피 상장한 코라오홀딩스도 주목

필자는 2010년 11월 라오스를 방문한 적이 있다. 라오스의 최대 민
간기업이자 한국인이 경영하는 '한상기업'인 코라오를 분석하기 위해
서였다. 코라오는 라오스에서 중고차를 수입해 판매하고 오토바이를
제조 판매한다. 이 코라오는 2010년 말 한상기업 최초로 코스피시장에
상장해 눈길을 끌었다. 2010년 11월에 상장한 코라오홀딩스는 공모가

가 4,800원이었는데 시초가 7,300원으로 시작한 이후 하락하더니 12월 20일 4,820원까지 떨어져 공모가를 위협받기도 했다. 필자의 생각에는 단기투자자들이 차익을 실현했던 이유가 컸던 것 같다. 이후론 다시 주가가 올라 2011년 1월 6,500원 선을 유지하고 있다.

많은 사람들이 라오스라는 나라를 잘 모르거나, 안다고 하더라도 매우 가난한 나라로 기억한다. 실제로 1인당 국민소득이 900달러에 불과해 인도차이나반도에서도 빈국에 속한다. 그러나 1인당 국민소득 1,000달러로 넘어가면서 중국이나 베트남이 고속성장하기 시작했다는 점, 코라오가 시장 점유율 1위의 자동차 생산업체라는 점, 창업주인 오세영 회장의 적극적인 리더십 등을 고려할 때 충분히 투자해볼 만한 가치가 있다고 봤다. 앞으로 지켜볼 일이지만 이처럼 신규 상장 기업을 계속 관찰해보면 투자의 지혜를 얻을 수 있으리라 본다.

물론 IPO기업이 전부 '대박'을 기록했던 건 아니다. 예를 들어 2010년 2월 상장한 에스이티아이는 공모가가 1만 7,500원이었는데 무려 1년도 안 돼 75% 이상 떨어졌다. 케이엔디티와 뉴프라이드도 반토막 주가를 기록 중이다.

그래도 전체적으로 보면 신규 상장한 기업의 주가는 나쁘지 않다. 한 애널리스트의 분석에 따르면 신규 상장한 기업의 공모에 모두 참여해 첫 날 시가에 전량 매도했다면 평균 22.25%의 나쁘지 않은 수익률을 거둘 수 있다고 한다. 애널리스트들은 공모가가 높았는지 여부를 살펴보고, 향후 실적 개선 여부를 지켜보라고 조언한다. 단기에 일희일비하지 말라는 뜻이기도 하다.

2011년에도 공모주시장이 그리 나쁠 것 같지는 않다. 그동안 상장을 미뤄왔던 대기업 계열사들의 상장이 다수 예정되어 있다. 삼성SDS, 삼성석유화학, GS리테일, LG CNS, 서브원, 실트론, STX중공업, 현대위아, 코오롱플라스틱, CJ헬로비전, 하이마트, 한화건설, 한화L&C, 포스코 건설 등이다.

2010년처럼 조 단위의 삼성생명이나 대한생명 같은 초대어가 없어 규모 면에서는 줄어들 수 있지만 기업 수로는 2010년 96개를 뛰어넘을 수도 있고 꽤 괜찮은 기업들이 많이 나올 전망이다. 다만 주가 상승의 틈을 타 공모가를 올리는 추세가 있어 기업 가치와 잘 비교해보고 투자해야 한다.

단기 대박은 쉽지 않다는 점도 기억해야

거듭 강조하지만 공모주 청약으로 '단기 대박'을 지나치게 기대하지 말기 바란다. 2011년 초부터 공모주 청약에 수조 원대의 뭉칫돈들이 몰려다니는 모양새다. 2010년 1월 21일 코스닥증시 상장을 앞둔 산업용 가열로 제조업체 제이엔케이 공모에 일반투자자 청약이 621 대 1을 넘었다. 전 세계 12개 기업만 원천기술을 보유한 분야에서 글로벌 상위 5위권 회사라는 경쟁력이 바탕이 되긴 했지만 코스닥기업 상장치곤 어마어마한 돈이 몰렸다. 이 경우는 공모주 청약에 당첨이 돼봐야 실제 손에 쥐는 주식은 얼마 안 된다.

윤종용 삼성전자 상임 고문이 투자했던 곳으로 유명세를 탄 블루콤 청약에도 2조 원이 몰렸다. 상장 후 '잡음'이 나올 것을 우려한 윤 고문이 상장심사 청구 전 지분 20%를 모두 매각했지만 이미 일반 공모 청약 경쟁률이 645.86 대 1에 달해 '윤종용 효과'를 여실히 보여줬다.

그러나 이런 쏠림 현상이 그리 반가운 일만은 아니다. 공모주가 오를 수 있고, 단기자금으로 주가의 변동성을 키울 수 있기 때문이다.

기자의 숙명 중 하나는 '특종'이다. 그것은 특종이라는 것은 남이 발굴하지 못하는 기사를 쓰는 것인데, 증권이나 기업담당 경제기자들에게는 세상에 잘 알려지지 않은 좋은 기업을 소개하는 것도 의미 있는 특종이다. 그래서 기자들은 잘 알려지지 않는 기업의 스토리를 발굴하는 데 많은 공을 들인다. 독자들도 새로운 보석주를 발굴하는 투자자가 되길 기대해본다.

14

다른 건 몰라도 PER과 PBR을 챙겨라

· · · 저평가 기업을 찾는 최고의 지표

필자는 가능하면 숫자로 독자들의 머리를 복잡하게 만들고 싶지는 않다. 그러나 적어도 몇 가지 재무지표나 수치는 알고 있어야 하는데, 그중 가장 대표적인 것을 고르라면 'PER'과 'PBR'이다. 이 두 가지 지표도 모르면서 '종목 좀 찍어달라'고 말한다면 심하게 말해 질문자로서 기본이 안 된 것이다.

경제신문에서 기업을 분석할 때 매출과 영업이익, 순이익 등의 추이를 가장 먼저 알려준다. 그 이후엔 PER과 PBR 지표를 많이 보여준다.

'PER(Price Earnings Ratio, 주가수익비율)'은 거의 모든 애널리스트들의 기본적인 분석 툴이다. 주식시장에서 가장 광범위하게 사용된다. PER은 주가(Price)를 1주당 순이익(EPS, Earnings Per Share)으로 나눈 값(주가/주당 순이익)이다. 이렇게 산출된 수치를 두고 현재 주가는 PER ○○배 수준이라고 말한다.

이를 업종 평균 PER과 비교해 배수가 높으면 주식이 벌어들이는 수익에 비해 주가가 높게 거래되고 있고, 낮게 형성돼 있다면 주가도 낮게 평가됐다고 말한다.

한마디로 가능하면 '낮은 PER' 주식을 사는 게 현명한 투자법이다. 한때 외국인들이 저PER주를 집중적으로 사들이면서 '저PER'주 혁명이라는 말이 유행할 정도였다.

저PER주가 투자메리트가 높다는 점은 이미 많은 연구결과를 통해 검증돼 왔다. 국내 주식시장도 그렇다. 1987년부터 2001년까지 저PER 종목 50개와 고PER 종목 50개의 누적 수익률을 비교해보니 저PER주는 35%(배당 포함)의 수익률을 기록했지만, 고PER주는 10%대의 수익률을 내는 데 그쳤다.

주식 투자라는 건 사실 별 게 아니다. 남들보다 싸게 사면 그만큼 이득이다. 윤재현 파레토투자자문 사장도 투자운용 전략 제1법칙으로 '말 그대로 싸야 한다'고 했다. 현재 시장에서의 시세를 알고 있는데 이보다 싸게 사는 건 오를 종목을 고르는 것보다 쉽다. 10% 정도 싸게 샀다면 10%의 수익률을 거두고 들어가는 것과 같다. 그런 면에서 PER 지표는 예의 주시해야 한다.

현대차 PBR 0.4이던 시절 샀다면 2~3년 새 5배로 불려

필자는 PER과 함께 PBR을 매우 중시한다. PBR(Price Book Ration, 주가순자산비율)인데 현재 주가를 1주당 순자산(BPS, 주당 순자산)으로 나눠(주가/주당 순자산) 계산한다. 역시 PBR이 낮을수록 해당 종목이 보유하고 있는 자산에 비해 주가가 낮게 형성됐다는 뜻으로 풀이할 수 있다.

시가총액이 해당 기업의 순자산보다 낮으면 PBR이 1 이하가 된다. 이 경우 회사가 가진 자산을 모두 처분하고 주주들에게 나눠줘도 현재 주가보다 더 높은 금액을 받을 수 있다는 얘기다.

2008년 12월 현대차 주가가 4만 1,700원까지 떨어진 적이 있었다. 당시 한 현대차 임원이 정말 답답하다는 듯이 필자에게 토로했다.

"현대차는 전 세계적으로 10위권에서 5위권으로 발돋움하는 자동차 회사로 순자산이 20조 원에 육박한다. 그런데 지금의 시가총액이 8조 7,000억 원대이니 PBR로 따지면 0.44다. 주가가 순자산의 절반도 안 되니 만약 지금 현대차를 청산한다면 지금 주가보다 두 배는 더 받을 수 있는데, 말이 되느냐?"

필자도 같은 생각이었다. 다른 모든 것을 차치하고라도 경쟁력이 있는데 자산가치보다 못한 대우를 받는 건 말이 안 된다고 생각했다. 그런데 지금 주가는 어떤가? 현대차는 2011년 1월 14일 20만 원을 넘어섰다. 당시 가격에 비하면 거의 5배가 오른 것이다.

저PBR주의 매력은 주가 변동 폭이 크지 않다는 데 있다. 마지막 보루라고 할 수 있는 자산이 담보가 되는 만큼 하락장세에도 주가 하락이 제한적인 경우가 많다.

실제 주식시장에서 많은 돈을 운용하는 '큰손 개미'들 가운데 저PER

주식을 선호하는 사람이 많다.

PER과 PBR만 봐도 저평가된 종목을 많이 찾을 수 있다. 홈트레이딩 시스템(HTS)에서 PBR 0.5 이하인 종목을 검색조건에 넣고 찾으면 많은 종목이 나온다. 이들 기업 중 기업 경쟁력이 괜찮고, PER이 낮은 종목을 찾으면 제2의 현대차를 충분히 발견할 수 있을 것이다.

<table><tr><td>15</td><td>

꿈의 기울기에 투자하라

</td></tr></table>

· · ·　아무리 비싸도 성장하는 기업에
투자해야 돈 번다

해리 세거만(Harry Seggerman)은 국내에 잘 알려지지 않은 투자가다. 유명한 저서도 없고 대중 앞에 나선 적도 거의 없다. 그러나 그가 세상을 떠난 2001년 5월 21일 〈뉴욕타임스〉 부고를 보면 그의 위상을 짐작할 법하다.

〈뉴욕타임스〉는 그의 타계 소식을 전하며 "아시아 기업을 발굴하고 투자했던 개척자"라고 소개했다. 전설적인 투자가인 존 템플턴 경도 아시아시장에 관해선 그의 의견을 따랐다고 보도했다. 해리 세거만은 1950년대 캐피털리서치 앤 매니지먼트컴퍼니라는 회사에 근무하면서 일본을 처음 방문했고, 줄곧 아시아에 집중투자했다. 1969년 피델리티에 입사한 뒤 1992년 부회장으로 물러날 때까지 아시아 투자 전문가로 이름을 날렸다. 이후 IIA(International Investment Adviser)라는 헤지펀드를 설립해 운영하기도 했다.

해리 세거만의 투자실력에 대해서 조금 더 언급하겠다. 그는 한국시장에도 상당히 관심이 많았다. 1994년 보험주를 집중 투자해 연 300%라는 상당한 실적을 냈다. 1995년에는 대덕전자만으로 100%를 벌었고, 1997년 외환위기로 한국종합지수가 3분의 1토막 날 때 영원무역을 사들여 3배 가까운 수익을 냈다. 당시 영원무역은 수출의존도가 거의 100%였는데 원/달러 환율이 900원에서 1,800원으로 급등하는 데 주목했다고 한다. 가격경쟁력이 생겼고, 국외 시장점유율이 높아졌다. 영원무역은 달러를 벌어 원화를 바꾸면서 환차익이 생겼다.

삼성증권 투자는 더 놀랍다. 1998년 가을 그는 5,000원대 삼성증권을 집중 매입했다. 당시 해리 세거만의 주식을 대행해 사무를 봤던 최남철 삼호SH투자자문 운용 대표는 "주식시장이 서서히 회복 조짐을 보이자 증권주를 선취매하는 정도로 이해했다"고 했다. 그런데 해리 세거만은 이듬해 봄까지도 매수 주문을 멈추지 않았다. 당시 삼성증권 법인 담당 임원이 전화를 걸어 "혹시 M&A 목적으로 사들이는 건 아니냐"고 확인할 정도였다.

해리 세그만은 증시 회복이라는 단기 이슈만을 본 게 아니었다. 당시 뮤추얼펀드가 한국에 도입되는 시기였는데, 이렇게 되면 증권사 펀드 판매 수수료 수입이 크게 늘어날 것이라고 판단했다. 그의 생각은 적중했고 삼성증권 주가는 1년도 채 안 돼 8만 5,000원까지 올랐다. 그렇다면 이 같은 뛰어난 투자자의 운용비결이 무엇이었을까?

《꿈의 기울기에 투자하라》에 다음과 같은 이야기가 있다.

"저는 주가를 끌어올리는 기본 추진력은 기업 실적이라고 믿습니다. 그런데 실적의 단순한 크기가 아니라 실적이 증가하는 기울기(모멘텀)와 방향성이 중요하지요. 구체적으로 해당년도를 포함해 향후 3년간 기업의 실적이 어떤 기울기로 증가하는지를 면밀히 분석하고, 기울기가 가장 가파른 기업을 고르는 거죠. 물론 재무적 위험이나 기타 경영 위험은 기업 방문을 통해 철저히 가려내야 합니다. 예를 들면 과거 실적이 좋지 않았거나 경기순환 요인으로 고전했던 기업이 기술개발, 자기혁신으로 환골탈태한 기업을 좋아합니다. 또 새로운 사업모델을 도입하고 영업환경을 개선한 경우도 이익이 늘어나겠지요. 이런 기업이 시장에 방치돼 있다면 그야말로 당장 사야 할 매력 덩어리죠."

주목해야 할 말은 꿈의 기울기다. 좋은 주식을 다른 사람들이 발견하지 못해서 싸게 살 수만 있다면 그것은 최고의 투자가 될 것이다. 그러나 좋은 기업은 시장이 쉽게 간파한다. 때문에 주가도 높은 경우가 대부분이다. 재무적으로 표현하자면 주가수익비율(PER)이 높다. 이렇게 되면 선뜻 투자에 나서기가 쉽지 않다.

해리 세거만은 주가가 아무리 비싸 보여도 향후 3년 성장성만 보인다면 주저하지 말고 사라고 조언한다. 대부분의 투자가들은 기업가치를 따져 저평가된 주식만 찾기 때문에 고평가된 주식을 거들떠보지 않는 경향이 있지만, 이런 기회를 노리면 성장성 있는 종목을 발굴하기가 더 쉽다는 주장이다.

그가 중시하는 지표는 'PEG'다. 주가이익증가비율(PEG, Price

Earnings to Growth ratio)이라는 것인데 PER을 이익성장률로 나눈 지표다.

A라는 주식의 PER이 100배라고 하자. 투자 통념상 시장 PER이 10배라면 10배나 더 비싸니 웬만한 투자자는 외면한다. 하지만 이 기업의 당기순이익이 향후 3년간 매년 100%씩 증가한다고 가정해보면 PER(100배)을 이익성장률(100%)로 나눈 PEG(PER/이익성장률)는 1배에 불과하다.

만일 이익성장률이 200%라면 PEG는 0.5배가 된다. 다시 말해 PEG가 1배라면 지금은 PER이 100배인 기업도 3년 뒤 PER이 10배가 되는 것이다. PEG가 0.5배라면 PER는 5배가 되기 때문에 3년을 내다보는 투자라면 적극 투자하는 게 맞다는 논리다.

다시 말해 2011년, 2012년, 2013년 후에도 이익증가율이 커지는 기업일수록, 다시 말해 '꿈'의 기울기가 가파른 기업일수록 주가 상승모멘텀이 있다는 설명이다. 애널리스트들은 PEG가 강세장으로 접어들 때 유용한 지표라고 본다. 강세장은 대체로 성장주들이 주도하기 때문이다. 그중 저평가된 종목이라면 상승세가 더 가파를 수 있어서다.

'달리는 말에 올라타라'는 격언이 있다. 오르는 종목에는 분명 이유가 있고, 주가가 비싼 것도 이유가 있다. 당장의 주가가 중요한 게 아니라 성장성이 중요한 것이다.

Part 5

향후 5년 투자 포인트를 잡아라

01

다시 묻는 질문,
주식에 투자하는 게 맞는가

· · · 괜찮은 해법이 주식 투자,
부동산 급등의 추억을 버려라

책의 마무리 부분으로 접어들면서 한 가지 질문을 던지겠다.
"당신은 주식으로 돈 벌 생각이 분명 있는가?"

많은 투자자들은 부동산에 대한 미련을 버리지 못한다. 왜 그렇지 않
겠는가? 강남 아파트의 경우 1억 원 하던 것이 10년 새 20억 원까지 뛰
는 등 어느 대박 주식 못지않은 수익률을 냈다. 그러나 이는 일부 사람
들에게 해당하는 얘기일 뿐더러, 필자의 생각에 향후 이런 부동산 불패
신화는 특별한 계기가 없는 한 앞으로 우리가 사는 동안에는 재현될 것
같지 않다. 그리고 과거에도 주식보다 나은 수익률을 냈다고 말하기도
어렵다.

잠깐 과거로 시계추를 돌려보자. 일반적으로 투자 대상을 꼽으면 은
행예금(채권투자)·부동산·주식이다. 이 중 수익률을 따져보니 1975년

이후 누적수익률은 '채권>부동산>주식' 순이었다.

아시안게임과 올림픽으로 한국 경제가 새로운 전기를 맞았던 1986년부터 따지면 어떨까? 누적수익률은 '채권>주식>강남아파트' 순이었다. IMF 외환위기인 1998년 이후로는 '주식>부동산>채권' 순이었다. 이 같은 통계는 소문과 달리 강남아파트가 최고의 투자 재산이 아니었다는 것을 말해주고 있다. 또 외환위기 이후 더욱 주식 투자가 효과적이었다는 점도 나타낸다.

왜 그럴까? 조강래 BNG증권 대표 이상의 분석을 들어보자(〈두산그룹 사보〉, 2011년 1월호).

"IMF 구제금융 이전 우리나라는 일본과 달리 '기업은 가난하고 가계는 부자'라는 말을 많이 했다. 당시 기업 대부분은 너도나도 과다한 설비 투자에 매진했으며 고용을 늘릴 수밖에 없었다. 높아진 금리에 따른 이자 부담과 인건비 등으로 이익을 낼 수 없는 구조였던 것이다. 반면 가계는 많은 일자리, 높은 예금 이자 등을 통해 상대적으로 소득이 높았다. 그러나 IMF 구제금융 이후 기업은 강력한 구조조정을 통해 차입금 상환(부채비율 감소), 유휴 노동력 정리 등을 이어가며 이익구조를 개선해나갔다. 이에 따라 가계는 낮아진 금리로 인한 예금 이자 감소, 실업률 증가 등으로 소득이 크게 줄었다."

요컨대, 조 대표이사는 "부(富)가 가계에서 기업으로 이전되었고, 이러한 변화에 따라 가계는 부가 증가하는 기업에 주주로서 참여하는 방식으로 투자해야 소득이 보전된다"고 했다. 우리가 주식에 투자해야 하는 이유인 것이다.

1975년 이후 누적 수익률

(단위: %)

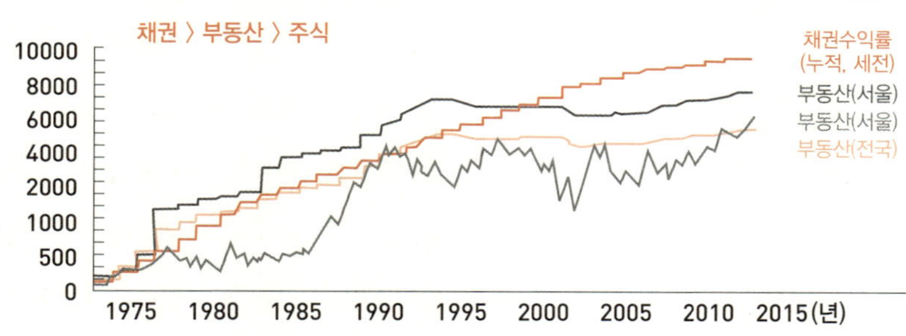

자료: BNG증권

1986년 이후 누적 수익률

(단위: %)

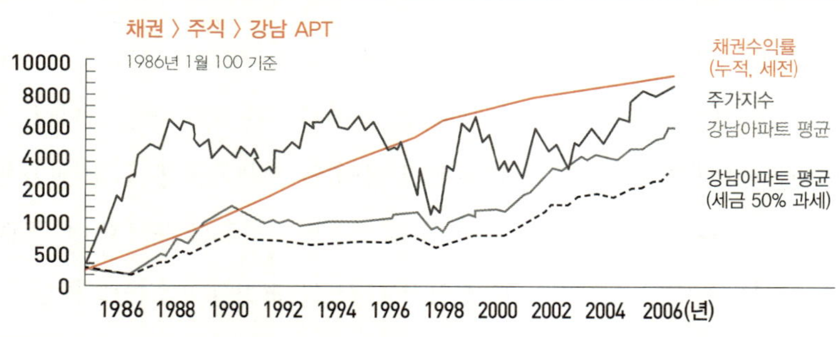

자료: BNG증권

1998년 이후 누적 수익률

(단위: %)

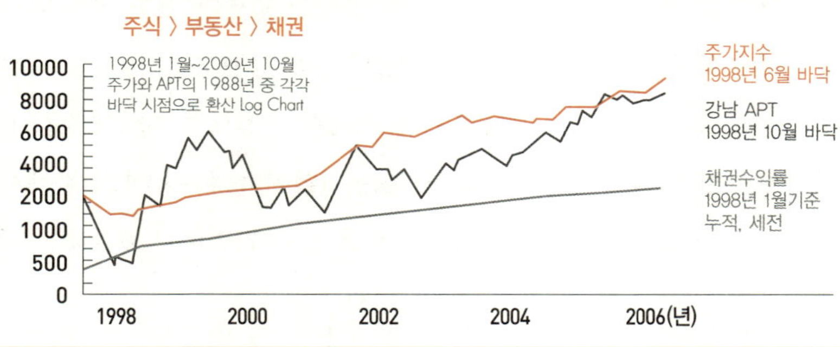

자료: BNG증권

 종목 찍어달라는 개미들에게 고함

저금리에 주식시장 더욱 매력적

향후 5년간의 투자 트렌드는 더욱 주식시장에 무게가 실린다. 우선 2011년 금리를 살펴보자. 한국의 실질금리는 이미 마이너스 상태다. 국고채금리(3년 만기)가 3.14%, 은행금리의 기준이 되는 한국은행 기준금리는 2.75%에 불과하다. 이에 반해 물가상승률은 3.3~3.5%에 달한다. 전형적인 마이너스 금리의 모습이다.

이러니 금리에 투자하는 예금·적금상품의 매력은 떨어질 수밖에 없다. 저금리는 선진국의 전형적인 특징이다. 한국이 선진국을 향해 갈수록 금리에 기대기는 힘들다.

부동산시장도 그리 밝아 보이지 않는다. 인구가 줄면 부동산의 필요성은 떨어진다. 1인가구가 늘어나고는 있다고 하나 인구감소라는 큰 트렌드를 이기기 어렵다. 집이 남아돌게 될 것이다.

베이비붐세대(한국의 경우 1955~1964년 사이에 태어난 세대)가 완전히 노령화에 접어드는 10년 뒤쯤 급락에 대한 반발효과와 시장붕괴를 막으려는 정부정책 때문에 부동산시장이 반짝 상승세를 보일지는 모르겠지만, 이 또한 마지막 부동산 폭탄이 될 것이라는 게 일부 전문가들의 의견이다.

부동산가격에 비해 소득이 상승하지 못하는 구조적인 문제가 도사리고 있다. 젊은이들은 집을 사기가 정말 어려워졌다. 소득은 뻔한데 수억 원씩 하는 집을 어찌 사겠는가? 그래서 악착같이 모으고 대출받아 집을 사느니, 차라리 그 돈을 인생을 즐기는 데 투자하겠다는 젊은 이들도 많다.

이젠 집값을 떨어뜨려야 한다는 목소리가 높다. 교육열이 수그러 들지 않는 강남권 아파트 정도나 살아남는다고 할까? 부동산은 지난 30~40년간 끊임없이 올라왔던 가격상승의 후유증을 겪고 있다.

2011년의 투자지도를 그려봐도 부동산보다는 증시인 것 같다. 〈매일경제신문〉은 강남 부자들을 대상으로 2011년 투자방향을 들어봤다(2011년 1월 14일). 강남부자들은 부동산 자산이 전체 자산의 50%가 넘는다. 그들은 부동산이 2010년보다는 오를 것으로 보지만(77%) 공격적으로 투자하지는 않겠다고 했다. 증시 상승세가 부동산을 앞지를 것으로 판단하기 때문이다. 당분간 투자의 대세는 증시라고 단정한다. 폭발적인 부동산값 상승, 부동산 불패에 대한 추억은 버리길 바란다.

국내 최초 뮤추얼펀드 **10년 수익률**

:: 원금의 8배로 불어나…, 강남아파트보다 훨씬 낫다 ::

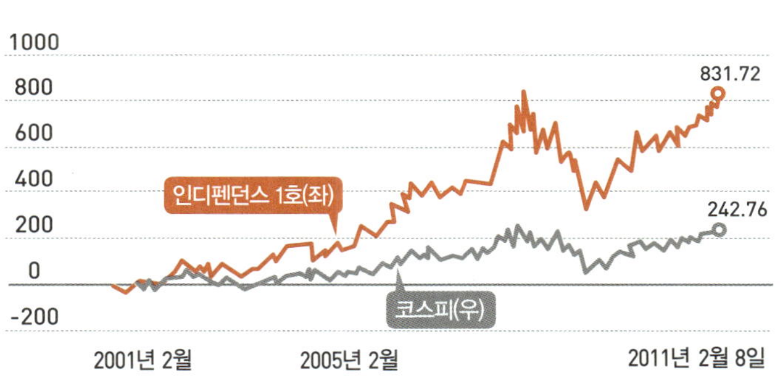

국내 최초 개방형 뮤추얼펀드인 인디펜던스 1호가 2011년 2월 14일로 태어난 지 꼭 10년이 됐다. 개방형 뮤추얼펀드는 만기가 없고, 언제든지 추가 설정과 환매가 가능한 펀드다. 우리나라에 출범한 적립식펀드의 모태인 셈이다.

이 펀드의 10년 수익률은 어떨까? 펀드평가사 제로인에 따르면 인디펜던스 1호가 2001년 2월 14일 설정 이후 약 10년간 거둔 수익률은 2011년 2월 8일 기준으로 831.72%에 달한다. 같은 기간 코스피지수 상승률(242.76%)은 물론 웬만한 서울 강남 아파트 가격 상승률을 뛰어넘는다. 복리 개념으로 따져보면 매년 57.4%의 수익을 투자자에게 안겨줬으니 이 만한 효자가 없다.

하지만 10년 전 이 펀드에 가입한 이후 지금까지 계좌를 유지하고 있는 고객은 많지 않다. 단 51명이다. 이때 2,000만 원을 투자한 A씨의 잔고에는 1억 8,634만 원이 쌓였다. 원금의 8배가 넘는다.

이 펀드는 시장 주도업종과 주도주에 적극 투자했다. 물론 10년 동안 상승과 하락의 많은 등락이 있었지만 10년 후 결말은 해피엔딩이다. 단기 수익률에 연연하지 않고 우량펀드에 장기 투자하면 좋은 성과를 거둘 수 있다는 재테크의 정석을 보여준 전형적인 사례다.

02

증시에서 보석을 캐라

· · · 특별한 악재 없다면 상승곡선!
옥석만 가려라

투자라는 것이 단 한 해만 하고 말 것은 아니다. 앞서 수 차례 언급했지만 좋은 기업은 3년·5년·10년·20년을 보유해야 한다. 그것도 회사의 주인이라는 마음으로. 이렇게 장기 투자하겠다는 마음을 갖는 게 가장 중요하다. 이런 전제 아래, 2011년 한 해의 시장을 한 번 점쳐 보자.

개미가 몰리면 꼭지라는 말이 있다. 개인이 사기 시작하면 외국인이 차익을 실현하며 주식시장을 빠져나갔던 경험이 수 차례 있었다. 그러나 이 속설이 꼭 들어맞지는 않는 것 같다. 대우증권의 보고서에 따르면 그렇다(2011년 1월 19일 발표).

대우증권의 과거 증시 흐름을 살펴보니, 개인자금이 들어오고 나서도 한동안 주가가 오른 경우가 더 많았다. 김학균 대우증권 투자전략팀장은 "2003~2007년 강세장에서 가계자금이 주식시장으로 유입된 이후 코스피가 130% 올랐고 1992년, 1998년 강세장에서도 각각 20%,

88% 상승했다"고 했다. 이러니 이제 막 국내 가계의 자금이 주식시장으로 유입되고 있는 시점이라 2011년 개미들이 몰리면서 상투를 찍을 수 있다는 지적은 성급하다는 게 김 팀장의 얘기다.

그는 "가계 자금의 주식시장 유입이 이제 막 시작되고 있는 상황이라는 점에 주목해야 한다"며 "과거 한국 가계 자금의 주식시장 쏠림이 주식시장의 중장기 상투를 만들었지만, 가계 자금의 주식시장 유입 시점에서 곧바로 상투가 만들어진 것은 아니었다"고 진단했다.

2010년은 가계자금의 증시 이탈 시기였다. 하반기에 자문형 랩이 인기를 모았지만 고객예탁금 등 직접 투자금의 순유출규모가 커 전체적으로 직접투자자금의 총유출입 규모는 마이너스다. 직접투자자금 순유출규모(고객예탁금에 개인투자가들의 매매를 감안한 실질 예탁금 개념 사용)는 3조 8,000억 원대다. 여기에 주식형 펀드로부터의 순유출 규모 19조 원을 감안하면 총 규모는 23조 원에 가깝다.

이처럼 2010년 개인투자자들은 철저하게 증시를 외면했다. 대신 은행예금이 128조 원 이상 늘어났다는 통계를 볼 때 개인들은 자산을 늘리기보다는 있는 돈을 지키기에 급급했다.

그러나 2011년 들어서는 직접투자자금의 신규유입이 이뤄지고 있다. 금리가 상승하며 채권투자 메리트도 줄었고 부동산은 여전히 상승 곡선을 탔다고 보기 어렵기 때문이다. 그래서 자문형 랩을 중심으로 증시로 자금이 몰려들고 있다. 또 코스피지수 2200을 넘어 사상 최고치를 기록하면서 상승세에 대한 기대감이 어느 때보다 크다.

주가 2400 선은 무난히 넘는다는 데 공감

대우증권의 분석처럼 개미가 몰렸다고 주가의 꼭지가 왔다고 단정 짓지는 않는 게 좋을 듯하다.

또 연초부터 외국인 매도세와 리비아 사태로 코스피 2000 선을 내주는 등 고전하고 있다. 그래도 2011년 증시 투자전망이 그리 어두워 보이지는 않기 때문이다.

2010년 국내 증시를 뜨겁게 달궜던 투자자문사 CEO들의 분석을 보자. 자문사 대표들은 국내외 상황이 좋아 코스피지수가 2500 선을 넘을 수 있을 것으로 전망하는 데 그 이유로 풍부한 유동성, 미국 경기회복, 기업 순이익 증가 등을 든다.

미래에셋의 대표 펀드매니저 출신인 박건영 브레인투자자문 대표는 "중동사태 등 예측하기 어려운 불안요인도 있지만, 글로벌 경기가 확장국면에 들어간 상황에서 상장된 기업들의 순이익 합이 110조 원대로 탄탄한데 주가는 여전히 낮다"고 했다. 그는 1분기부터 실적 시즌마다 계단식으로 추가 상승할 것이라고 했다. 역시 미래에셋의 유명 펀드매니저였던 서재형 창의투자자문 대표도 비슷하게 낙관적이다. 상장기업들의 순이익을 보수적으로 잡아도 7% 안팎으로 성장한다. 한두 차례 조정을 거치겠지만 역사적인 고점을 뚫는 상승세가 계속 될 것이다."

증권사들은 더욱 낙관적이다. 메리츠종금증권이 최고 코스피지수 2800을 점치는 등 강세장을 전망하고 있다. 심재엽 메리츠종금증권 투자전략팀장은 "2011년 리플레이션(Reflation), 즉 통화 재팽창의 시대가 온다"고 했고, 민상일 이트레이드증권 투자전략팀장은 "달러화 자산에 대한 선호도가 떨어지고 있고 미국을 이탈한 외국인 자금이 아시아로 유입되는 추세가 이어질 것'이라고 했다.

이처럼 많은 전문가들이 시장을 낙관적으로 본다. 구체적으로 상승할 것이라고 예상하는 업종은 자동차, IT, 금융 등이다. 또 2010년 들어온 식상한 종목이 나온다고 흘려 듣지 말기를 바란다. 면밀히 따져보면 이들 업종이 대세일 수밖에 없다.

자동차는 2010년에 이어 2011년에도 좋을 것 같다. 현대차와 기아차는 2010년 574만 대라는 사상 최대의 판매실적을 기록했는데, 2010년 대비 판매 증가율로 따지면 현대차는 16.1%, 기아차는 38.9%를 기록했다. 주가도 이에 부응해 연초 대비로 기아차는 156%, 현대모비스는 71%, 현대차는 46% 올랐다.

주가가 빨리 올랐다고 할지 모르겠지만 2011년에도 호재가 매우 많다. 현대·기아차는 세계시장에서 위상을 상당히 높였기 때문에 앞으로도 성장가능성이 많다. 그랜저5G, 벨로스터 등의 신차 출시 등이 있다. 베이징 신차 등록대수 제한과 경기 속도조절 등 중국발 악재도 있지만 그리 심각하게 생각할 정도는 아니다.

과거 외국인들은 현대차라면 경기가 나쁠 때 사는 '열등재' 정도로 생각했다. 필자도 몇 해 전 한 미국인 경제학 교수로부터 이런 얘기를 듣고 기분이 나빠 경쟁차종과의 비교표를 보내며 반박한 적이 있었다.

하지만 지금은 그 미국인 교수가 칭송하던 미국차들이 한국차에 밀리는 형국이니 우리 자동차산업에 자신감을 가져도 좋을 것 같다.

IT도 좋다. 애플 '아이폰'과 삼성 '갤럭시' 간 경쟁구도로 요약되는 스마트폰시장은 2011년도 뜨겁게 경쟁하면서 시장을 키울 것이다. 아이패드와 갤럭시 탭 등 태블릿PC시장의 성장세도 예상된다. 이런 과정에서 삼성전자는 더욱 주목받을 수 있다. 갤럭시S에 들어가는 '아몰레드'가 성장하면서 디스플레이 업종도 각광받을 듯 보인다. 삼성SDI나 LG디스플레이가 수혜를 볼 것 같다.

금융도 기대된다. 금융주는 금융위기 전 3년간 성장성과 수익성·건전성 측면에서 최고 수준에 달해 이른바 '트리플 크라운'의 영광을 누렸다. 은행 주가는 일반적으로 대출 규모가 커질수록(성장성), 대출 금리와 예금 금리차가 벌어질수록(수익성), 대손충당금 부담이 줄어들수록(건전성) 오르는 구조인데, 2011년 금리가 오르니 수익성이 좋아질 수 있다.

증권업은 2010년 말 상승추세를 유지할 수 있다. 개인투자자들이 투자에 나서고 있고 미국 경기회복, 코스피 상승에 대한 기대감이 크다.

대형주가 계속 주목받는다

그리고 2011년부터는 대형주에 관심을 둬야 한다. 사상 최고의 주가를 달리고 있지만 개별종목 주가를 따져보면 '부익부 빈익빈'현상이 심각한 수준이다. 코스피 전 고점인 2007년 10월 31일(2064.85)과 2011

년 1월 18일(2096.48) 주가를 비교해보면 3년 3개월 새 주가가 오른 종목은 고작 38%다. 유가증권시장에 상장된 보통주 646개 종목 가운데 244개만 올랐고, 이보다 두 배 정도 많은 401개는 오히려 떨어졌다.

2010년(52주) 최고가인 종목은 삼성전자 등 27개에 불과하다. 삼성전자나 현대차 같은 업종 대표주로 매수세가 집중됐기 때문인데 앞으로 이런 집중현상은 더욱 심해질 가능성이 높다.

국내 운용사나 증권사가 '괜찮다'고 꼽는 상장사는 코스피 200곳, 코스닥 30곳이라고 한다. 이 중에서 더 까다로운 외국인들이나 자문형 랩은 업종 대표주 60~70곳 이외에는 관심을 두지 않는다. 실제로 외국인들은 한국 증시를 싹쓸이하면서 대형주 품귀 현상마저 벌어지고 있다.

IBK투자증권은 2010년 말 기준 외국인과 연기금, 대주주가 보유한 주식을 제외한 시가총액 상위 50개 종목의 유통 가능 주식비중이 전체의 3분의 1수준인 32%로 떨어졌다고 했다. 이처럼 외국인들은 큰 주식만 고른다. 대형주의 희소가치가 높아져 국내주식이 프리미엄을 받을 수 있는 상황도 됐다. 여기에 자문형 랩에 이어 헤지펀드까지 출시되면 우량주 편중 현상이 더욱 심해질 가능성이 높다.

그렇다면 개미들이 선호하는 중소형주는 어떨까?

최근 코스피가 오르는 동안 중소형주가 소외됐으니 오를 수 있다는 기대감을 갖는 것도 당연하다. 그러나 그 기대치는 조금 낮추자. 이채원 한국투자밸류운용 부사장은 "2008년 금융위기 이후 대형주가 많이 오른 것처럼 보이지만 실제로 알짜 중소형주는 수 배에서 수십 배 올랐다”고 밝혔다.

중소형주는 대형주에 비하면 ‘하이리스크 하이리턴’주다. 그렇기 때
문에 좋은 기업을 골라내는 눈이 훨씬 더 예리해야 한다. 그럴 자신이
없다면 대형주에 좀 더 집중하자.

2011년 투자 10훈

:: 미국 GDP 성장률 3.5% 넘는다 ::

밥 돌 블랙록자산운용 부회장

한국 증시를 제대로 읽기 위해선 국외, 특히 미국시장을 정확히 파악해야 한다. 이런 관점에서 블랙록자산운용의 밥 돌 부회장의 2011년 전망은 도움이 된다. 그는 2011년 채권이나 현금보다는 주식의 실적이 좋을 것으로 본다. 단기채권 이자는 제로수준에 가깝고 현재 S&P의 이익수익률과 BAA 회사채 수익률 차이가 벌어졌는데, 주식이 수익을 내며 이 차이가 줄어든다는 것이다. 또 펀드도 채권펀드에서 주식펀드로 급속히 이동할 것으로 예상했다. 그는 원자재 가격 상승도 점쳤는데 연중 유가는 배럴당 100달러를 기록할 것이고 금에 대산 수요도 꾸준할 것이라고 전망했다. 블랙록 밥 돌이 말하는 2011년 10대 투자 키워드를 짚어본다

1. 미 경제성장률 3.5%

돌 부회장은 2011년 미국 실질 국내총생산(GDP) 성장률이 3.5%를 기록할 것이라고 전망했다. 국제통화기금(IMF) 예상치인 2.3%보다 무려 1.2%포인트가 높고 주요 글로벌 투자은행(IB) 기대 수준(2.8~3.4%)에 비해서도 낙관적이다. 그는 "경기 부양책 소멸에도 미국시장의 질적 성장이 예상된다"면서 "통화 증가와 신용문제 완화 역시 성장을 지지하는 요인"이라고 분석했다.

2. 실업률 9%대로 하락

미국 경제 고질적인 문제인 실업률에 대해서도 낙관적인 태도를 보였다. 돌 부회장은 "더블딥(이중 침체) 우려감 등 불확실성 완화로 고용시장도 자극받을 것"이라고 말했다. 그는 "역사적으로 실업률이 정점을 찍은 후 증시가 높은 수익률을 기록했다"고 지적했다.

3. 미 증시 3년 연속 두 자릿수 수익

블랙록은 2011년으로 3년 연속 미국 증시가 두자릿수 수익률을 기록할 것으로 기대했다. 투자심리 개선이 기업·소비심리를 긍정적인 방향으로 이끌 것이라는 게 최대 이유다. 점진적인 신용시장 회복도 긍정 요인으로 손꼽았다.

4. 채권 대비 주식 매력 월등

블랙록은 주식이 채권·현금보다 월등한 실적을 보일 것으로 내다봤
다. 돌 부회장은 "S&P 수익 전망이 밝은데다 단기채 이자는 제로에
가깝다"면서 "지속적으로 주식 비중을 확대해야 한다"고 말했다. 다
만 그는 "빠르게 돈 벌려다가는 빠르게 잃을 수 있다"면서 여러 자산
에 분산 투자할 것을 권했다.

5. 미 증시 평균 이상은 간다

돌 부회장은 미국 증시가 모건스탠리캐피털인터내셔널(MSCI) 세계 지
수보다 나은 실적을 기록할 것으로 봤다. 그는 "이머징마켓 증시도 양
호한 실적을 기록하겠지만 선진국과 격차는 줄어들 것"이라고 말했다.

6. 미국·독일·브라질 Good

고성장에 상대적으로 인플레이션 압력은 낮은 지역 투자가 유망하
다고 분석했다. 미국(질적·양적 경제 성장), 독일(제조·수출 증가), 브
라질(급증하는 중산층 소비)이 긍정적으로 거론됐다. 반면 스페인(신
용 위험 잠재), 중국(긴축 리스크)은 부정적으로 봤다.

7. 원자재·이머징 통화에 주목

돌 부회장은 "유가가 연내 배럴당 100달러를 기록할 전망"이라며

"부채가 없는 유일한 통화인 금 수요도 계속될 것"라고 원자재 투자를 밝게 봤다. 이머징마켓 통화 역시 달러나 유로 대비 나은 성적을 거둘 것으로 전망했다.

8. 현금흐름 활발한 기업도 유망

블랙록은 2011년 현금흐름이 좋은 기업에 투자 기회가 있다고 봤다. 다만 현금 많은 우량주와 경기 순환주에 골고루 투자할 필요가 있다고 조언했다.

9. 투자자금, '채권→주식펀드'로

돌 부회장은 경제 성장과 긍정적인 증시 전망으로 투자자금이 채권형 펀드에서 주식형 펀드로 이동할 것으로 예상했다. 그는 "2011년 투자자들의 심리가 '공포 모드'에서 '탐욕 모드'로 바뀔 것"이라고 말했다.

10. '액티브' 오바마

2012년 미국 대선을 앞두고 버락 오바마 미국 대통령 정치 활동이 더욱 활발해질 것으로 분석했다. 돌 부회장은 "2010년 11월 중간 선거에서 공화당에 참패한 오바마 대통령이 이를 만회하기 위한 노력을 계속할 것"이라고 전망했다.

〈매일경제신문〉, 2011년 1월 14일

2010년 최고의 화제의 상품, 자문형 랩은 어떤가요

03

· · · 단기과열주의보!
그러나 장기전망은 '밝다'

랩어카운트 열풍이 언제까지 이어질지가 증권가 초미의 관심사다. 랩어카운트시장은 그야말로 우상향곡선을 그리고 있다. 2010년 초 20조 원대였던 랩 규모는 연말 40조 원을 육박하는 수준까지 올랐다. 랩어카운트란 증권사가 자체 추천종목이나 투자자문사를 토대로 주식, 펀드, 파생상품 등 다양한 금융상품에 투자하는 금융상품이다.

특히 자문형 랩이 화제다. 금융투자업계에 따르면 자문형 랩의 규모는 5조 원을 훨씬 넘어섰다. 10대 주요 증권사의 자문형 랩 계약잔고만 해도 5조 원에 달한다. 불과 10개월 새 10배 이상 폭증한 수치다.

증권사들의 2011년 목표는 더 거창하다. 점유율 1위 삼성증권(잔고 2조 4,000억 원)과 2위 우리투자증권(1조 2,000억 원)은 자문형 랩을 각각 10조 원까지 잔고를 늘릴 계획이다. 그러나 랩시장이 1~2년 새

급격히 커지자 시장에서는 과열논란이 끊이지 않고 있다. 단기적으로 보면 과열양상이라는 게 많은 전문가들의 의견이다. 한 투자자문사 사장 얘기다.

"현재 투자자들이 몰리는 모양새가 마치 2006~2007년 펀드 열풍을 보는 듯하다. 펀드가 좋은 투자처이긴 하나 투자원칙 없이 수익률만 보고 달려드는 투자자가 많았고 아픈 성장통도 겪었다. 지금의 랩어카운트는 맞춤형 자산관리라는 원래의 취지에 벗어나 하나의 펀드처럼 운영되는 것 같다. 쏠림은 반드시 부작용을 낳는다."

자문사들이 집중투자했던 종목을 매도할 때 급락할 위험성도 있다는 게 가장 큰 문제다. 때문에 단기간에 높은 수익률을 기대하기는 무리일 수 있다는 지적이다.

김대열 하나대투증권 팀장은 "자문형 랩은 종목 수가 20개 안쪽이다. 주가 상승기엔 수익률이 좋지만 조정 때는 손실도 상대적으로 크다"고 밝혔다. 실제로 일부 자문사에선 집중 투자된 종목을 예의주시하며 매도타이밍을 보고 있기도 하다.

정부가 스팟(목표수익전환형)랩어카운트를 규제한 것도 이 같은 과열양상을 막기 위해서다. 스팟랩은 미리 정한 목표수익률을 달성하면 자동으로 일시 상환하는 랩 상품이다. 목표수익률을 제시하는 게 과열 투자를 부추길 수 있고 특정 종목 매물이 한꺼번에 쏟아져 나오면 주가를 왜곡시킬 수 있다는 우려가 반영됐다.

국내 자문형 랩은 주식 쏠림형이라는 점도 불안하다. 미국은 자산운용액의 30%가 랩을 통해 관리되지만 우리나라처럼 주식형 랩이 아니라 주식·채권을 아우르는 종합자산운용 랩이다. 미국과 비교할 때 한국 자문형 랩은 위험에 상당히 노출돼 있는 셈이다.

장기시장 전망은 밝아

물론 장기적으론 랩어카운트시장은 커질 수밖에 없다는 게 전문가들의 중론이다. 금융위기 이후 유명 펀드에 돈을 넣은 투자자들은 여전히 수익률이 마이너스다. 펀드에 대한 불신도 사라지지 않았다. 실제 코스피지수가 1700을 넘어서면서부터 '펀드런(펀드환매)' 현상이 생겼고, 2010년 12월 국내 주식형 펀드 규모는 61조 원으로 6개월 전에 비해 10% 가까이 줄었다. 이 자금이 맞춤형 서비스인 랩으로 옮겨가고 있다.

랩어카운트시장의 발전은 사모와 헤지펀드로 가기 위한 자연스런 수순으로도 본다. 한 업계 관계자는 "시장이 커지고 선진화될수록 맞춤형 서비스에 대한 욕구는 커질 수밖에 없다"며 "랩어카운트는 사모펀드와 헤지펀드시장으로 가기 위한 전 단계로 시장이 계속 커질 것"이라고 밝혔다.

증권사들도 랩어카운트시장의 성장에 발맞춰 상품들을 한 단계 진화시키고 있다. 국내 일부 종목의 집중 투자현상을 뛰어넘어 채권 등에 투자해 위험 관리에 나서기도 하고 국외까지 투자영역을 넓힌 펀드도 나왔다.

예를 들어 우리투자증권은 주식뿐만 아니라 채권 등에 나눠 투자하는 랩 오브 랩(Wrap of wrap) 투자상품을 선보였다.

삼성증권은 국내뿐만 아니라 국외 주식시장에까지 투자하는 상품을 국내에서는 처음으로 내놓는다. 대상은 한국과 중국이다. 국내 주식자문을 맡을 투자자문사는 아직 확정되지 않았지만 K1이나 브레인투자자문이 유력하다. 중국 주식 자문을 맡을 화샤기금은 운용자산 규모가 40조 원에 달하는 중국 최대 자산운용사다. 삼성증권은 '한국, 미국 혼합 자문형 랩'도 선보일 계획이다.

04

자문형 랩을 둘러싼 7가지 궁금증

· · · 3016 투자원칙 지켜라.
투자자산의 30%, 최소 1억 원 이상, 6개월 이상 유지

요즘 자문형 랩이 뜬다고 하지만 이를 정확히 알고 투자하는 사람은 주변에 그리 많지 않다. 자문형 랩에 대한 궁금증을 7가지로 풀어봤다.

궁금증1: 지금 가입하면 늦지 않나

뒤늦게 펀드에 가입했다가 막대한 손실을 입고 잠을 뒤척였던 투자자라면 최근 자문형 랩 열기를 보면서 고민에 빠지기 마련이다.

"지금 가입해도 될까?"라는 물음에 PB들의 의견은 만장일치로 "된다"였다. 전체 포트폴리오 중 주식 투자 비중 범위 내에서라면 큰 문제가 없다는 판단이다. 2011년 현재 랩시장 규모는 5조 원 정도로 삼성증권을 제외한 나머지 증권사는 시작단계에 있다. 추가 판매가 이뤄진다면 2011년 10조 원 이상의 시장으로 성장할 가능성이 있다. 김정환 동

양종금증권 골드센터영업부 차장은 "유동성 장세만으로도 충분히 상승여력이 있다. 지수 1900 선부터 주식형 펀드 환매를 권유하며 재가입 타이밍을 보고 있는 은행권의 자금까지 2011년에 유입된다면 엄청난 유동성이 공급될 수 있을 것"으로 전망했다.

종목 위주의 장세를 보이고 있는 주식시장 흐름도 기존 주식형 펀드보다 랩 투자에 힘을 실어준다. 자문형 랩 상품의 특성상 지수를 추종하는 펀드와 달리 자문사의 운용 철학에 따라 소수 종목에 집중투자가 이뤄진다. 랩 상품에 따라 수익률이 천차만별로 달라질 수 있게 된다. 단, 주가가 숨 고르기 장세에 들어갈 수 있기 때문에 단기 투자에는 주의가 요구됐다.

권이재 하나금융그룹 웰스 매니저는 "2010년 5월 1560포인트를 저점으로 2011년 1월까지 8개월 동안 상승하면서 시장의 상승 피로도가 쌓여가고 있다. 장기적으로 코스피지수 2600까지 추가상승을 기대해볼 수 있지만 단기적으로 조정이 예상된다"며 장기투자자에게 가입을 추천했다.

궁금증2: 어떤 자문사·증권사를 택할까

랩 상품 투자를 위한 첫 번째 관문은 자문사 선정이다. 자문사마다 운용특성이 다르기 때문에 랩 선택에 따라 수익률 격차가 심화될 수 있다. 우선 자문사의 운용 철학을 파악해야 한다. 투자자 자신의 투자성향, 투자자금의 성격에 비추어 맞는 상품을 골라야 한다.

문진철 삼성증권 포트폴리오팀 과장은 "투자자 성향별로 자문사를 추천한다면, 일반적으로 가치주에 투자하려는 경우 한국투자밸류자산운용과 VIP투자자문을, 중소형주 투자자라면 유리자산운용과 섹터투자자문을 고려해볼 수 있다. 성장주 투자를 원한다면 브레인투자자문, 장기 초과성과를 기대한다면 창의투자자문과 케이원투자자문, 계량분석에 기초한 투자를 하고 싶다면 산은자산운용을 선택하는 것도 방법"이라고 설명했다.

자문사의 운용인력구성도 살펴볼 필요가 있다. 운용규모가 너무 큰 경우 일관된 투자전략 유지나 리스크 관리에 어려움이 있을 수 있다. 자문사 CEO의 지명도 및 장기성과를 분석해보는 것도 한 방법이다.

이환희 KB투자증권 압구정PB센터 차장은 "현재 운용하는 자금 규모나 과거의 기간별 운용성과를 고려해봐야 한다. 최근 운용자금이 커져 다소 수익률이 둔해지거나 시가총액이 큰 종목 위주로 편입한 랩의 경우 단기간 탄력적 수익률을 기대하기보다는 장기투자 관점에서 접근해야 한다"고 말했다.

궁금증3: 수익률 공개 안 하나, 못 하나

최근 금융위원회는 금융투자업 규정을 개정해 랩 상품 광고 시 특정 계좌의 수익률이나 평균 수익률을 제시하지 못하도록 했다. 증권사 창구를 방문한 투자자에 한해서 최고 및 최저 수익률과 평균 수익률을 알릴 수 있다. 계좌별 수익률 편차가 큰 상황에서 대표 수익률을 대외에 공개하면 투자자의 판단을 흐릴 수 있다는 이유에서다.

계좌별 수익률 차이는 투자자와 증권사가 1 대 1 계약을 맺는 랩 상품의 특성 때문에 생긴다. 랩 상품은 펀드와 달리 증권사가 투자자의 성향에 따라 포트폴리오를 다르게 구성하는 데다 투자자가 직접 종목을 선택할 수 있다. 심지어 같은 날 가입하더라도 투자자의 요청에 따라 수익률 차이가 발생한다.

예컨대 A는 1월 31일 8시 30분에, B는 1월 31일 9시 30분에 가입했을 경우를 가정해보자. 보통은 다음날 매매가 이뤄지지만 A가 당일 매매를 요청했다면 둘 사이에선 하루 차이만큼 수익률 차가 발생하게 된다. 분할매수 여부도 수익률을 결정 짓는 요소다. 전량 매수한 A와 달리 B는 분할매수를 결정했다. 만약, 매수 다음날 장이 상승한다면 전량 매수한 A가 더 높은 수익을 얻을 수 있게 된다.

이처럼 계좌별 수익률이 다르게 되면 투자금액별로 가중평균 수익률을 산출하더라도 투자판단을 위한 정보로 활용하기 어렵다. 또한 특정계좌의 수익률을 제시할 경우 개인계좌 정보가 유출될 우려도 있다.

하지만 여전히 수익률은 투자자들이 금융상품을 선택할 때 필요한 정보다. 이정수 신한금융투자 랩 운용부 부장은 "현행대로라면 투자자의 알 권리 측면에서 문제가 있다. 물론 랩 상품은 펀드처럼 기준가가 없기 때문에 일괄적으로 수익률을 산출할 수는 없다. 하지만 증권사별로 첫 날 들어오는 계좌에 한해서 코스피지수 대비 어느 정도 수익을 낼 수 있는지 등 비교자료를 제시할 수 있어야 하는데 현재는 이마저도 어렵다"고 말했다.

궁금증4: 수익률이 안 좋을 경우 대처법

자문형 랩 수익률은 해당 자문사 펀드 매니저의 운용 전략에 달렸다. 이들의 전략에 따라 수익률 희비가 엇갈린다. 남보다 앞서 랩에 가입했더라도 수익률이 좋지 않는 경우가 나오는 것도 이 때문이다. 한 증권사 관계자는 "상품 성격상 투자 호흡이 짧은 상품인 만큼 종목선정 문제로 수익률이 크게 달라진다. 코스피지수 2000을 넘긴 이후 등장한 자문형 상품의 절반 이상은 시장 평균 수익률을 밑돈다"고 지적했다.

랩은 투자자가 다음날 투자 포트폴리오를 볼 수 있다. 직접 투자처럼 어떤 종목에 얼마나 투자됐는지를 알 수 있기 때문에 최근 시장 수익률과 미래 성장 가능성을 살펴보고 갈아탈지 여부를 결정할 수 있다. 환매 수수료가 없기 때문에 기간이 크게 중요하지 않다. 그래도 최소 6개월에서 1년 정도는 지켜볼 것을 전문가들은 주문한다. 보통 6개월 미만의 경우 중도해지 수수료를 징수한다. 또한 랩의 경우 단기간 자주 갈아타면 수수료만 내게 돼 투자자 입장에선 손해다.

이환희 KB투자증권 압구정PB센터 차장은 "우선 랩의 주요 투자 종목이 시장 상승흐름과 잘 맞는지 체크해보고 주식상승 대비 크게 소외된다면 갈아타는 방법을 생각해 보고 가급적 선취형보다는 3개월 분기후취형을 택하는 것이 유리하다"고 말했다.

이종숙 유진투자증권 도곡자산관리센터 차장은 "최근 장세는 업종별·종목별 차별화 장세이기 때문에 단기간의 성적만 보고 성급히 해지

할 것이 아니라 랩 특성별로 포트폴리오를 구성해 시장에 대응할 필요
가 있다"고 설명했다. 가령 우량주, 중소형가치주, 장기투자주 등 각기
다른 스타일의 랩 상품에 가입하는 것도 요령이다.

궁금증5: 선취와 후취수수료 중 무엇이 유리할까

자문형 랩은 수수료가 비싼 상품이다. 국내 주식형 펀드(상장지수펀
드 제외)는 수수료 개념인 총 보수(선취, 후취, 운용, 판매수수료를 다
더한 보수)가 평균은 1.5% 내외다. 반면 자문형 랩은 2~3% 수준이다.
최대 두 배 이상 비싸다. 따라서 가입 전 랩 상품의 보수체계를 점검해
기본보수, 매매수수료, 성과보수 등을 확인할 필요가 있다. 2010년 모
증권사에서 기본보수뿐 아니라 매매수수료도 높게 받아서 금감원으로
부터 지적을 받기도 했다.

최근 금융당국은 금융투자업 규정을 고쳐 매매수수료를 별도로 받
을 수 없도록 했다. 최근 대부분의 증권사 자문형 랩은 기본보수만 받
고 운용된다. 그렇다고 기본보수가 싸냐 하면 그것도 아니다. 연평균
2% 이상이다.

기본보수는 크게 선취와 후취수수료로 나뉜다. 선취는 말 그대로 원
금에서 미리 수수료를 떼어가는 상품이고 후취는 운용 기간에 따라 떼
어간다. 선취는 운용 기간에 상관없이 원금에서 수수료를 떼어간다는
측면에서 투자자에게 불리하다. 만약 6개월 안에 수익률을 달성해 환
매한다고 하면 나머지 6개월 분 수수료는 그대로 버리는 셈이다.

반면 후취는 운용기간에 따라 나중에 수수료를 가져가는 방법이라 투자자에게 유리하지만 선취보다 1%포인트 이상 수수료가 비싸다.

일례로 삼성증권의 경우 선취수수료가 2%, 후취가 3.2%다. 현명한 투자자라면 후취를 택하는 것이 맞지만 결과적으로 선취보다 더 많은 수수료를 낼 공산도 크다. 왜냐하면 랩은 펀드와 달리 선취와 후취수수료를 매년 내야 하기 때문이다. 즉, 장기투자자는 선취수수료가 낮고 1년 미만 단기투자자는 후취가 유리하다. 한 관계자는 "랩 상품이 어디까지나 단기 상품인 만큼 선취보다는 후취 상품을 택하는 게 유리하다"고 말했다.

궁금증6: 자문형 랩이냐, 자문사 일임상품이냐

수익률 좋기로 입소문이 난 자문사들은 다양한 증권사를 통해 자문형 랩을 판매한다. 투자자는 같은 상품이기 때문에 펀드처럼 가입 시점만 같다면 동일한 수익률을 거둘 것으로 생각되지만 꼭 그렇지만은 않다. 최종 운용은 증권사의 몫이기 때문에 자문사로부터 추천받은 종목을 검토한 다음 투자를 결정한다. 즉, 동일한 자문사를 통해 추천받은 랩이라도 증권사 운용 방식과 투자 철학에 따라 조금씩 달라질 수 있다. 따라서 투자자들이 해당 증권사의 리서치 규모와 시스템, 운용 능력을 따지는 것이 좋다.

그렇다면 증권사를 거치지 않고 직접 해당 자문사를 찾아 돈을 맡기면 어떨까? 증권사들도 큰 틀에서 이들 자문사의 포트폴리오를 따르기 때문에 '원조'에 직접 맡기는 것이 유리해 보인다. 실제로 발 빠른 투자자들은 증권사 자문형 랩이 뜨기 전에 이미 자문사에 돈을 맡겨 원금의 몇 배 이상의 수익률을 거두기도 했다.

결론부터 말하면 같은 자문사 상품이라면 수수료 싼 곳이 유리하다. 수수료 측면에서 일단 증권사가 자문사보다 저렴하다. 상당수 증권사에선 자문형 랩에 대해 따로 성과보수를 받지 않기 때문이다. 자문사에 일임할 경우는 기본 수수료 외에도 성과 수수료가 따로 붙는다. 가령 10% 이상 초과 수익 달성 시 초과 수익분의 10~20%를 성과보수로 또 떼어간다.

자문사가 수수료 측면에서 증권사보다 불리한 건 사실이지만 그렇다고 수익률이 나쁘다고 단정 지을 수 없다. 오히려 수수료를 많이 떼어가도 수익률이 더 좋을 수 있다. 왜 그럴까?

한 자문사 관계자는 "증권사 자문형 랩과 포트폴리오가 거의 유사해도 따로 일임받아 운용할 경우 성과보수가 좋은 만큼 더 나은 수익률을 내기 위해 종목 선정과 운용에 공을 들인다"고 귀띔했다. 때문에 자문사 일임의 경우 가입 금액이 증권사 랩보다 상대적으로 높은 것이 특징이다.

케이원투자자문은 개인이 가입할 수 있는 최소 일임 규모를 30억 원 이상으로 높였다. 증시가 많이 올라 시가총액이 늘어난 것도 있지만 이 정도 규모가 돼야 자문사 특유의 차별적인 수익률을 제공할 수 있다는 판단을 내렸기 때문이다. 초고액 자산가 중에서 단기 고수익을 노린다면 증권사보다 자문사가 좀 더 유리할 수 있다. 물론 자금 운용의 안정성 측면에선 증권사가 자문사보다 낫다.

궁금증7: 적당한 랩 투자비중은 어느 정도일까

자문형 랩은 절대 수익률을 추구하기 때문에 특정 종목으로 포트폴리오를 채웠다가 한순간 모두 팔아치울 수도 있다. 자문형 랩도 어디까지나 주식형 상품이기 때문에 투자자들이 여기에 '몰빵'해선 큰 손해를 입을 수 있다. 포트폴리오 관리가 꼭 필요하단 소리다. 대부분의 PB들은 전체 투자 자금 중에서 30%를 넘지는 않는 수준에서 투자할 것을 권장한다.

조재영 우리투자증권 프리미어 블루 강남센터 부장은 "랩 상품의 비중은 20~30%를 넘지 않는 것이 좋다. 전체 자금 가운데 투자형 상품이 얼마인지 파악한 다음에 그 안에서 랩 비중을 조절해야 한다"고 말했다.

김정환 동양종합금융증권 자산관리팀장은 "전체 투자형 자산 중 랩과 적립식 펀드, 직접 주식 투자의 비중을 '3 대 3 대 3' 비중으로 가져가는 것도 방법"이라고 조언했다.

최소 가입 금액이 얼마인지도 따져봐야 한다. 초기 랩 상품들은 최소 '억'대 금액을 요구했지만 최근 랩이 광범위하게 인기를 끌면서 가입 금액이 점차 낮아지는 추세다. 5,000만 원 이하 상품도 눈에 띄게 늘어났고, 심지어 1,000만 원 이하 상품도 등장했다. 이렇게 금액이 낮아질

수록 높은 수익을 올리는 것은 불가능에 가깝다는 게 전문가들의 설명이다. 특히, 지수가 2100 선을 돌파한 이후 살 만한 대형 우량주가 많지 않다.

업계 관계자는 "적은 돈으로 높은 수익을 거두기 위해선 종목을 더 압축해서 투자해야 하는데 지수가 크게 오르면서 10개 이하 종목으로 투자하긴 어려워졌다. 소액 가입자들도 결국 1억 원 이상 운용하는 포트폴리오를 따를 수밖에 없는데, 이렇게 되면 시장 평균 수익률뿐만 아니라 일반 주식형 펀드보다 못한 수익도 나올 수 있다"고 말했다.

05

증시 상승의 걸림돌도 있다

· · · 중동발 불안,
원자재값 협상은 지켜보자

삼성증권은 2011년 초 〈개미들이 주식을 선뜻 사지 못하는 4가지 이유〉라는 보고서를 내고 그 이유로 2007년의 트라우마, 남유럽 재정위기, 중국의 추가긴축 우려, 국내 가계 부채 문제를 꼽았다.

맞다. 2007년 주식형 펀드 투자 열풍에 호된 아픔을 겪었다. 남유럽 재정위기는 최대의 만기금액(850억 유로)이 예정된 2011년 3월이 불안하다. 중국도 추가적인 금리인상을 단행할 수 있다. 잘 알려졌지만 가계 빚이 적지 않은데 금리인상까지 예고됐다.

삼성증권은 이런 불안감에도 불구하고 투자해야 한다고 했지만, 역시 증시는 위험이 도사리는 투자처다. 전문가들은 2011년 코스피지수를 최고 2800까지 예상하면서 밝게 보고 있지만 조정 없는 상승은 없다. 모두가 '고(Go)'를 외칠 때 한 번쯤 증시 상승의 걸림돌은 없는지 분석해봐야 한다. 2008년 모두가 대세상승을 점쳤을 때 글로벌 금융위기를 맞고 폭락을 겪었다. 상승폭이 크면 클수록 리스크 강도는 더 세질수 있다. 설상가상 리비아 사태와 일본 대지진은 금융시장에 충격을 주기에 충분했다.

필자는 2001년 초에 증권사 센터장과 투자분석부장 5인에게 설문을 돌려 다섯 가지 위협요인을 추린 바 있다. 그 내용을 싣고자 한다(〈매경이코노미〉 제1592호) .

다섯 가지 모두 국내가 아닌 국외 변수라는 게 특징이다. 가장 우려되는 부분은 원자재값 상승이다. 유가가 대표적이다. 두바이유는 배럴당 93달러를, 서부텍사스중질유(WTI)도 90달러를 넘어섰다. 곧 100달러를 넘길 것이라는 전망도 계속 나온다. 이 경우 기업 이익은 줄어들 가능성이 높다. 현 경제의 최대 불안요인인 물가에도 치명타다. 유럽 경제도 안심하기 어렵다. 막대한 구제금융을 조성했지만 유럽발 재정위기는 아직 진행 중이라는 견해다.

환율도 불안하다. 원화강세 흐름이 2011년에도 이어질 전망이다. 원화강세 때 증시가 하락한다고 단정 지어 말할 수는 없다. 하지만 수출중심의 국내 경제에는 결코 긍정적이지 않다. 세계 경제의 핵인 중국경제가 긴축에 나설 경우에도 국내 증시는 타격받을 수 있다. 중국도물가 상승이 심해 가능성을 배제하기 어려운 시나리오다.

마지막으로 미국 경제가 의외로 좋아질 경우에도 한 번쯤 조심해야한다. 시장의 예상보다 빠르게 미국 경제가 회복되면 인플레이션이라는 예상치 못한 악재가 나올 수 있기 때문이다. 다음은 전문가 5명의 글을 받은 것이다.

변수1: 치솟는 원자재 가격은 기업이익에 직격탄

• **김세중** 신영증권 투자전략팀장

원자재 가격 상승은 기업이익에 부정적 영향을 미칠 가능성이 있다. 첫째, 원자재 가격 상승이 단발성이 아니라는 점이다. 최근의 원자재 가격 상승은 1970년대와 같이 구조적 측면을 반영하고 있다. 도시화 및 공업화, 소비 확장을 추진하는 중국을 포함한 이머징 아시아시장이 성장하면서 원자재 수요가 늘어나고 있다. 원자재 가격 상승이 장기화 된다면 결국 기업이익을 훼손하는 변수가 될 수 있다.

둘째, 원자재 가격 상승을 환율 하락으로 흡수하는 데 한계가 있다. 원자재 가격 상승은 수입물가를 통해서 전반적인 물가 상승을 야기한 다. 이는 원/달러 환율 하락으로 어느 정도 상쇄할 수 있지만 정책당국 은 향후 수출 둔화를 우려해 원화 강세에 대해 상당히 조심스럽다. 오 히려 자본통제를 내세우면서 누적된 환율 하락 압력 상쇄를 기대하고 있다.

셋째, 원자재 가격 상승을 초과하는 매출 증가를 기대하기 어렵다. 글로벌 경기 회복이 진행되고 있다고 해도 여전히 부채부담에 시달리 는 가계의 입장을 고려하면 폭발적인 소비 확대는 기대하기 어렵다.

넷째, 금리 인상이나 물가통제 정책으로 기업이익이 압박을 받을 가 능성이 존재한다. 과거 고성장하는 이머징마켓이 강세를 보이는 주된 이유는 원자재 가격 상승 시 자국 통화가 강세를 보이면서 물가 상승 압력을 완화하고 금리를 낮은 수준으로 유지할 수 있었기 때문이었다. 지금은 원자재 가격 상승에 따른 인플레이션 압력을 금리 인상이나 물가통제로 대응하고 있다. 이는 기업의 가격 전가를 원천적으로 막는 것으로 기업이익 둔화와 주가 조정의 빌미가 될 수 있다.

다섯째, 원자재 가격 상승으로 인플레 압력이 가중되면 주식시장의 밸류에이션도 압박을 받게 된다. 과거 미국의 사례에서 보면 물가상승률이 안정될 때 주식시장의 밸류에이션이 상대적으로 높고, 물가상승률이 극단적으로 낮거나 높을 때 주식시장의 밸류에이션은 떨어지는 경우가 많았다.

다만, 원자재 가격 상승이 주로 이머징의 성장을 반영하는 것이어서 이머징 성장의 수혜를 받는 섹터는 가격결정력과 가격전가력이 충분하다고 볼 수 있다. 동시에 아직 물가 상승 수준이 극단적으로 높은 상태가 아니어서 원자재 가격 상승에 따른 주가 조정이나 밸류에이션 압박이 가시화될 단계는 아니다. 과거 예로 본다면 미국과 한국 기준으로 물가상승률이 각각 2%, 4.5%를 크게 웃돈다면 이때부터 강력한 주가 조정 신호로 받아들여야 할 것이다.

변수2: 해결 못 본 유럽 재정위기

• 김승현 토러스투자증권 리서치센터장

주식시장의 가장 해묵은 악재는 유럽발 재정위기다. 2010년 이미 그리스 문제가 확산될 당시 금융시장은 큰 충격을 받은 바 있다. 이를 극복하기 위해서 남유럽 국가들은 재정적자를 줄이는 노력을 기울였고, 범유럽 차원에서도 구제금융 패키지를 가동해 지원책을 만들었다. 또한 금융권에 대한 스트레스 테스트를 통해 투명성을 높이고자 했다.

그럼에도 불구하고 여전히 유럽 재정 문제에 대한 우려는 진정되고 있지 않다. 오히려 그리스와 아일랜드를 넘어 최근에는 포르투갈이 걱정의 대상으로 부상했고, 이후에 스페인과 더 큰 국가들도 문제라는 인식이 자리를 잡고 있다. 이렇게 될 경우 애써 만들어 놓은 대비책들은 사실상 무용지물이 될 수 있다. 바로 이 점이 최근 유럽에 대한 근심의 핵심이라 할 수 있다.

유럽재정안정기금과 IMF 등이 출연해서 총 7,500억 유로의 구제금융 자금을 쌓아놓았다. 하지만 포르투갈에 이어 만약 스페인까지 구제금융을 받게 된다면 이 자금은 모자랄 수 있다. 또한 2011년에는 유럽 국가들의 국채 만기가 집중돼 있는데 시장 불안이 지속될 경우 높은 금리로 채권을 다시 발행해야 하고 이는 재정수지를 악화시키는 악순환을 초래할 수 있다.

결국 시장이 걱정하고 있는 부분은 유럽 국가들이 좀 더 낮은 금리로 자금을 조달할 수 있을지와, 구제금융을 신청하는 국가들이 늘어날 경우 이를 지원할 수 있는 여력이 있는지 여부다. 실제 스페인과 다른 국가들의 경우 이미 구제금융을 받은 그리스와 아일랜드처럼 심각한 상황은 아니다.

마치 미국이 양적완화 정책을 통해서 국채 및 모기지 금리를 낮췄던

것처럼 유럽중앙은행이 유로채 매입 확대를 통해 국채 금리 안정에 기
여할 것인지, 그리고 7,500억 유로로 돼있는 구제금융 패키지를 더 마
련해 미래의 불확실성에 대비할 수 있는 방비를 충분히 쌓는지가 지켜
볼 변수다.

이를 위한 노력은 진전을 보이고 있다. 이런 대비책들이 충분하다는
평가를 얻어낸다면 유럽에 대한 우려는 진정되는 추세로 진입할 수 있
다. 미국이 공격적인 정책을 통해 서브프라임 사태에서 최악의 상황을
피할 수 있었던 것처럼 말이다.

변수3: 가파른 원화 강세 현상

• 이상원 현대증권 투자전략팀장

원화 가치 상승이 가파르게 진행되고 있다. 2010년 2.45% 절상되는
데 그쳤던 원/달러 환율은 2011년 들어 2주 동안 2.34% 하락했다.

원화 강세의 배경은 크게 3가지로 나눠 정리해 볼 수 있다.

첫째, 2008년 이후 금융위기 회복 과정에서 미국, EU, 영국, 일본 등
주요 선진국이 양적 완화 정책을 시행하면서 글로벌 통화 공급이 급증
했다.

둘째, 선진국과 신흥국 간의 성장률 차이가 확대되고 신흥국의 금리
인상으로 자금의 이동경로가 신흥국 등 투자메리트가 높은 지역으로
이동하고 있다.

셋째, 미국을 중심으로 경기 회복세가 안정되고 자금의 안전자산 선호 현상이 희석되면서 기존 금·미국채권에 집중됐던 자금이 상품 및 신흥국 채권·주식 등으로 유입이 증가하고 있다. 앞서 언급한 요인 중 후자인 2~3가지 변수들은 앞으로도 진행될 가능성이 높다. 이에 따라 원화 강세도 지속될 가능성이 높다고 판단한다.

그렇다면 원화 강세는 기업과 나아가 증시에 어떤 영향을 미칠 것인가? 일단 수출기업에 부정적인 영향을 미친다는 것은 자명한 사실이다. 같은 재화를 수출한다고 하더라도 원화 환산 매출액은 오히려 감소하기 때문이다. 원화 가치 상승분 만큼 재화가격을 인상시킬 경우 가격 경쟁력이 하락하기 때문에 이마저도 쉬운 결정은 아니다.

원화 가치 상승기의 증시는 어떨까? 과거 사례를 살펴볼 때 오히려 원화 강세기에 증시 역시 강세를 보인 적이 더 많았다. 가까운 예로 원화가 강세를 보였던 2006~2007년 2년 동안 원화는 10.2% 가치가 상승했음에도 불구하고, 증시는 같은 기간 동안 40% 가까이 상승하기도 했다.

원화 가치와 증시 상승 여부가 상식적으로 생각하는 것과 달리 움직이는 이유는 환율이 기업실적에 영향을 미치는 독립변수임과 동시에 반대로 기업실적에 영향을 받는 종속변수이기도 하기 때문이다. 쉽게 풀이하면, 원화 가치가 상승해서 수출기업 실적에 부정적인 영향을 미칠 수도 있으나 수출기업이 국외에서 돈을 많이 벌어 경상수지의 흑자폭이 확대되고 외화 공급이 늘어나면 환율이 하락하게 된다는 말이다.

변수4: 중국 긴축정책, 물가 상승 심해지면 곧장 단행 가능

● **조익재** 하이투자증권 리서치센터장

2011년 우리나라 증시의 가장 큰 위협 요인은 중국의 긴축이라고 본다. 중국은 지난 2011년 1월 14일에도 지급준비율을 0.5% 인상하는 안을 발표했다. 2010년 12월 정책금리를 인상한 지 한 달도 지나지 않아 다시 한 번 긴축 의지를 나타냈다. 그럼에도 한국 증시는 강세를 지속하고 있다. 아직 중국의 긴축이 소비 팽창 기조를 훼손할 정도는 아니라고 해석되기 때문이다. 중국이 긴축과 더불어 최저임금 인상안을 내놓은 점은 중국 당국이 내수 확대 기조를 유지하려는 의지를 보인 것으로 풀이된다.

중국 긴축의 가장 큰 이유는 물가 상승이다. 2010년 11월 중국 소비자물가 상승률은 5%를 넘어서면서 인플레이션 압력을 높였다. 일반적으로 물가가 감내할 수 있는 범위를 넘어서 부작용이 우려되는 경우 통화당국은 긴축을 통해 인플레이션 억제에 나선다. 이로 인해 경기가 둔화되기도 하는데 아직은 경기 둔화에 대한 확실한 시그널이 나오지 않고 있기 때문에 국내 증시의 강한 흐름이 꺾이지 않고 있는 것이다.

그러나 향후 긴축이 가져올 경기 둔화 가능성은 열어둬야 한다는 판단이다. 이는 이미 2010년 12월 중국 제조업 구매자관리지수(PMI) 둔화가 보여줬듯이 긴축효과는 서서히 가시화되고 있다.

또한 현재 중국 경기가 인프라보다는 소비 팽창에 기반하고 있다는 점도 긴축 동향을 주시할 수밖에 없는 이유다. 즉, 중국의 이번 인플레이션과 긴축은 2006~2008년 초 인프라 확장에 따른 경기 확장 기간과 달리 주가와 경기에 좀 더 악재로 작용할 가능성이 있다. 당시에는 시중 금리에 크게 영향을 받지 않았던 중국 주가가 최근에는 매우 민감하게 반응하고 있는 모습을 보면 이런 예상에 더욱 무게가 실린다.

결국 가장 중요한 변수는 중국의 물가가 될 것으로 판단된다. 물가상승률이 감내 가능한 수준에서 억제된다면 중국의 긴축도 경기를 꺾지 않는 수준에서 멈추게 된다. 이런 의미에서 2011년 봄이 중요한 고비가 될 것이다. 중국 물가에 가장 큰 영향을 미치는 음식료 가격의 상승세를 고려할 때 중국 인플레이션은 1분기 말까지 상승세를 지속할 수 있기 때문이다.

또한 향후 긴축 강도를 예상하기 위해 눈에 띄는 상승세를 보이고 있는 코어(핵심) 물가와 전체 물가에 상당한 영향을 미치는 주택 임대가격, 그리고 크게 높아진 인플레이션 기대심리 등의 방향 전환이 일어날 수 있는지를 주시해야 한다.

변수5: 경제 인플레이션

• 강현철 우리투자증권 투자전략팀장

아이러니하긴 하지만, 2011년 한국 증시를 위협할 악재는 '예상보다 빠른 미국 경제의 회복'일 것이라고 생각된다. 즉, 미국 등 선진국 경기가 현재의 느린 회복이 아니라 생각보다 빠르게 회복될 경우, 높아진

물가 상승 압력으로 인한 하이퍼인플레이션 등 새로운 위험이 대두될 가능성이 있다. 또한 양적 완화 등 시장친화적인 정부 정책들이 긴축 모드로 바뀔 가능성이 존재한다.

이미 글로벌 물가 수준은 신흥국 수요 회복과 선진국 양적완화에 따른 유동성 증가, 그리고 이상기후에 따른 곡물 가격 급등 등과 같은 변수에 노출돼 있다. 여기에 중국 등 일부 국가의 임금 인상이 가속화되고 있어 글로벌 인플레이션 압력이 확대될 가능성이 높아지고 있다.

따라서 미국의 실업률과 소비지표마저 생각보다 빠르게 개선된다면, 이는 경기 회복과 유동성 팽창이 맞물리면서 폭발하게 되는 하이퍼인플레이션으로 전이될 가능성이 존재한다. 또한 예상보다 빠른 선진국 경기 회복은 각국 정부로 하여금 금리 정상화를 통한 유동성 억제와 재정적자 축소를 위한 세금 인상 등 강력한 규제책을 시행하게 만들게 한다.

결국 2011년 예상되는 가장 큰 악재는 유럽발 위험과 같은 노출된 악재가 아닌 숨겨진 악재 또는 시장에 우호적인 변수가 비우호적으로 바뀌는 시점이 될 가능성이 높다.

지금으로서는 미국 등 선진국 경제의 예상보다 빠른 회복이 하이퍼인플레이션 위험과 출구전략 및 재정긴축 본격화 등 새로운 악재를 유발할 가능성이 높다고 판단된다. 따라서 생각보다 느리고 천천히 진행되는 미국 경제 회복이 정부의 양적 완화와 저금리 기조 유지, 그리고 확장적 재정지출을 유도할 수 있다는 점에서 주식시장에 긍정적인 영향을 미칠 것이라 생각한다.

이 밖에도 불안요인은 많다. 튀니지나 이집트와 같은 정권 퇴진 운동이 아프리카와 중동에서 연쇄적으로 일어난다면 유가 등 원자재값은 더욱 요동칠 것이다.

필자가 이 전문가들의 의견을 담은 글을 〈매경이코노미〉 기사로 내보낸 이후 미국에서 열독하고 있다는 분이 필자에게 이메일을 보내왔다. 전문가들이 지적한 걸림돌 5가지에 동의하면서 더 신경 써야 할 대목이 있다고 지적했다. 미국에서 가장 불안하게 여기고 있는 것은 좀처럼 떨어지지 않는 실업률과 주택가격의 연속적인 하락이다. GDP 3.2%도 실업률 9%대 밑으로 떨어뜨리기에는 아직 부족한 수치라는 설명이다. 또 GDP가 3.5%는 되어야 하고 기업들 실적들도 더 좋아져야 하는데 여전히 기업 실적이 불안하다고 했다.

독자의 지적대로 이 역시 신경 써야 할 부분이었다. 주가가 상승하고 있지만 늘 조심해야 한다. 코스피지수 2100을 넘어서 투자에 나선 이들이라면 1~2년 새 거둘 수익은 제한적일 수 있다. 급락의 위험은 언제나 도사리고 있기 때문이다.

06

직접 투자 자신 없는 당신은 펀드가 제격

· · · 운용사의 대표 펀드와 운명을 같이 하라

필자는 독자들에게 직접 투자에 나서라고 적극 권하고 싶은 마음이 없다. 투자자의 성향에 따라 직접 투자가 좋을 수도, 또는 간접 투자가 좋을 수도 있다. 업무상 주가시세를 볼 수 있는 시간이 많지 않고 매수와 매도타이밍을 잡기 어려운 경우, 아니면 기업분석이 쉽지 않게 느껴진다면 펀드나 자문형 랩의 투자를 권한다. 전문가들이 '찍어준' 종목으로 인덱스 펀드 형태의 직접 투자를 하는 것보다는 100배 낫다.

그렇다면 어떤 펀드를 고르는 게 좋을까? 필자의 경험으로 보건대 큰 자산운용사건 작은 자산운용사건 해당 운용사의 대표 펀드를 선택하는 게 가장 중요하다. 이는 필자가 만난 운용사 대표들의 얘기이기도 하다.

좀 심하게 말하면 운용사는 대표 펀드와 운명을 같이 한다. 운용사가 밀고 있는 펀드 수익률이 떨어지면 판매사들도 해당 운용사를 외면하기 때문에 어떠한 노력을 하든 대표 펀드만큼은 수익률을 높이기 위해 안간힘을 쓴다. 수익률이 쉽사리 오르는 것은 아니지만 적어도 다른 펀드보다는 공을 들이게 된다. 운용사가 주력하는 펀드에 올라타라.

미래에셋의 대표 펀드는 인디펜던스 1호다. 이 펀드는 미래에셋과 운명을 함께 했다고 해도 좋을 만한 펀드다. 당연히 공도 많이 들였는데 2001년 처음 출범한 이후 10년간 수익률이 831%에 달한다.

하지만 이후의 펀드는 이렇게 높지는 않다. 이름은 같지만 설정일이 다른 인디펜던스 2호(설정일 2005년 1월 17일), 3호(2005년 12월 12일), 4호(2007년 9월 18일)의 설정 이후 수익률은 202%, 81%, 19%로 상대적으로 저조하다.

중간에 글로벌 금융위기의 파고가 컸을 것이기 때문에 펀드매니저의 관리 소홀로 이런 결과가 나왔다고 말할 수는 없다. 그래도 1호 펀드에 더 애정을 뒀을 것은 분명하다. 아무튼 자산운용사가 가장 먼저 내놓은 펀드, 또는 대표 펀드로 앞세운 펀드는 놓치지 말기를 바란다.

그리고 펀드를 고르는 요령이 몇 가지 더 필요하다. 민주영 에셋플러스자산운용 투자지혜연구소장 등의 조언을 얻어 몇 가지 좋은 펀드 고르는 법을 소개한다.

첫째, 투자설명서나 약관에 나타난 운용목적이나 전략이 쉬워야 한다. 펀드 관련 설명서를 받아봐도 도무지 무슨 소리를 하는지 알 수 없었다는 펀드 가입자들이 많다. 이런 펀드는 좋은 펀드가 아니다. 운용

목적과 전략이 분명해야 한다.

둘째, 벤치마크가 확실한 펀드를 골라라. 벤치마크란 펀드 스스로가 목표를 설정한 기준이다. 예를 들어 주식펀드라면 주가지수를, 채권펀드라면 채권지수를 벤치마크로 삼는데 이를 기준으로 넘어섰다면 운용능력이 괜찮은 것이다.

셋째, 담당 펀드매니저가 자주 바뀌지 않는 운용조직이 탄탄한 펀드를 골라라. 펀드도 결국 사람이 운용하는 금융상품이다. 투자 철학이 지켜지려면 사람이 바뀌면 안 된다. 과거 〈매경이코노미〉가 장수 매니저가 있는 펀드의 수익률을 조사해봤더니 매니저의 교체가 빈번했던 펀드보다 수익률이 좋았다. 일관성이 펀드운용에서 필수다. 허남권 신영자산운용 본부장은 "저평가 종목을 골라 꾸준히 투자한다는 투자철학과 스타일을 지킬 수 있는 펀드가 가장 좋은 펀드"라고 강조했다.

큰 펀드가 좋은 펀드라는 생각을 갖고 있는 이들도 있다. 어느 정도는 맞는 말이지만 비유하자면 운용액이 큰 펀드는 움직임이 둔해진다. 대형주 중심으로 투자할 수밖에 없기 때문이다. 때문에 너무 비대해진 펀드보다는 수천억 원대로 움직임이 가벼운 펀드를 공략해보자.

목표전환형 펀드 등도 고려해볼 만

2010년부터 펀드환매가 심했다. 지수가 오르면 오를수록 펀드 자금이 빠져나왔다. 금융위기 이후 펀드수익률에 대한 실망감이 컸기 때문이다. 자산운용사들은 투자자들의 마음을 다시 사로잡으려고 노력하고 있다. 그렇다면 2011년엔 자산운용사들은 어떤 펀드를 전면적으로 내세울까?

〈머니투데이〉 보도(2011년 1월 3일)를 보면 어느 정도 힌트를 얻을 수 있을 것 같다. KB자산운용의 경우 목표전환형 펀드와 연금펀드에 주력한다고 한다. 목표전환형 펀드는 처음 주식에 투자하다 목표수익률을 달성하면 채권형으로 전환해 수익률을 지키는 상품이다. 10% 내외의 안정적인 수익률에 만기도 짧아 2010년 투자자의 인기를 많이 받았다.

2011년 소득공제한도가 크게 늘어나는 연금펀드도 주목해보자. 정부는 연금과 연금저축에 불입한 금액에 한해 소득공제한도를 기존 300만 원에서 400만 원으로 확대했다. 이런 정책을 토대로 내놓은 상품이다.

삼성자산운용은 국내 증시가 2011년도 상승세를 탈 것으로 생각하고, 삼성그룹 등 그룹 관련 주에 투자한다고 한다. 그리고 중국·동남아 시장이 커질 것을 대비해 국외시장에도 집중하겠다고 했다.

운용사가 적극적으로 밀고 있다고 해도 경계심을 늦춰서는 안 된다. 미래에셋자산운용은 2007년 전사적으로 '인사이트펀드' 판매에 나섰다. 미래에셋의 실력을 믿는 투자자들은 앞다퉈 돈을 맡겼고 순식간에 4조 원이나 되는 돈이 모였다.

그러나 금융위기를 당한 이후 중국 중심으로 투자했던 인사이트펀드 수익률은 곤두박질쳤다. 미래에셋자산운용에서는 사운을 걸 정도로 최선을 다해 수익률을 끌어올렸다. 그 결과 3년 만에 겨우 적립식 투자자들은 플러스 수익률을 내고 있다.

그러나 2007년 모집 초반 거치식으로 돈을 맡긴 투자자들은 2011년에도 마이너스 수익률을 면치 못하고 있다. 수익률이 떨어지자 3%대라는 높은 수수료도 비난의 대상이 되기도 했다.

07

인덱스펀드도 좋은 투자 수단이다

· · · 수수료 낮고 수익률은 괜찮고

지금은 우리자산운용 사장으로 옮긴 차문현 전 유리자산운용 사장은 새로운 실험을 하나 했다.

인덱스펀드와 액티브펀드의 수익률을 10년간 비교해보겠다는 야심 찬 프로젝트였다. 이는 당장 유리자산운용 홈페이지만 들어가봐도 알 수 있다. 그는 유리자산운용의 유리웰스토탈 인덱스펀드와 운용자산 규모 상위 50위 내의 국내 초대형 액티브 주식형 공모펀드와의 투자 성과를 2008년 8월 1일부터 비교하기 시작했다. 그 결과는 어땠을까? 2011년 1월 16일 현재 대결을 펼친 지 899일인데, 승률로 따지면 313 승 8무 298패로 인덱스펀드의 승리다.

참 재미있는 결과다. 국내 대형 액티브펀드는 내로라하는 국내 대표 펀드매니저들이 밤잠을 설쳐가며 연구하고 분석한 뒤 종목을 선택한 다. 그러나 그저 지수를 따라가는 인덱스펀드보다 수익률이 못하다니

참 아이러니하다.

버튼 맬킬의 《시장변화를 이기는 투자(*A random walk down Wall Street: the time-tested strategy for success*)》라는 유명한 책이 있다. 프린스턴대 경제학과 교수 출신이 쓴 책인데 세계적인 베스트셀러다.

시장은 술 취한 이의 걸음 같아서 다음 순간 가격이 상승할지 하락할지 예측할 수 없다는 게 주요 내용이다. 그래서 제목도 랜덤워크(Random Walk)다. 술 취한 사람이 우측으로 다섯 걸음을 간 뒤 다음에도 우측으로 갈 것이라고 예측하는 것은 섣부르다. 하지만 이러한 예측을 통해 시장은 거품을 만들고 붕괴하기를 반복한다. 따라서 어떤 기술적 분석에도 위험이 따른다.

또 하나 인덱스펀드가 괜찮은 이유가 있다. 아무리 뛰어난 투자자라도 실패 없는 결정은 없다. 최고의 펀드매니저도 주가 하락기에는 손해를 본다. 운이 좋아 대박을 터뜨린 사람은 결국 욕심을 이기지 못하고 파산을 경험하는 게 이치다. 수많은 성공과 실패 사례가 건네는 지혜는 단 하나, 욕심을 줄이고 인내심을 키우라는 것이다. 그래서 그는 이를 실천하기 위해 인덱스펀드를 권한다.

액티브펀드보다 낫다는 결과도 있어

인덱스펀드를 은근히 무시하는 개인투자자들이 꽤 많다. "고작 은행 수익률보다 조금 더 벌자고 주식을 하냐"고 얘기하기도 한다. 그러나 앞서 유리자산운용 사례에서 언급했듯 어지간한 액티브펀드보다는 인덱스펀드의 수익률이 낮다는 연구결과는 많다. 또 수수료를 따져보면 액티브펀드를 하는 것보다, 또는 매매를 자주 하는 직접 투자보다 월등 낮다.

게다가 인덱스펀드는 마음이 편하지 않는가? 개별 종목을 고르는 게 만만치 않을 때 그저 지수의 흐름을 보고 판단하면 된다. 물론 그 지수를 읽는다는 것도 쉬운 것은 아니지만.

이런 관점에서 보면 상장지수펀드(ETF)도 충분히 관심을 가져볼 만한 투자대상이다. ETF가 국내 처음 선보인 때는 2002년이다. 햇수로는 벌써 10년째지만 주목받은 건 2010년쯤으로 얼마 안 됐다. 미국 발 금융위기 이후 증시 변동성이 높아지고 펀드수익률이 지지부진하면서 ETF가 주목받기 시작했다.

2010년 선보인 새내기 ETF 중 레버리지 ETF(코덱스레버리지 ETF)의 수익률은 최고 50%나 되기도 했다. 주가가 상승하면서 레버리지 효과를 누리며 수익률이 더 올랐던 것이다.

ETF는 기본적으로 대표 지수를 추종하기 때문에 수익률이 안정적인 것이 특징이다. ETF를 액티브펀드(주식형 펀드)와 구분해 패시브펀드(Passive Fund)로 부르는 것도 이런 이유 때문이다.

공격적인 투자자보다는 안정적으로 꾸준한 수익률을 원하는 투자자에게 적합한 상품이다. 하지만 초과수익률을 거둘 수 있는 ETF도 많다. ETF는 지수 종류에 따라 다양한 상품이 만들어질 수 있기 때문이다.

가장 대표적인 상품이 코스피200, KRX100(코스피와 코스닥을 대표하는 100개 우량종목)지수를 따르는 ETF다. ETF 투자자의 80% 이상이 이 상품에 가입해 있다. 우량종목을 모아뒀기 때문에 시장 평균 수익률에 비례한다.

이뿐만 아니라 상품(주식, 채권, 원자재)지수와 업종(금융, 조선, 반도체)지수, 혹은 국외상장지수 ETF도 있다. 이들 상품은 투자자의 성향과 시장 전망에 따라 선택하는 것이 좋다. ETF는 일반 개별 주식처럼 증시에 상장돼 있어 실시간으로 시세를 확인할 수 있고 매매도 가능하다. 수수료도 낮다. 펀드지만 중도환매 수수료가 없고 운용보수도 낮다.

ETF는 수수료 낮고 스타일 달라 취향 따라 투자 가능

2011년 현재 국내에 상장된 ETF는 추종 지수의 종류에 따라 크게 5가지로 나눌 수 있다. 시장대표지수, 섹터지수, 스타일지수, 국외지수, 기타지수펀드 등이다. 투자자들은 본인의 투자 성향과 시장 전망에 따라 내 몸에 맞는 ETF를 선택할 수 있다.

우선 시장대표지수 ETF는 가장 기본이 되는 상품이다. 크게 코스피200지수와 KRX100지수를 추종하는 ETF가 있는데, 두 상품 모두 국내를 대표하는 우량주 종목으로 구성됐다. 때문에 지수 상승률만큼 안정적인 수익이 가능하다. 한국 증시를 긍정적으로 보는 투자자나 초보 ETF 투자자에게 적합한 상품이라는 평가를 받는다.

섹터지수 ETF는 IT, 자동차, 조선, 은행 등 특정 업종에 소속된 기업들을 묶어(배스킷) 구성된 지수를 추적하는 상품이다. 투자자가 특정 업종 전망이 특히 좋다고 판단될 때 선택할 수 있다. 전문가들은 전액을 투자하기보다 추가수익을 목표로 보조 투자수단으로 섹터지수 ETF에 투자하라고 권유한다.

스타일지수 ETF도 있다. 스타일지수란 시가총액 크기(대형, 중형, 소형)와 투자 관점(성장, 가치)에 따라 분류해 구성한 지수를 따르는 상품을 말한다. 대형주 ETF는 시장 평균수익률에 비례하고 중소형 ETF는 본격적인 경기호전이 될 때 초과수익을 거둘 수 있는 게 특징이다. 국내는 물론 국외 ETF 투자도 가능하다. 중국·일본·브라질·라틴·브릭스 종목이 있다.

국외 ETF는 일반 주식형 국외 펀드보다 장점이 많다. 우선 수수료가 저렴하고 시세도 실시간으로 확인해볼 수 있다. 중도환매 수수료나 세금도 없고 환금성도 뛰어나다. 일반 주식형 펀드는 해약할 때 짧게는 3일, 길게는 일주일 이상 걸린다. 반면 국외 ETF는 매도하고 이틀 뒤 입금된다. 단, 국외지수 ETF는 환율 등락이 주가에 미치는 영향이 크기 때문에 환율을 항상 검토해야 한다. 국내 상장된 국외지수 ETF는 환헤지가 안 돼 있다.

최근 지수의 속도와 방향 조정이 가능한 신종 ETF가 조명을 받고 있다. 시중에 있는 '삼성코덱스레버리지' ETF는 코스피200지수 변동 폭의 두 배가 되도록 설계됐고 '코덱스인버스'는 지수가 내려가면 오히려 수익이 나고 반대로 오르면 손실이 나도록 만들어졌다. 레버리지는 3~6개월, 인버스는 한 달 이내로 짧게 투자하는 것이 좋다고 전문가들은 말한다.

ETF 투자 시 유의점도 있다. 우선 전문가들은 '유동성이 풍부한 ETF
에 투자하라'는 조언을 한다. 소위 ETF 유동성을 보는 지표는 거래량
과 거래대금이다. 거래량과 거래대금이 클수록 ETF에 유입되는 돈이
많고 그만큼 유동성이 풍부하다는 얘기다. 거래량이 적은 ETF는 자금
의 유입·유출에 수익률이 크게 오르는 등 변동성이 크다. 자칫 잘못했
다가 상장폐지 위험도 있다.

종목 찍어달라는 개미들에게 고함

초판 1쇄 2011년 4월 20일
2쇄 2011년 5월 25일

지은이 명순영
펴낸이 윤영걸 **담당PD** 성영은 **펴낸곳** 매경출판(주)
등 록 2003년 4월 24일(No. 2-3759)
주 소 우)100-728 서울 중구 필동1가 30번지 매경미디어센터 9층
전 화 02)2000-2610(편집팀) 02)2000-2636(영업팀)
팩 스 02)2000-2609 **이메일** publish@mk.co.kr
인쇄 · 제본 (주)M-print 031)8071-0961

ISBN 978-89-7442-730-6
값 13,000원